拳の近代

明治・大正・昭和のボクシング

木本玲一

現代書館

◆目次◆

ボクシングの美しさに魅せられると、ほかの大ていの美しさは、何だかニセモノめいて来る。

三島由紀夫[1]

（1）『朝日新聞』一九六三年一二月八日。ボクシング好きとして知られた三島由紀夫は一時期ジムに通ってボクシングを練習し、また新聞に試合評なども残している。

ボクシングをやって良かったことなんて一つも無い。汚い野郎にいいように使われて、ボロボロの身体だけが残った。オレの人生は無茶苦茶だぜ。

アイラン・バークレー[2]

（2）林二〇〇六：九四。アイラン・バークレー（Barkley, Iran）はミドル級からライト・ヘヴィー級で活躍したアメリカの元世界チャンピオンである。マッチメイクに恵まれなかったものの、絶大な人気と実力を誇った名チャンピオン、トーマス・ハーンズ（Hearns, Thomas）から二度にわたってベルトを奪取した。

はじめに

本書は日本のボクシングに関する本である。しかし著者である私は、競技経験も、たいした造詣もない社会学者である。一般的にボクシングに関する本は、ボクシングのプロによって書かれた技術書や伝記、観戦記、エッセイなどが多くを占める。普通に考えれば私のような素人がボクシングについて語れる余地はないように思える。

しかしこれまであまり語られていないこともある。たとえば学術的な視点からボクシングを捉えようとする試みはさほど多くない。学者はボクシングに関心がないのかもしれない。あるいはボクシングにネガティブなイメージを抱いているのかもしれない。アカデミズムの末席にいる者として、思い当たる節がなくもない。

ボクシングが学術的に語られる価値を持たないのであれば、それでも良いだろう。しかし私が専門とする社会学の視点からみると、ボクシングには興味深い点がいくつもあるように感じられる。とりわけ近代という時代が色濃く反映されたボクシングの性格は、社会学の一般的な問題関心とも合致するのではないだろうか。

ボクシングについて述べる前に、社会学者が大きな関心を示してきた近代という時代について少し触れておきたい。(3) 近代は現代へとつながる社会システムが全面的に整備された時代である。魔術は科学に、混沌は制度にとって代わられ、合理性が共通言語になった。それゆえ現代社会の底流をみようとする者は、必然的に近代と向き合うことになる。

なかでも本書の関心は日本の近代化に向けられている。日本のような近代化の後発組は、先行する欧米社会を参照しながら、それを自分たちの社会に無理やり当てはめる過程のなかで国家をつくってきた。和魂洋才などという言葉があったが、裏を返せば和と洋のどちらにも行き切れない中途半端さ、どちらでもあり得るいい加減さが近代日本の姿である。

スポーツと近代の関係にも簡単に触れておきたい。ボクシングを含めたスポーツ全般は、近代以降に生まれたものである。原型にあたるスポーツは近代以前から存在したが、現在の私たちが知るスポーツとは似て非なるものが多い。とりわけ異なるのは、競技において許容される暴力の範囲である。近

(3) 本書では近代化に関する議論を細かく紹介する余裕はない。ひとまずはGiddens(一九九〇=一九九三)、Bauman(二〇〇〇=二〇〇一)、富永(一九九〇)、遠藤(二〇〇七)などの議論を参照すれば、近代化に関する社会学的な問題関心の所在を理解できるだろう。

代以前のスポーツには身体の破壊を伴うようなむき出しの暴力が見出せるが、近代スポーツからは排除されていることがほとんどである。

その理由は、近代が暴力を囲い込む時代であるためだ。近代以降、暴力は警察や軍隊などの国家機関だけが行使するものになり、私たちの日常から離れていった。社会学者のマックス・ヴェーバーがいうところの、国家による「正当な物理的暴力行使の独占」である。[4] 私たちは「国家の側で許容した範囲内でしか、物理的暴力行使の権利が認められ」ず、[5] それ以外の暴力は非合法化した。

ヴェーバーがいう「国家の側で許容した範囲内」の暴力の典型が、ボクシングを含めた格闘技やコンタクト・スポーツであると考えられる。厳格なルールに基づき、合理的な身体技法をもって暴力性を表現するボクシングは、暴力が日常から離れた近代だからこそ意味を持つ。ボクシングは近代社会から逸脱することなく前近代的な匂いを愉しむことができるという点で、優れて近代的な営みであるといえよう（巻末図0－1参照）。

私は本書において「ボクシングは日本でどのようにローカル化してきたのか」ということを論じることで、近代日本の姿を描きたいと考えている。本書におけるローカル化とは、簡単にいえば外来の文化などが根付いていくこ

（4）Weber 一九七一＝一九八〇：九。なおヴェーバーの暴力概念は、物理的暴力のみならず権力的なニュアンスも含むものであるが、本書では近代におけるボクシングの位置づけを明確にするためにヴェーバーを参照しているので、特に物理的暴力に限定して捉えている。

（5）同

とであり、前述の日本の近代化の中途半端さ、いい加減さが顕著になる過程でもある。

本書がボクシングのローカル化に注目する大きな理由は、ボクシングが新奇な外来文化であったにもかかわらず、近代日本社会のなかで極めて「大きなもの」に成長したということによる。明治期の日本にはボクシング文化も市場もほぼ存在しなかった。そんな状態からボクシングは、産業構造の変化や大都市への人口移動、マスメディアやテクノロジーの発展に伴う新たな市場の形成、人やモノの国境を越えた移動などの近代日本におけるさまざまな社会変動と結びつきながら、文化としても産業としても「大きなもの」になっていった。昭和初期には数千から数万の観客が興行に足を運び、新聞各紙には詳細な試合評が掲載された。少なくとも現在よりも、ボクシングに対する一般的な関心は高かったといえる。

ボクシングは何もない状態から、近代日本におけるさまざまな社会変動のなかで「大きなもの」に成長した。だから日本におけるボクシングのローカル化過程をみていくことは、日本の近代がいかなる時代であったのかということを考えることにもつながるはずだ。

以上が本書執筆のいわば表向きの理由であるが、その他に個人的な思いもある。私は長年、ボクシングにえも言われぬ美を感じてきた。

私とボクシングの出会いは、おそらく幼少期だったと思う。痩せた男たちが殴り合っているのをテレビでぼんやりと観ていた記憶がある。幼少期の私にとって、ボクシングは地味でわかりづらい競技だった。しかし単純に美しく思えた。怖いとか痛そうとかではなく、美しいというのが私のボクシングに抱いた最初の感想であった。現在でもその気持ちは変わらない。

しかし何が美しいのだろうか？

ボクシングの美は、まず無駄のない身体に刻み込まれた精妙な技術に求められるように思う。英語圏では“Sweet Science”の別称を持つボクシングは、合理性の極みとでもいうべき技術に特徴付けられる。ボクサーは日々の練習の積み重ねにより、合理的な技術を（非合理的な）身体に刻みこんでいく。結果、顔面にパンチをもらっても目を閉じないような、意識を飛ばされてもディフェンスを下げないような、反射すらもねじ伏せた不自然で美しい身体ができあがる。

さらに丁寧につくりあげられた身体は、競技のなかで破壊されていく。「打たせずに打つ」のがボクシングの理想だが、まずそうはならない。ひどく打たれる。打たれることで皮膚は切れ、筋肉は痛み、骨は折れる。しかし選手は痛みや恐怖をコントロールし、目の前の相手を打ち倒そうと向かっていく。そこにも凄艶な美があるように思う。

ボクシングはオリンピックの正式種目でもあり、安全性に配慮した近代スポーツとしての側面を確かに持っている。洗練されたルールにもとづいて交換される拳は、どこからどうみても路上の喧嘩のように野蛮なものではない。

しかしだからといって「ボクシングは暴力的ではない」と言いきることは偽善に思える。私はむしろ前近代的な匂いを感じられる暴力的な面にこそ、ボクシングの唯一無二の美があると考えている。それは近代的な技術によって表現される前近代的な美であり、暴力が囲い込まれた近代だからこそ意味を持つ矛盾に満ちた美である。

そして一度でもボクシングの美を感じてしまえば、やましさを覚えつつも人はボクシングに惹かれ続ける。それは一種の呪いである。こうしてボクシングに関する本を書いている私もまた、呪われている。

本書のおおまかな流れは次の通りである。第一章ではまず近代スポーツとしてのボクシングが成立する過程を概観する。そのうえでグローバル化／ローカル化、媒介、真正性、といった本書におけるキー概念や方法論の説明をおこなっている。

第二章では日本にボクシングが流入した最初期の状況を考察する。当時ボクシングは喧嘩の手法として、もしくは後述する柔拳興行に関係する外来の格闘技として捉えられていた。それが一九二一年（大正一〇年）の渡辺勇次郎によるジムの開設をきっかけとして、徐々に現在のような競技として理解されるようになり、選手も養成されていく。そうした黎明期の状況を検討しつつ、マスメディア（書籍、映画、新聞、雑誌、ラジオ）が、いかにボクシングのローカル化を媒介したのかも考察する。

第三章では一九三〇年代に活発化した東京を中心とするボクシング文化、市場の有り様をみていく。一九三〇年代までに日本のボクシングのローカル化は進み、文化、市場の自律化、すなわち国内における自給自足が一定のかたちで達成された。ジムが多く設立され興行が一般化するなかで、ボクシングは都市的な観戦スポーツとしても人気を博し、当時のモダン文化の一端を担った。また不良、愚連隊、ヤクザたちが興行や選手の支援に関わっていった。そして第三章の最後では、明治末期から昭和初期にかけての近代化の特殊性を捉えるために「帝国の夢」という概念を提示している。「帝国の夢」は当時の有力な時代精神の一つであり、第四章以降で取り上げる戦中のボクシングにも強い影響を与えている。

第四章ではピストン堀口を中心とした戦中のボクシングの状況を考察する。堀口のスタイルは既存のボクシングのありかたから逸脱していたものの、多くのファンから好意的に受け止められた。そして堀口のスタイルは、戦争が深まるなかで特殊なボクシング・サブカルチャーの象徴となった。章の最後では「帝国の夢」がボクシングに投影されるなかで、ピストン堀口の物語がいかなる意味を持ったのかを考えていく。

第五章では白井義男を中心とした戦後のボクシングの状況を考察する。それは戦争によって半ば解体されたボクシング文化、市場が再生していく過程であった。そのなかでは、白井が体現した「科学的ボクシング」に注目が集まり、ボクシングのありかたも徐々に戦中のスタイルから変化していった。章の最後では、戦後期の社会において白井義男の物語がいかなる意味を持ったのかを考えていく。

「おわりに」では議論を整理し、日本におけるボクシングのローカル化を総括する。

第一章　ボクシングのローカル化を考えるために

「はじめに」では、日本におけるボクシングのローカル化から近代日本の姿を捉えていくという本書の基本的な問題関心について説明した。本章ではそこから少し進んで、ローカル化に関するより詳しい分析枠組みを示したい。

以下ではまず、ボクシングが競技化していく過程をみていきたい。競技化はボクシングがグローバル化／ローカル化する大きなきっかけになったからだ。そのうえでローカル化を捉える諸概念を説明し、本書の基本的な視座と方法論を示していく。

「はじめに」で述べたように、近代以前のスポーツにはむきだしの暴力性がみられた。ボクシングの場合、一八世紀後半から一九世紀初頭のイギリスでは、ベアナックル（裸拳）のプライズ・ファイト（賭け試合）が一般的だった。ベアナックル時代のボクシングはディフェンスが度外視されており、強打に耐える頑強さを競い合うという暴力的な側面が強かった。また裸拳での殴り合いゆえに、大怪我や死亡事故なども頻発していた。そのため試合に治安破壊罪が適用されることもあった。(1) かつてのボクシングは今日的なスポーツとは程遠い反社会的ですらある実践だった。

ベアナックルから近代的なボクシングへ移行するのは、一八六五年にイギリスで制定されたクインズベリー・ルールの採用を端緒とする。(2) クインズベリー・ルールとは、ボクシングの愛好者であったクインズベリー侯爵の名にちなんだボクシングのルールであり、リングのサイズ、グローブの使用、ラウンド制の採用、反則規定などを定めたものである。他の近代スポーツと同様、ルールが整備されることでむきだしの暴力性は「健全」な競技性に読み替えられ、ボクシングは近代スポーツとしての体裁を整えていった。(3)

その結果、ボクシングは競技性と興行性の微妙なバランスのもとに成り立つスポーツになった。

競技性とは公正なルールに基づく近代スポーツとしての体裁や、競技者にとってのやりがいなどを担保する性格である。ボクシングの場合は「打たせずに打つ」ということが競技性に基づく究極的な目標である。競技性はプロ・ボクシングでもアマチュア・ボクシングでも重要視され、それが殴り合いの喧嘩と競技を分ける一線となる。

(1) 松井二〇〇七：一六九

(2) 同：六章

(3) Elias, Dunning　一九八六＝一九九五。同書は近代スポーツ一般を考察するうえでも極めて示唆的である。

興行性とは観戦スポーツとしての面白さや、スポーツ・ビジネスとしての商業的成功に関わる性格である。アマチュア・ボクシングでは興行性はさほど問われないものの、プロ・ボクシングでは重要な意味を持つ。いくら高度な技術の攻防がなされようと、観客が面白がってくれなければ興行性は低くなる。

ただし近代スポーツとしての体裁が整ったことは、ボクシングが「殴り合いではなくなった」ということを意味するわけではない。どれだけ近代スポーツの体裁をとっても、ボクシングは苛烈な殴り合いの要素を失っていないし、競技者やファンもそこに魅力を感じている。ボクシングは近代における「肉体的暴力の表現の飛び地」として許容されてきたが[4]、健全な競争と眉をひそめさせる暴力の境界は、実はさほど明確ではない。ボクシングが内包している暴力性は、洗練されたルールや高度な技術によって分かりづらくはなっているものの、近代からはみ出る部分を確かに持っているように思える。ともあれクインズベリー・ルール以降に、まがりなりにも近代スポーツとしての体裁が整ったことで、ボクシングのグローバル化／ローカル化が進んでいった。

グローバル化／ローカル化とは、近代以降に世界中で加速した現象であり、

（4）同：三九六 - 三九七

現在も進行している。簡単にいえば、グローバル化とは特定の地域と結びついていたものが他の地域に広がることであり、ローカル化とはグローバル化したものが、さまざまな紆余曲折を経て他の地域で受容され根付いていくことである。[5] 多くの場合、グローバル化とローカル化は同時並行的に進んでいく。

たとえばインドのカレーは、イギリスによる植民地統治を経て、インドの国外でも知られるようになった。これがカレーのグローバル化である。そして明治時代、イギリス経由で日本に入ってきたカレーが一部の人々の間で食されるようになり、以降、日本中に広がっていく。その過程では、カレーパンやカレーうどん、カレー南蛮などのローカル・バリエーションが生まれた。そして現在ではカレーは日本の「国民食」になっている。これが日本におけるカレーのローカル化である。

外来文化のローカル化は、さまざまな混乱や葛藤、矛盾、試行錯誤を伴いつつ進行する。たとえば野球というスポーツは明治期に日本に伝えられ、学生文化のなかで育まれながら徐々にローカル化していった。しかし当時の教育者たちは「野球害毒論」を唱え、野球が学生の健康や学業、精神に害を与えると主張した。[6]

（5）Giddens 一九九〇＝一九九三、木本 二〇〇九

（6）たとえば一九一一年（明治四四年）、『東京朝日新聞』紙上で二二回にわたって「野球と其害毒」と題した記事が連載された（一九一一年八月二九日〜九月二六日）。内容は当時の教育者や医者が、野球の「害毒」を語るというものである。そのなかで新渡戸稲造は「野球は賤技」であると切り捨て（『東京朝日新聞』一九一一年八月二九日）、また乃木希典は対抗戦などに長い時間を費やす野球は「必要ならざる遊戯」であると述べている（『東京朝日新聞』一九一一年九月一五日）。

今からすると野球の「害毒」を真面目に論じる姿勢は滑稽ですらある。しかし外来文化は基本的に異物であり、社会が異物を受け入れるのには時間がかかる。「野球害毒論」が象徴するような混乱や葛藤、矛盾は、受け入れきれない異物に対する社会の拒絶反応でもある。

やがて異物は外来の起源を薄め、自文化に組み込まれる。カレーが「国民食」であるように、高校野球は多くの日本人にとって夏の風物詩であろう。私たちは野球が「害毒」とすら批判された外来文化であったことを忘れ、ひたむきに白球を追いかける高校生にむしろ「良き日本」を見出している。

社会学者の遠藤薫の言葉を引けば、それはグローバルな文化がローカライズド文化になり、やがてローカル文化になっていく過程である[7]。グローバル化／ローカル化は、このように外来文化と自文化の境界を更新していく。外来スポーツのローカル化過程は社会変動の過程でもある。

こうした観点から、本書では日本におけるボクシングのローカル化過程を論じていく。これまで日本のボクシング史は、郡司信夫[8]、下田辰雄[9]、松永喜久[10]などの評論家が取り上げてきた。しかしローカル化過程に注目した学術的な研究はあまりなされてこなかった。

日本のボクシングは新奇な外来文化からスタートして、スポーツ文化とし

（7）遠藤 二〇〇七。遠藤は三層モラルコンフリクトというユニークな概念枠組みでグローバル化を論じている。

（8）郡司信夫は『拳闘ガゼット』の編集長を務め、戦後もボクシング解説者として活躍した。『ボクシング百年』をはじめとする著作も多い。戦前の日本のボクサーの戦績は、郡司が個人的に記録していた通称「郡司ノート」が元データになっている場合が多い。

（9）下田辰雄は戦前から活躍するボクシング評論家である。父は日系アメリカ人一世の建築家だったため、下田は英語に堪能でアメリカのボクシング事情にも詳しかった。アマチュア・ボクシングの理事も務め、『時事新報』、『読売新聞』などでボクシング評を書いた。戦後は解説者としても活躍した。

（10）松永喜久は戦前に郡司の元でボクシング記者としてのキャリアをスタートさせた。戦後も評論家として活躍し、『リングサイド・マガジン』などの著作を残した。夫は東亜拳闘倶楽部で活躍したフェザー級ボクサーの松永喜久雄、娘は童謡歌手の松永園子である。

てもビジネスとしても「大きなもの」になった。ゆえにボクシングのローカル化過程を考えることは、スポーツ文化、スポーツ市場はいかに生成・維持されるのかということを考えることでもある。スポーツ文化やスポーツ市場に関する研究は、近年の文化論や産業論、マネジメント論などの文脈のみならず、史的な観点からも進められるべきである。

また日本におけるボクシングのローカル化過程は、欧米と日本の間を揺れ動いてきた近代日本の写し絵でもある。ボクシングのローカル化過程をみていくことは、つまるところボクシングを位置づけてきた近代日本社会の動態を捉えることにつながる。

日本におけるボクシングのローカル化を論じるにあたり、本書では二つの概念を手掛かりにしている。

一つは媒介という概念である。ローカル化は自然現象のように勝手に進むわけでも、特定の人物や組織などの思惑通りに進むわけでもない。さまざまな主体が自分の思惑に沿って事を運び、そうした営為が仲立ちとなって結果的にローカル化が進むのだ。日本のボクシングのローカル化に関わる主体は、個人、組織、マスメディアである。本書では媒介という概念を用いることで、「誰（何）がローカル化を導いたのか」ということを捉えていく。

もう一つは真正性という概念である。真正性とは、ある文化圏における「正しさ」を示すもので、「本物・偽物」、「良い・悪い」といった判断が下される際の指標となる。(11) とりわけ黎明期から過渡期においては、日本のボクシングが「いかにあるべきか」ということが皆の関心事となった。つまりボクシングのローカル化は、真正性をめぐる争いの結果として進んできた。本書では真正性という概念を用いることで、「いかなる方向性でローカル化が進んできたのか」ということを捉えていく。

本書ではこれら二つの概念を用いることで、「誰（何）によって、いかなる方向性でボクシングのローカル化が進んできたのか」を考えていく。(12) 具体的には、個々のボクシング実践やジム文化、組織運営、興行の有り様などが考察の対象となる。また関係者や組織などの志向の違いやさまざまな葛藤、試行錯誤にも注目していく。ローカル化はスムーズに進むとは限らない。現在の視点からすれば過渡期の混乱や誤解とされるような事例は、ローカル化の実相を象徴するものである。

また本書では、ボクシングにまつわる物語にも目を向ける。本書における物語とは、選手や興行にまつわる言説の総称であり、ボクシングの競技性や選手の技量、試合の内容などを超えて展開され、同時にそれらを規定するも

(11) 木本二〇〇九

(12) グローバル化、ローカル化、媒介、真正性などの諸概念に関するより詳しい議論に関心のある読者は、木本（二〇〇九）を参照してほしい。

のである。

スポーツにまつわる物語が生成される根本的な理由は、ボクシングを含めたすべてのスポーツが自己目的的な「遊び」の一種であるという点に由来するように思う。

かつてヨハン・ホイジンガは、「遊び」の本質を自己目的的性格に求めた(13)。人は語り得ない「おもしろさ」をそれ自体として体験するために遊ぶというのがホイジンガの視点である(14)。つまり仕事や勉強などと違い、「遊び」は実利的な意味を持たない。これは、近代スポーツ全般にもあてはまる特徴である。確かに近代スポーツは制度化され、また産業化も進んでいるが、本質的には自己目的的な「遊び」の一種である(15)。言葉をかえれば、スポーツは本質的に無意味な実践である(16)。

しかし合理性を信条とする近代社会は、無意味なものを無意味なままに受け入れるのが苦手である。そのためスポーツの無意味な部分には、しばしば物語が入りこむ。

たとえばサッカーのスペイン・リーグにおいて、長年ライバル関係にあるレアル・マドリードとFCバルセロナの試合は、「エル・クラシコ」（伝統の一戦）と呼ばれ人気がある。またサッカーをはじめとする日本と韓国の代表

(13) Huizinga 一九五六＝一九七三：一章。同書は「遊び」に関する古典として知られる。

(14) 同

(15) スポーツを「遊び」の枠組みで捉える視点は、ホイジンガの議論を発展的に引き継いだロジェ・カイヨワなども示している（Caillois 一九六七＝一九九〇参照）。

(16) これはその行為が実利的な意味を持たないという意味である。たとえばボクシングの世界チャンピオンは社会的にも相応の地位を得ている。しかしボクシングのルールが存在せず、また社会的認知も得ていなければ、私たちは個々の身体能力や技能の高低すら判断できない。その場合、チャンピオンという存在は社会的に意味がないばかりか、ともすれば「人を殴るのが得意な人」という反社会的ですらある属性を与えられるだろう。

戦は、しばしば競技を超えてナショナリスティックな関心を集める。

観戦の際に参照されるこうした歴史的経緯や因縁などは、スポーツをめぐる物語の典型である。物語はスポーツの無意味さを補い、それにより私たちはスポーツを楽しく観戦できるようになる。

魅力的な物語は競技の人気や社会的地位を高める。選手の技量を専門的に愉しめる観客は限られるが、物語はより多くの人が消費することができるからだ。物語はいわばスポーツの社会に対する窓口であり、その意味は大きい。それゆえ本書ではボクシングにまつわる物語に注目する。

議論を進めるにあたっては、新聞や雑誌の記事、書籍などを素材としている。新聞に関しては記述のないものはすべて朝刊である。また特に第四章では、戦前戦中を代表する選手であるピストン堀口が残した一六冊の日記、『戦いのあと』と題された戦績ノート一冊、一一冊のスクラップ・ブック、八冊のアルバムを素材としている（図1-1、1-2、1-3、1-4参照）。

これらはすべてピストン堀口の長男、堀口昌信氏が所有、管理している。日記とノートには、選手としての日々の練習や試合に関する記述が多数ある。またスクラップ・ブックには、雑誌や新聞の切り抜きに加え、当時の興行プログラムや広告なども多数収められている。[17] アルバムには家族写真などに加

（17）スクラップ・ブックに収められている雑誌、新聞などからの切り抜きには、ほぼすべてピストン堀口の手で引用元の雑誌、新聞名などが記されている。本書ではスクラップ・ブックにある雑誌、新聞から引用する際にも原典にあたるようにしている。しかし戦前戦中の『拳闘ガゼット』、『拳闘』などのボクシング専門誌は、国立国会図書館、秩父宮記念スポーツ図書館、各地の大学図書館などにも所蔵されていないため、一部、堀口の手による書誌データをふまえ、スクラップ・ブックから引用し、文献一覧にもその旨を記した。

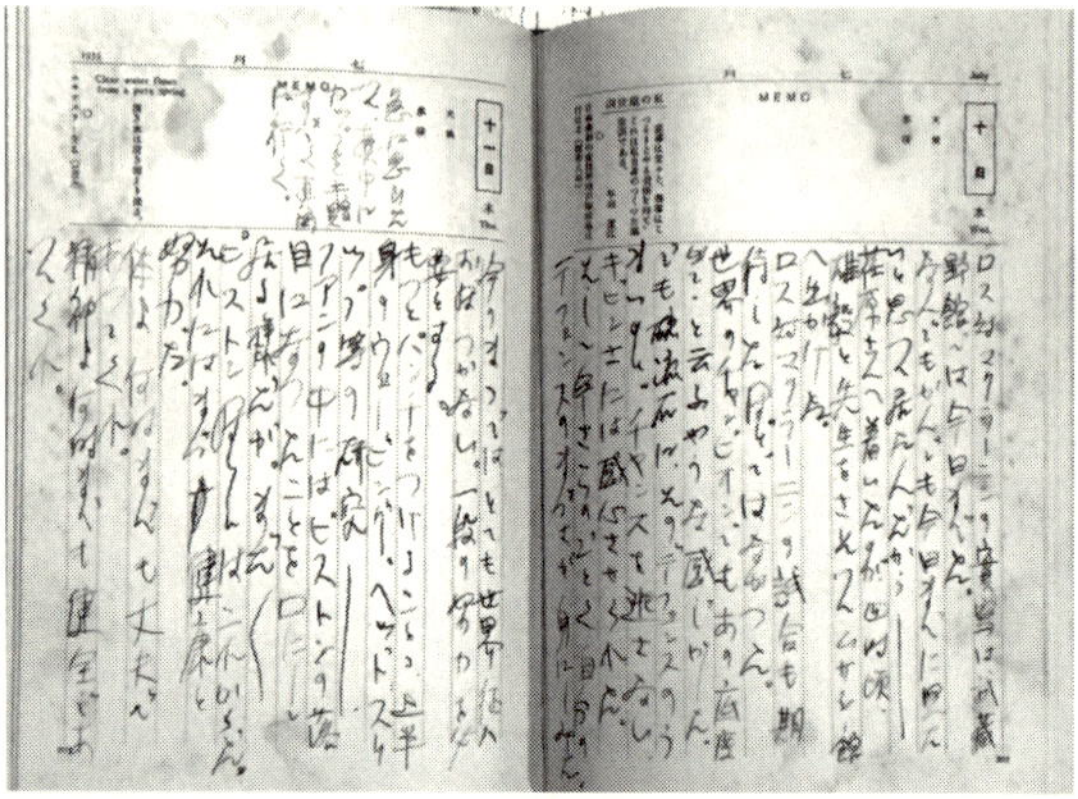

図１－１　堀口の日記

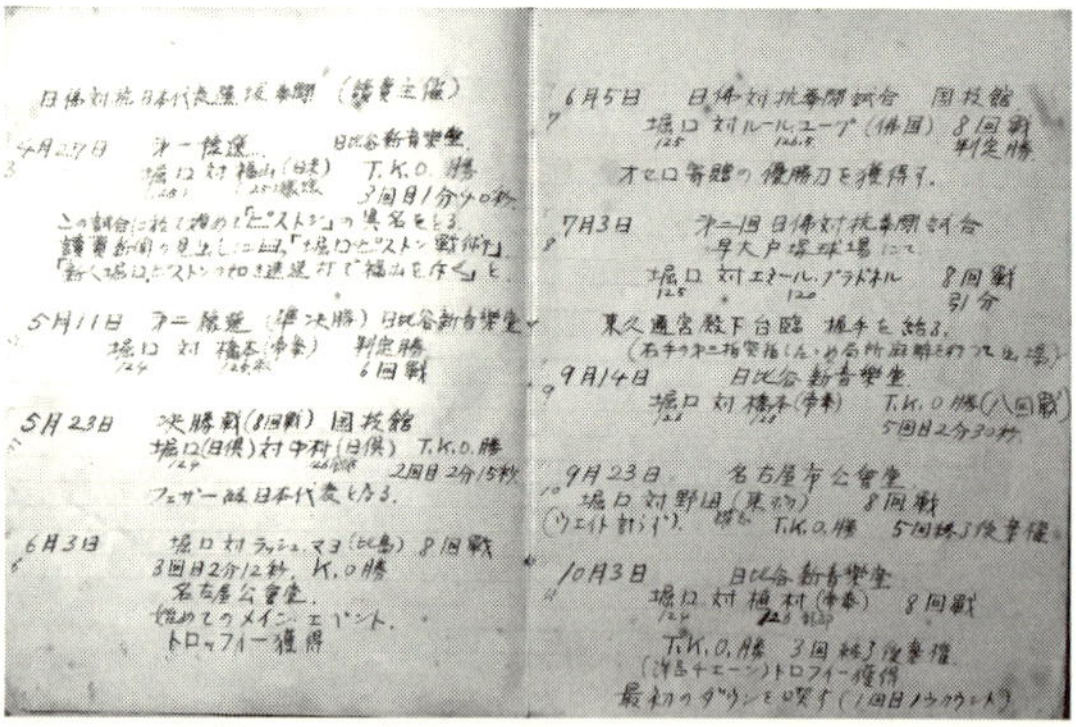

図１－２　戦績ノート『戦いのあと』

え、試合の写真なども含まれている。昌信氏に対しても、二〇一六年から二〇一八年にかけて複数回にわたってインタビューをおこなった。[18] なお資料からの引用は、旧仮名遣い・旧字体をすべて現代仮名遣い・新字体に改めて

(18) 堀口昌信氏はアマチュア・ボクシングの選手として活動後、ピストン堀口道場で後進の指導にあたってきた。通常であれば堀口氏と表記すべきであるが、本書ではピストン堀口が登場するため、混同を避けるために下の名前で表記する。

いる。

また本書では一部の選手の戦績について“BoxRec”（http://boxrec.com/）のデータを利用している。“BoxRec”は世界最大のボクシング戦績サイトであ

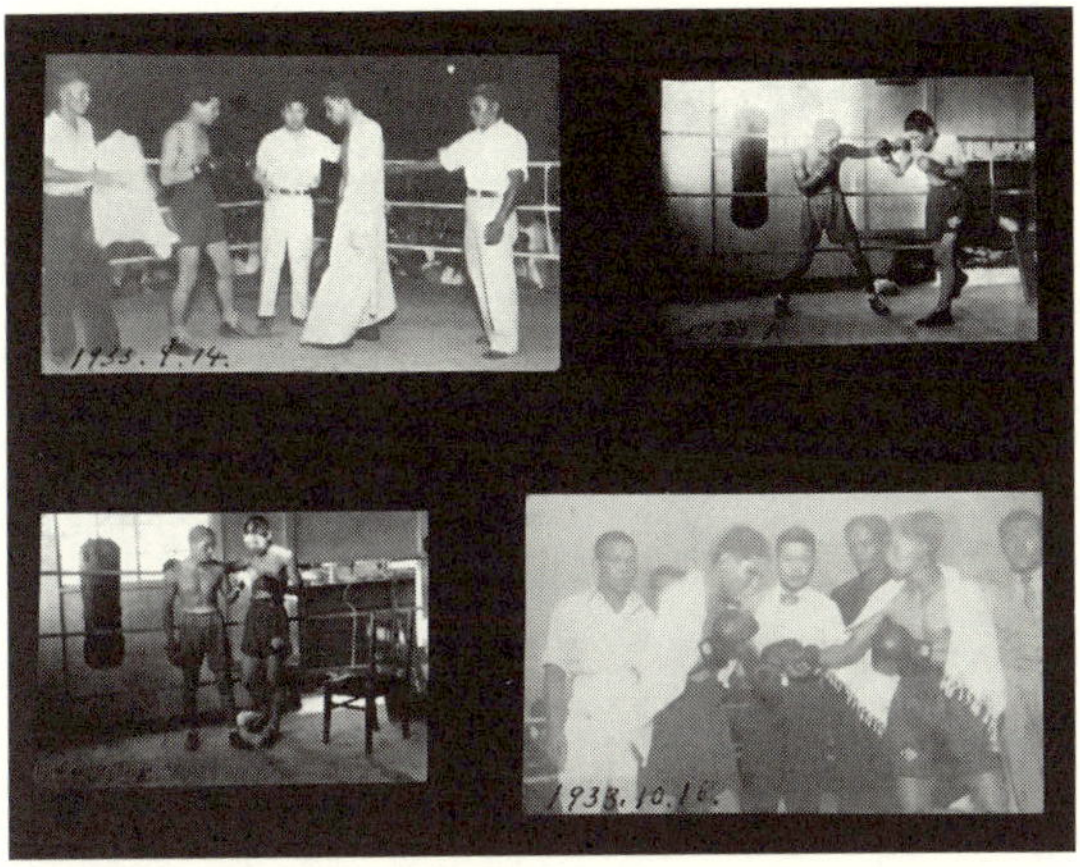

図1－3　アルバム

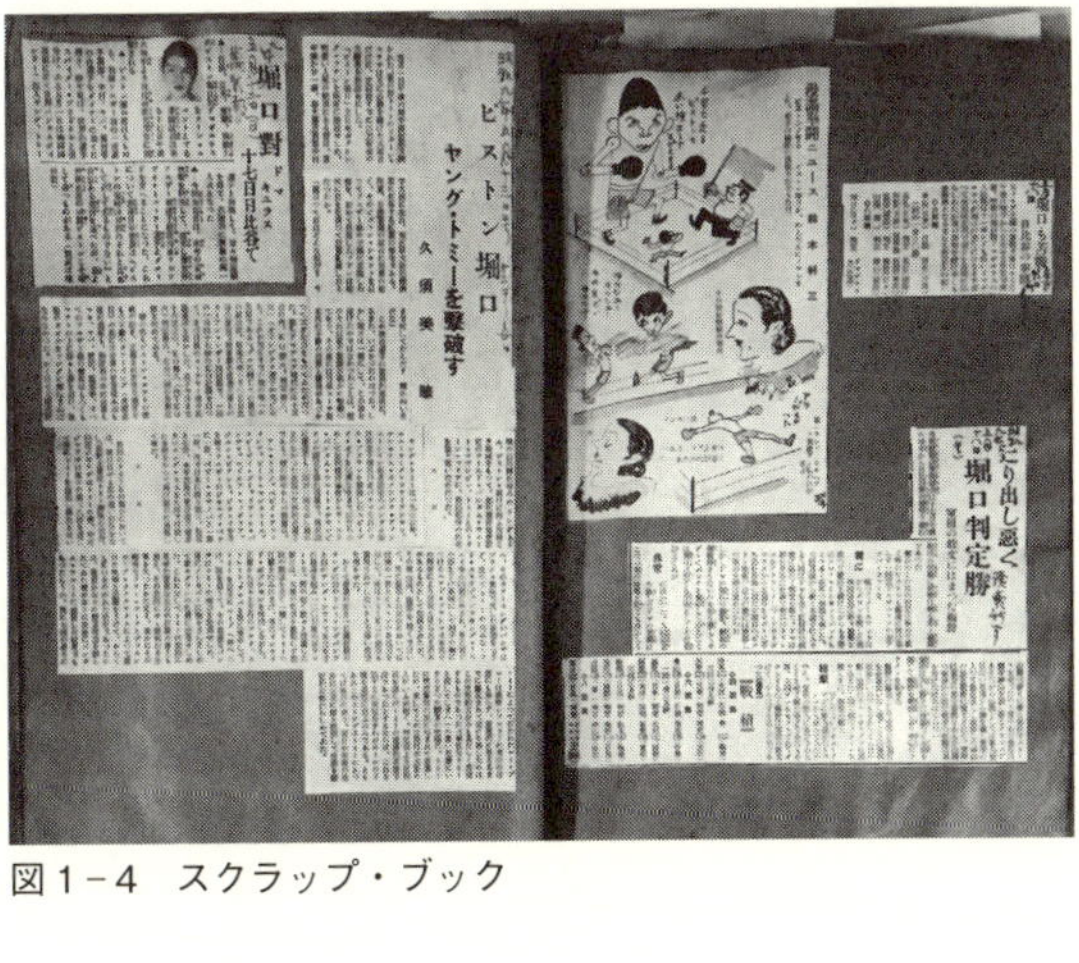

図1－4　スクラップ・ブック

るが、一部のデータが正確ではないという批判もある。本書では情報源が他にもある場合には複数参照するようにはしているが、戦績データについては目安程度に考えてほしい。[19]

（19）"BoxRec"に限らず、戦前の興行は公式戦、草試合、エキシビション・マッチなどが混在しており、有名ボクサーであっても正確な戦績がわからない場合がある。

第二章　ボクシングの流入

1　メリケンから柔拳へ

明治時代というのは、極端に新しいものと極端に古いものが同じ場所にある奇妙な時代だった。社会学者の富永健一は、明治期の日本について次のように述べている。

かくして明治維新は、数百年間忘れ去られていた――あるいはほんの細々と続いていた――天皇制という古代社会の遺制の再登場として実現され、初期明治政府の制度的構成は律令制の遺制である太政官制によってつくられた。つまり明治維新は「古代化」にほかならなかったのであるが、天皇制の再登場によっての封建制の解体が実現し、日本の国民的統一が可能になったということを考えるならば、明治維新が「古代化」であったことこそ、日本が「近代化」のスタートをなし得た理由であった、というパラドックスがそこにあることが気づかれるのである[1]。

富永が指摘するように、明治政府は古代にルーツを持つシステムを用いて近代国家をつくろうとした。こうしたちぐはぐさは、たとえば教育制度に顕著に現れている。明治政府は教育関係の法令を次々に定めて近代的な教育環境を整備しようとする一方で[2]、一八九〇年（明治二三年）には教育勅語を発布し、天皇を中心とした国家主義的な教育理念を示している[3]。前者は近代の欧米に、後者は古代の日本にルーツを持つもので、両者が共存していることはいかにもちぐはぐに思える。

しかしむしろ、近代と古代の共存を正当化する論理を練り上げることとこそが、日本の近代化の過程であった。大雑把にいえば、以降の近代化は欧米（近代）と日本（古代）の間を行ったり来たりしながら進められた。欧米ないしは日本への志向は、社会情勢の変化によりそれぞれ強まったり弱まったりした。たとえば文明開化や富国強兵が唱えられる際には欧米を強く意識するものの、後には欧米化の見直しと日本的なものへの回帰が叫ばれるようになるといった具合である（三－4参照）。

(1) 富永一九九〇：三八九

(2) たとえば一八七二年（明治五年）の学制、一八七九年（明治一二年）の教育令、一八八〇年（明治一三年）の改正教育令、一八八六年（明治一九年）の学校令などが挙げられる。

(3) 大蔵省印刷局編 一八九〇：四〇二。教育勅語の成立過程に関しては、海後宗臣の卓越した研究を参照のこと（海後 一九八六）。

こうした近代日本の揺れ動く社会の有り様は、ボクシングのローカル化過程にも現れている。たとえば欧米由来のボクシングに、柔道などの「伝統的」な格闘技を混ぜこむような実践である。以下ではそうした最初期の日本のボクシングをみていきたい。

ボクシングが初めて日本に入ってきたのは幕末から明治にかけてである。当時、ボクシングは現在のような競技としての体裁をとっていなかった。ボクシングはメリケンと称され、パンチを使った喧嘩の手法などを意味した。

喧嘩の技術が競技へと変化するきっかけとなったのが、柔道とボクシングの異種格闘技戦、柔拳である。柔拳を広めたのは講道館創始者の嘉納治五郎の甥である嘉納健治という人物である。嘉納は明治末期にボクシングと柔道の戦いを目にし、ボクシングに惹きつけられた。そこで嘉納は自分が観たのと同じような異種格闘技戦を興行化する。それが柔拳興行である。柔拳興行は大正期に神戸や東京で開催され、人気を博した。

メリケンも柔拳興行も、当時の欧米で実践されていたクインズベリー・ルール以降のボクシングとは大きく異なる。異なるというよりも、むしろボクシング的な技術を流用しているだけともいえる。当時の多くの日本人にとって、ボクシングはそのままでは競技として受け入れることが困難なほど未知のものであった。空手なども本土では一般化していない時代、拳で戦うという行為自体が珍しいものだった。メリケンや柔拳興行は、喧嘩や柔道を介して未知の競技を消化しようとする黎明期に特有なローカル化の実践として理解できる。日本の近代化と同様、ボクシングのローカル化も、グローバルなるものを試行錯誤しながらローカルな文脈に再定置していくことで進められた。

以下ではまず、メリケンと柔拳興行をそれぞれみていく。そのうえで当時としては例外的にボクシングをそのまま練習しようとしていた学生の実践にも目を向ける。彼等は映画や洋書を通してボクシングを知り、同好会のような場で見よう見まねで練習をおこなった。メリケン、柔拳興行、学生の実践は、それぞれ競技としてのボクシングの普及に直結するわけではないが、大正末期から昭和初期にかけて本格的にボクシングが流入する下地を整備した。

1　メリケン

日本には幕末にボクシングが伝わってきたとされる。一八五四年（安政元年）、画家の田崎草雲(4)がボクシングの心得のある水兵と横浜で喧嘩になり、水兵を背負い投げで倒したという逸話が残されている。(5)またペリー来航の際

（4）田崎草雲は足利藩の絵師である。尊攘運動に加わり、維新後は内国勧業博覧会などで受賞歴がある（『日本人名大辞典』＝JapanKnowledge Lib）。

（5）郡司 一九七六：四

に、大関力士、小柳常吉がアメリカ人のレスラーやボクサーと異種格闘技戦をおこなったともされる[6]。

これらは日本人とボクシングとの出会いというにはあまりにもささやかな事例であるが、明治期以降、少しずつボクシングが入ってきた。一八八四年（明治一七年）頃、東京相撲の元幕内力士、浜田庄吉が、相撲時代の弟子や柔道家を連れてアメリカで武者修行をおこなった。浜田は一八八七年（明治二〇年）に現地のボクサーやレスラーを引き連れて帰国し、各地でエキシビション・マッチ[7]をおこなったが、さほど話題にはならなかったという[8]。

さらに一八九六年（明治二九年）、アメリカから帰国した斉藤虎之助、ジェイムス北條（本名、利夫[9]）らが横浜に「メリケン練習所」を設立する。これが国内最初のジムであったともされるが、北條らはボクシングを「ルールある喧嘩」と捉え、通ってくる者を容赦なく殴っていたので、人が寄り付かなくなり自然消滅したという[10]。

そして一九〇二年（明治三五年）には、横浜に滞在して試合もおこなっていたオーストラリアのボクサー、ジャック・スラビン[11]が週に三日のボクシング講習会を開催し、二〇名ほどの志望者がいたという記録もある[12]。

幕末から明治期にかけてのこうした動きは、日本におけるボクシングのロ

（6）日本プロボクシング協会 2008

（7）エキシビション・マッチとは、もっぱら観衆を楽しませるための試合で、公的な戦績には記録が残らないものを指す。ただし当時は統一団体などがあったわけではなく、公的な試合か否かは曖昧な部分もある。

（8）郡司 一九七六：五 - 六

（9）ジェイムス北條は昭和初期に日本橋の葵拳闘倶楽部でトレーナーとなり、多くのボクサーを育てている（郡司 一九七六：八 - 九）。ロードワークを重視し、潔癖症の奇人としても知られた（松永 一九九二：一二四 - 一二九）。晩年はフィリピン人のプロモーター、ロッペ・サリエルのもとに身を寄せ、後の世界ジュニアライト級チャンピオン、フラッシュ・エロルデの指導もしている（同：一二九）。

（10）郡司 一九七六：八 - 九、松永 一九九二：一二四 - 一二九。

（11）ジャック・スラビン（Slavon, Jack）は、オーストラリアのライト・ヘヴィー級のボクサーである（"BoxRec" 二〇一六年一二月一九日閲覧）。

（12）『読売新聞』一九〇二年三月一三日。志望者の詳細については不明である。

ーカル化の最初期の一歩であった。しかしこれらは時間や空間が極めて限定されていたため、ボクシングを広く一般に知らしめるには至らなかった。

当時はボクシングや拳闘といった言葉すら一般化しておらず、もっぱら前述のメリケン練習所のようにメリケンと呼ばれていた。そしてメリケンという言葉は喧嘩と結びつけられ、一九二三年（大正一二年）の関東大震災の後まで使われていたようだ。

詩人の安田樹四郎によると、震災後の横浜では、硬派の不良は喧嘩の際に鍛えた自らの拳を用いていたという。[13] 安田は次のように述べる。

ボクシングの流行する前であったから、ストレイト・パンチなどという言葉は知られていなかったから、外国船員あたりの喧嘩を見て真直に突き出す殴り方を、メリケンさんの殴打法として認識し転じてメリケンという愚連隊言葉が出来たのではあるまいか。[14]

安田はメリケンの語源を推測しているが、それが愚連隊用語とされている点は注目に値する。一九二八年（昭和三年）に刊行された『不良少年の実際』でも、メリケンとは「目と目の間を拳にて突くこと」を意味する不良少年の

(13) 安田 一九三九：二二。不良の実践に関しては三 - 3で詳しく触れている。

(14) 同

隠語であるとされる。[15]

これらのことからは、最初期のボクシングはスポーツなどではなく、もっぱら喧嘩の技術として捉えられたことがわかる。つまり当時の日本のボクシングは「国家の側で許容した範囲内」の合法的な暴力とはいえない部分を持っていた。[16] そのことは後述するボクシングと不良の親和性の高さとも関連していると考えられる（三－3参照）。

2　柔拳興行の時代

明治期から大正期にかけて、ボクシングのローカル化は神戸の嘉納健治を中心に進んでいく。嘉納健治は講道館創始者の嘉納治五郎の甥であり、射撃の腕前から「ピス健」と称されたヤクザである（図2－1参照）。嘉納は外国船の水兵からあるボクシングの試合の話を聞き、「居ても立ってもいられぬほどのショックを受けた」という。[18]

図2－1　嘉納健治[17]

(15) 河野一九二八：三二五

(16) Weber 一九七一＝一九八〇：九

(17) 郡司一九五五：巻頭写真

(18) 松永一九九二：一四七

図2－2　ジャック・ジョンソン[20]

その試合とは、一九〇八年（明治四一年）にシドニーでおこなわれた、ボクシング史上もっとも凄惨な試合のひとつとされるジャック・ジョンソン[19]（図2－2参照）対トミー・バーンズの世界ヘヴィー級タイトルマッチである。試合はジャック・ジョンソンが王者トミー・バーンズに挑戦するものであったが、内容は一方的であった。トミー・バーンズは打たれ続け、あまりに凄惨な内容から一四回に警察が介入して試合を止めるという異常さであった。[21]

この試合の話を聞いてボクシングの苛烈な競技性を意識した嘉納は、同時期に横浜で柔道とボクシングの異種格闘技戦を目にし、ボクシングに魅了される。以降、嘉納は神戸を訪れた海外のボクシング経験者などを神戸市御影《みかげ》

（19）ジャック・ジョンソン（Johnson, Jack）は、二〇世紀初頭に活躍したアメリカの黒人ヘヴィー級ボクサーである。黒人差別が露骨な時代に白人女性を妻や恋人にしたことで、白人の怒りを買った（ムラン、ミー、ボジート二〇一六：八三）。ジャズ・ミュージシャンのマイルス・デイヴィスは彼に傾倒し、一九七一年にアルバム〝ジャック・ジョンソン〟を発表している。

（20）TheFamousPeople.com より。https://www.thefamouspeople.com/profiles/jack-johnson-boxer-5275.php　二〇一七年一月三一日閲覧。

（21）梶間一九九一a：五三

の自宅道場に招き、技術習得に努めていく。嘉納は当時を次のように振り返っている。

明治四二年頃、講道館の名物男だった、紺野君《ママ》が、横浜在住の拳闘外人と、日本最初の柔道対拳闘の一騎打ちをやって一勝一敗に終わったことがあった。[22]成る程これは面白いスポーツだと感じ、翌四三年、神戸に上陸したエール大学出身のスミスという外人を、御影の私の道場へ引張ってきて、柔道をやらせて見ようと計画した。それで最初大阪難波の相撲場の跡を借りて、リングと為し、まあ柔拳の試合というところまで漕ぎ付けた。その後、神戸に上陸する外人で、暇ある連中を、どしどし御影の道場へ連れて来て、懸命に拳闘術の習得に勉めた。いや全く真剣だった。今でも自分の鼻柱は折れてグニャグニャだが、当時はグローブが無く、後になって、野球に使うマスクを使い始めたような始末だった。[23]

嘉納の発言からは、柔道を介してボクシングへの出会いと理解が進んでいったことがわかる。嘉納はグローブもないなかで「懸命に拳闘術の習得」をしようと努め、鼻が「折れてグニャグニャ」になるほどの苛烈な競技性を自

(22) これは一九〇九年（明治四二年）、講道館の柔道家、昆野睦武が横浜の羽衣座でおこなった英国艦隊のボクサー、ガーレットとの一戦を指すと思われる（無記名 一九〇九：一三・一五）。この試合は満員の盛況で、羽衣座の外には入場できなかった観客が数百人も立ち尽くしたという（同：一三）。

(23) 石井 一九九七：三一八。この証言を収めた『明治事物起源』は石井研堂による労作である。石井は編集者であり、在野の文化史家としても多くの業績を残した。

図２－３　柔拳興行の広告[24]

ら経験している。

以降、柔道を介したボクシングの理解は、嘉納が中心となった柔拳興行の中で進んでいく。柔拳興行とは柔道とボクシングの異種格闘技興行であり、おおよそ一九一九年（大正八年）前後から一九三〇年（昭和五年）前後まで神戸、大阪、京都、東京などで開催されていた。

当時ボクシングは日本人に馴染みが薄かったので、興行を打っても集客が見込めない。そこで日本人に馴染み深い柔道とボクシングを対決させよう、というのが柔拳興行の基本的な考え方である。嘉納も御影の自宅に柔拳のジムである国際柔拳倶楽部を設立し、柔拳興行を手掛けていく。新聞も図２－３のような広告で、柔拳興行の情報を伝えた。また試合に関する記事も新聞に掲載された。[25]

（24）『読売新聞』一九二一年六月二八日

（25）『読売新聞』一九二二年七月九日

スポーツ社会学者の池本淳一は、柔拳興行を前期、中期、後期に分け、微妙に異なる内実を整理している。[26] 池本によると、前期柔拳（一九一九年〜一九二一年頃）は打撃技へ対応できる柔道技術の錬成を目指したものであるという。[27] またポイント制を採用したルールの整備が進み、競技スポーツとしての体裁が整えられていった。[28]

中期（一九二一年〜一九二五年頃）には柔道家が一種の日本代表と目され、外国を代表するボクサーと対抗するという対立構造が強調された。池本は中期柔拳がエンターテイメント性の高い観戦スポーツとして再定置されたと論じている。[29]

そして後期（一九二五年〜一九三二年頃）はこの路線が加速し、日本人が外国人を打ち倒す八百長まがいの「ナショナリスティックなショー」になっていった。同時に、ボクシング・ルールでの戦いである「純拳」が人気を博し、柔拳興行のウリになるという逆転現象も起きた。[30] 嘉納健治も自身の国際柔拳倶楽部に加え、ボクシング・ジムである大日本拳闘会（以下、大日拳）を立ち上げ、「純拳」時代に備えている。

柔拳はボクシングの本来のかたちからは逸脱したものであった。しかし池本は柔拳興行が「日本にボクシングに関する知識と関心をもたらした」とし

(26) 池本二〇一四

(27) これは叔父である嘉納治五郎の目指した打撃も含めた総合格闘技としての柔道に通じる発想である。

(28) 同：五三四‐五四〇

(29) 同：五四二

(30) 同：五四四

て、その意義を評価している。[31] 池本の議論をふまえれば、柔拳の時代とは、柔道を介して理解されていたボクシングが、徐々に柔道を介さずに理解されるようになっていった過程であるといえる。

3 有志たちのボクシング実践

大正期、柔拳を通してボクシングの一般的な認知が高まっていた頃、一部の同好会的な場では、欧米のボクシングをそのまま練習しようとする試みがなされていた。練習していたのは多くが学生であり、主に洋書や映画を通してボクシングに出会っていた（二-3-1、二-3-3参照）。

当時の学生は、後述する新中間層と同様に（三-2参照）、スポーツや音楽、美術、映画、文学などに対する関心が高かったとされる。[32] 外来スポーツのボクシングは彼等にとってモダンで新鮮に映ったのだろう。

学生たちは指導者もいないなか、見よう見まねで練習をおこなっていた。[33] 外国人向けのスポーツ・クラブであるYCAC（横浜カントリー・アスレチック・クラブ）や、KRAC（神戸レガッタ・アスレチック・クラブ）では、練習だけでなく試合もおこなわれていたという。[34]

巻末表2-1は練習がおこなわれていた主な場所と参加者をまとめたもの

(31) 同：五四六

(32) 権田 一九三八：二六九-二七五

(33) 社団法人日本アマチュア・ボクシング連盟「五〇年史」編集委員会 一九八〇：三〇

(34) 同

である。日本におけるボクシングの本格的な開始時期は、次節で述べる渡辺勇次郎の帰国以降とされることが多い。しかしここで名前が挙がっている参加者には、後も選手や指導者、批評家などとしてボクシングに関わっていく者が少なくない。同好者たちのさまざまな実践はまだまだ稚拙なものではあっただろうが、本格的なボクシングの流入、さらにはその後のボクシングのローカル化に向けて「土壌を耕す」意味を持っていた。[35]

また浅草の「活弁グループ」のように、仕事を通してボクシングに魅了された弁士たちの活動も興味深い。後述するように、ボクシング・ファンの弁士たちによる解説は異国の映像に日本語で意味を与え、ボクシングのローカル化を媒介した（二－3－2参照）。また一部のメンバーは後年もボクシングに深く関わった。たとえば井口静波は、荻野貞行が出演したボクシング映画、『運動家鉄腕』の原作を執筆し、後に鶴見の花月園内に井口拳闘会を設立した。[36] 静田錦波は、戦後、日本拳闘株式会社の創立に尽力した。[37]

2　渡辺勇次郎の時代

柔拳には欧米的なものと日本的なものが奇妙に混ざり合った、いかにも黎

(35) 同

(36) 松永一九九二：二一五。花月園は大正期に人気を誇った遊園地である。

(37) 同：二一四

明期といった趣がある。しかし異種混交的なボクシングのありかたは、よりオーセンティックなボクシングが実践されるようになった時代にもみられるものである。以下で取り上げる「日本のボクシングの父」である渡辺勇次郎の時代においても、欧米由来のボクシング技術に日本的な「精神」を加味したボクシングが志向されている。欧米と日本を行ったり来たりする近代化の過程は、ボクシングのローカル化においても現れたといえる。

図2－4　指導者として活躍していた頃の渡辺勇次郎[38]

渡辺勇次郎は、一八八九年（明治二二年）に栃木県に生まれた。アメリカから帰国した浜田庄吉がエキシビション・マッチをおこなった二年後である。渡辺は学内の暴行事件に関連して旧制真岡中学を退学になる。しかし実家が裕福だったこともあり、一九〇六年（明治三九年）に外国語を勉強する名目でサンフランシスコに渡った。

渡辺はサンフランシスコの街でボクサー崩れとの喧嘩に負けると、自分を

(38) アルバム

打ち負かしたボクシング技術の習得を目指し、サクラメントにあるルーフ・ターナー[39]のジムに入門する。練習を続けるうちに頭角を現した渡辺は、ライト級のアマチュア選手として一六連勝を重ね、四回戦王となったとされる[40]。帰国した渡辺は日本で初めてのボクシング・ジムを開き、練習生たちを鍛えあげていく（図2-4参照）。

渡辺は指導者として戦前のボクシング界で大きな影響力を誇った。雑誌にたびたび寄稿し、書籍も刊行した。当時のボクシング界を牽引した選手や指導者の多くは、渡辺の弟子や孫弟子である。また単身アメリカに渡ってボクサーになった渡辺の数奇な冒険譚は、少年誌などにも掲載された[41]。

渡辺はメリケンや柔拳とは異なるアメリカン・スタイルのボクシングを日本に伝えただけでなく、日本独自のジム文化も生み出した。そして渡辺の弟子や孫弟子は、渡辺によって媒介されたボクシング文化を日本で再生産していった。つまり渡辺の設計した経路を水が流れるように、以降のボクシングのローカル化は進んでいった。

以下ではまず渡辺が帰国しジムを立ち上げる流れをみていく。そのうえで渡辺の生み出したジム文化に言及する。そして渡辺も深く関わった黎明期のアマチュア・ボクシングを取り上げる。

（39）ルーフ・ターナー（Turner, Rufe）は、アメリカのライト級のボクサーである（"BoxRec" 二〇一六年一二月五日閲覧）。

（40）郡司 一九七六：一四-一七。当時の西海岸では四回戦までしかなかった。

（41）松本（鳴）一九三二、一九三三

1 渡辺勇次郎の帰国と純拳興行

渡辺はアメリカで日本におけるボクシング人気を聞き、一九二一年（大正一〇年）に帰国する。そして実家の遺産などを使って、同年一二月、東京の目黒権之助坂下に日本拳闘倶楽部（以下、日倶）を設立する。第一次世界大戦が終結し、ワシントン会議が開かれた年である。

日倶は日本初の本格的なボクシング・ジムである。渡辺は帰国からジム設立までを次のように回想する。

> 丁度其頃（引用者注：アメリカ時代）、郷里の友人から、近頃は、日本にも拳闘がはやるという通信があったので、大正十年の春、十幾年ぶりかで帰って来た。帰って失望したのは、日本に拳闘なんか、少しも行われて居ない。唯ロシヤの行商人か何かを拳闘家に作り上げ、日本の柔道と試合をやらせる見世物程度のもののあったに過ぎない。これではいけない、本筋の拳闘を開こうと、翌十一年の一月に、(42)純拳闘の道場日本拳闘倶楽部を目黒に開いたが、入門者は無し、郷里の人々は、渡辺は飛んでもないことを始め、気でも違ったのかと評した。(43)

(42) ここでは日倶設立が「大正一一年一月」とされているが、郡司（一九七六：二六）、松永（一九九二：一三三）、日本プロボクシング協会（二〇〇八）などは、すべて前年一二月設立としている。ひとまず本書でも「大正一〇年一二月」説を採用する。
(43) 石井 一九九七：三一六
(44) 池本 二〇一四
(45) 横山金三郎は「日倶四天王」のひとりで、最初のフェザー級の日本チャンピオンである。
(46) 郡山幸吉は一九〇七年（明治四〇年）に渡米、渡辺勇次郎の指導を受け、タフなファイターとして知られた。「巧妙無比なテクニックをもっているわけではなかったが、相手の打撃を許して、一打必倒の強打を」ふるい、バルチック艦隊を破った東郷平八郎にちなんで「東郷郡山」と呼ばれたという（郡司 一九七六：二八‐二九）。
(47) 滝沢吉助は日倶以前から、前項で触れた警醒社書店グループの一員としてボクシングの練習をしており、日倶入門第一号のフェザー級の選手である。後に銀座拳闘倶楽部を設立している（郡司 一九七六：七二）。

ボクシングが流行していると思って帰国した渡辺が目にしたものは柔拳だった。渡辺にとって柔拳はボクシングとはまったく違う「見世物程度のもの」であり、「失望」するようなものであった。そのため渡辺は柔拳との差異化をはかり、「本筋の拳闘」を教える日倶を設立した。

渡辺の行動は、日本におけるボクシングのローカル化黎明期における真正性をめぐる争いとして捉えられる。一九一〇年代から一九二〇年代、日本ではボクシングより柔拳のほうが一般的であり、多くの観客を集めていた(44)。しかし渡辺にとって、いくら興行的な価値があろうが、柔拳はボクシングとは異なる「見世物」にすぎなかった。だからこそ渡辺は、自分がアメリカで学んできた「本筋の拳闘」、すなわち真正なボクシングを教える場として日倶を設立したのだ。

日倶設立後、間もなくして渡辺の遠い親戚であった横山金三郎(45)や、アメリカから帰国した郡山幸吉(46)が合流した。渡辺は「裸一貫から百万円の富を」、「世界選手権をわれらの手に」というスローガンをかかげて練習生を募集したものの、一年の間、滝沢吉助(47)、荻野貞行(48)、田中禎之介(49)、吉本武雄(50)、鹿毛善光(51)、久場清(52)ら一四名ほどの入門者しか集まらなかったという(53)。初日からスパーリング(54)をさせるという荒っぽい指導法や(55)、入会金五円、月会費五円(56)という高額

(48)　荻野貞行は立教大学在学中に日倶に入門した「日倶四天王」のひとりで、ジュニア・フェザー級の選手であった。ストレートを中心にした非常にスピーディで細かいフットワークの独創的なアウトボクサーであったという（郡司　一九七六：三一 - 三二）。また容姿端麗で映画にも主演し、京舞の井上八千代をはじめとする女性ファンも多かった（松永　一九九二：一四一）。選手引退後もトレーナーやマネージャー、業界団体の代表などを務め、戦後期も業界で強い影響力を持った。雑誌や新聞にもボクシング記事を多く寄稿している。「日本のボクシングの父」と呼ばれる渡辺勇次郎に対して、荻野は「日本のボクシングの母」とも呼ばれる。

(49)　田中禎之介は「日本のカルパンチェ」と称されたテクニシャンである。「日倶四天王」のひとりで、ジュニア・ライト級からライト級で活躍した。左フックの名手であったという（郡司　一九七六：三三 - 三四）。

(50)　吉本武雄はフライ級のボクサーである。中国の革命家、汪兆銘をもじった「王朝銘」を名乗り、小柄ながらアメリカでも戦った。『都新聞』や『拳闘ガゼット』誌上で評論家として筆をとり、戦後も指導者、解説者として活躍した（郡司　一九七六：六七 - 六九）。

な料金設定が練習生を遠ざけていたのかもしれない。ただ後で会費の値下げをしてもあまり効果はなかったようだ(57)。

一九二二年（大正一一年）から、渡辺は嘉納健治の協力を取り付け、各地で純拳興行をおこなっていく。渡辺勇次郎、横山金三郎、郡山幸吉、滝沢吉助、荻野貞行、田中禎之介ら、日倶の選手たちが出場し、外国勢とボクシング・ルールで対戦した。しかしまだ柔拳の人気が高かった時期で、興行としては失敗だったとされる(58)。興行に参加した荻野貞行の友人で作詞家のサトウ・ハチロー(59)は、当時を回想して次のように述べる。

（引用者注：荻野が）拳闘の切符を持って、どこかへ行っても、「浪花節の切符なら買ってもいいが拳闘じゃねえ」と鼻もひっかけない。（これがわずか十二三年前なのですぞ(60)）

サトウの回想からは、一九二二年（大正一一年）頃はチケットがさばけないほど純拳の人気がなかったことがうかがえる。しかし神戸新聞社が後援した神戸の興行は盛況であったとされ(61)、興行ごとの差があったようだ。

そして純拳興行の人気も徐々に高まっていく。一九二三年（大正一二年）

(51) 鹿家善光は明治大学拳闘部主将やベルリン五輪監督をつとめた（社団法人日本アマチュア・ボクシング連盟「五〇年史」編集委員会一九八〇：八〇〇）。

(52) 沖縄出身の久場清は幼少期より空手を学んだ。上京後は銀座のカフェ、バウリスタのボーイを務め、警醒社書店グループの一員としてボクシングの練習に励んだ（二-一-三参照）。日倶に入門後は、「日倶四天王」のひとりとして鳴らし、一九二七年（昭和二年）、翌年と日本フェザー級チャンピオンになった。フットワークが巧みであったという（郡司 一九七六：三四）。

(53) 同：二七、松永 一九九二：一三三-一三四

(54) スパーリングとは試合のように一対一でおこなう模擬戦である。力を加減してやることもあるが、互いに本気でやる場合には怪我をすることも少なくない。

(55) 松永 一九九二：一四〇

(56) 郡司 一九七六：二六

(57) 渡辺 一九四七：二九四

(58) 郡司 一九七六：二七-二八

二月一七日、一八日に九段相撲場で催された興行には二万人の観衆が集まった。[62] 戦前から活躍するボクシング評論家の下田辰雄は、次のように回想する。

> 常時ウェルターくらいの渡辺氏（引用者注：渡辺勇次郎）は、ロシアのレスラーでグローブを付けたルイカーと云う四十余貫もある巨漢を物の見事に得意の右ストレートを以てナックアウトに仕止めたのを始め、荻野氏（引用者注：荻野貞行）はネルソン、田中氏（引用者注：田中禎之介）はジョンソン、臼田金太郎君は初陣に於てウィリアムソンにそれぞれ勝ち名乗りをあげて観衆を唸らした。その入場者数は約二万人と註せられ、この嘘のような莫大な入場者数の記録は依然として今日まで破られずにいる。[63]

九段に集まった大観衆は、小さな日本人が大きな外国人と堂々渡り合い、打ち負かしていることを素直に喜んだのだろう。戦前から活躍するボクシング評論家の郡司信夫も、体格で劣る日本人選手が「闘志と技術」で健闘したことを評価している。[64]

ただ日倶選手に対抗する外国勢の実力や素性については、はっきりしない部分が残る。また渡辺勇次郎の相手は体重がほぼ倍であり、体重別の階級制

(59) サトウ・ハチローは戦前から戦後に活躍した作詞家である。西条八十などに師事し、童謡詩人として「ちいさい秋みつけた」の作詞をおこなった。また「リンゴの歌」など歌謡曲も手掛けている（『日本人名大辞典』= JapanKnowledge Lib）。
(60) サトウ 一九三五：三〇六
(61) 池本 二〇一四：五四三
(62) 郡司 一九七六：三四 - 三六
(63) 『読売新聞』一九三二年二月一〇日
(64) 郡司 一九七六：三六

スポーツとしてのボクシングの基本がふまえられていない。純拳をうたっているものの、「大きな外国人を日本人が倒す」という構図は、ある意味で「ナショナリスティックなショー」[65]であった後期柔拳との連続性を感じさせる。純拳の競技としての純粋性には疑問が残る。

しかし当時、これらは問題とはされなかったのだろう。むしろ柔拳で見慣れた光景が純拳で再現されたことこそが、二万人を動員したこの興行の妙味だったのではないか。つまり階級を度外視した点で純粋なボクシングとはいえない試合は、小さな日本人が大きな外国人を倒す構図を生み、それゆえにボクシングに不慣れな観客を惹きつけたのだ。その結果、純拳の一般的な認知と人気は高まっていった。時代は渡辺の思惑とも呼応しつつ動いていた。

2　渡辺勇次郎のボクシング観と日倶の文化

ジム開設後、渡辺は「本筋の拳闘」を啓蒙するために雑誌へ寄稿し、ボクシングの解説本を刊行した。

まず一九二二年（大正一一年）三月、野球専門誌『野球界』、総合誌『新青年』の誌上にエッセイを寄稿した。エッセイのなかで渡辺は、ボクシングのルールや技の種類などを説明するだけではなく、効用や意義を強調している。

(65) 池本二〇一四：五四二 - 五四五

渡辺によるとボクシングは体力増強などの「体育」の点や、「敵に接近せずして敵を防ぐ」という「護身」の点で優れており、老若男女に勧められるスポーツであるという。(66)またボクシングは、足、上半身、頭部を連動させる全身運動であり、「最も科学的な運動競技」であるという。(67)さらにボクシングは体重別の階級制で争われるため、「体軀小なる日本人と雖も其の階級の世界選手権を獲得し得られる」可能性が大いにあると述べ、国際的な舞台での日本人選手の活躍に期待している。(68)選手として人気が出ることで「百万長者となりたる者」も少なくないとし、金銭的な成功にも言及している。(69)

また翌一九二三年（大正一二年）に出版された郡山幸吉との共著『拳闘術：ボクシング早わかり』の巻頭言では、まず従来の日本のボクシングがメリケンと呼ばれ「喧嘩の道具」として捉えられる傾向があったことを「遺憾千万」としている。(70)そして前述のようなボクシングの利点を挙げたうえで、ボクシングを通して「不撓不屈の男性的大勇猛心武士道的精神」が学べるとし、精神面での利点を強調している。(71)他にはルールや、フォーム、パンチの種類などを写真付きで解説している。なお「拳闘術の大略を解し、其予備知識を習得したる後は、直ちに稽古に取りかかるを順番とす」とあり、(72)写真と共にスパーリングの説明がなされている（図2－5参照）。

(66) 渡辺一九二二a：二二
(67) 渡辺一九二二b：七二
(68) 渡辺一九二二a：三三
(69) 同：三四。ただし多額のファイトマネーを得られる重量級で活躍した日本人選手は、現在に至るまで数少ない。
(70) 渡辺、郡山一九二三：緒言
(71) 同
(72) 同：第八図
(73) 同

図２−５　稽古（スパーリング）開始[73]

渡辺が指示するスパーリングを始めるタイミングは現在と大きく異なる。スパーリングは怪我につながることも多いため、現在では反復練習によってフォームやパンチの打ち方、ディフェンスの方法などを身につけてから始めるのが一般的である。しかし日倶では初日からスパーリングをさせており[74]、著書における渡辺の認識も日倶の方針と一致する。大正期、日倶に籍を置いていた下田辰雄は次のように述べる。

(74) 松永一九九二：一四〇

渡辺という人は、理論的にセオリーを噛み砕いて教えることをしない。自らのパンチで練習生を痛め付けて、練習生自らそれに反応してくることを期待した。渡辺の打ち方を、痛さで体得して、これに反発して打ち返してくるように仕向けるというのが指導方針だった[75]。

(75) 下田一九八二：六二

このような荒っぽい指導法は現在ではありえないが、戦前のジムの多くは日倶の方針を受け継いで、スパーリングを中心とした練習をおこなった（三－１参照）。

現在の感覚からすれば渡辺の指導法は間違っているとされるだろう。しかしメリットもある。反復練習で得られる技術が静的なものだとすれば、スパーリングでは動的な技術を学べる。動的な技術とは、相手との距離の取り方や、攻防のタイミング、駆け引き、痛みや恐怖、怒りのコントロールなどの技術である。動的な技術は試合で必要なものであるため、それを最初に学ばせるという方針はある意味で合理的ともいえるのだ。ただし怪我をするリスクや、練習生が嫌になって辞めるリスクは大きい。

渡辺の雑誌記事や著書には、メリケンや柔拳と差異化を図りながら「本筋の拳闘」の意味と意義を伝え、ボクシングを啓蒙しようとする熱意が感じられる。しかし渡辺は、アメリカのボクシングをそのまま日本に持ち込んだわけでもなかった。

渡辺は著書のなかで日倶のスローガンでもある「倒而尚不已（たおれてなおやまず）」という姿勢を重要視している[76]。これはアメリカのスポーツ的なボクシング文化というよりは、中国の古典、『礼記』の一節である「斃而后已」（たおれてのちにやむ）や[77]、『論語』の一節である「死而後已（ししてのちやむ[78]）」

（76）渡辺、郡山　一九二三：二

などとの連続性を感じさせる。特に「死而後已」の一節は明治期の壮士[79]の間でも流行しており[80]、渡辺が意識した可能性は十分にある。渡辺はアメリカのボクシング文化をそのまま輸入するのではなく、古典をもじることで「東洋的」、ないしは「日本的」な精神を与えようとしたのではないだろうか。

また雑誌記事などにおいて、渡辺はジムを「道場」と呼び、自身の肩書としてトレーナーやマネージャーではなく「拳闘師範」を名乗っている[81]。ストレート[82]、フック[83]、アッパー[84]など、ボクシングの技術的な説明は英語を用いているのに対して、なぜかそこだけ日本語である。

これは一見、ささいな名称の問題のように思えるが、渡辺が日倶に持ち込んだ封建的師弟関係を象徴している。封建的師弟関係とは、師が弟子を管理し、弟子は師にしたがうことを常態とする主従関係である。そうした関係のもとでは、ジムの会長は選手の練習や試合を統括するマネージャーとして「万能の権限」を振るい、選手はジムの移籍などを自由に行えなくなる[85]。封建的師弟関係はアメリカのジムにはみられないもので、渡辺が日倶に持ち込んだローカルな文化である。

封建的師弟関係を成り立たせ、維持するものは、師弟間の情愛や義理、敬意などの心情や、師弟関係というシステムそれ自体に対する信憑である。ア

(77) 金岡編 一九九一：四四四
(78) 同：三一〇
(79) 壮士とは明治期の自由民権運動に関わった青年のことを指す。彼等のなかには奇抜な衣装に身を包み、粗暴な言動を繰り返す無頼漢も少なくなかった。そうした壮士の姿は、マスメディアによってアウトロー的なサブカルチャーとして全国に紹介され、一種の風俗として流行した（木村 一九九八：Ⅱ）。
(80) 同：一〇二
(81) 石井 一九九七、渡辺 一九二二a、b
(82) ストレートとは、半身に構えた体勢から相手の顎や胃などを狙って直線的に打ち出すパンチである。
(83) フックとは、肘を鈎（フック）のように曲げ、相手の側面から顎、こめかみ、肝臓などを狙って回り込むように打つパンチである。
(84) アッパーとは、下げた拳を相手の顎や胃をめがけて突き上げるパンチである。
(85) 山本 一九八四：九九。現在でもジムを移籍する場合には、ジム間で話し合いを持ち、金銭のやり取りなどがなされる場合が多い。話し合いがうまくいかないと、選手の活動が制限される場合もある。

メリカのジムでキャリアをスタートさせた渡辺が、なぜ日倶にこのようなシステムを持ち込んだのかは定かではない。伝統的な武道の道場に似せることで、ボクシングという未知のスポーツへの抵抗を薄めようとしたのかもしれない。

互いの心情や意識が一致する限り、封建的師弟関係は有意義なものになりえるかもしれない。しかし互いの心情や意識がすれ違えば、関係そのものが危うくなる。実際に渡辺と練習生たちの関係は、時としてあっけなく崩壊している。

たとえば一九二四年（大正一三年）、横山金三郎、荻野貞行、田中禎之介、久場清ら「日倶四天王」は、郡山幸吉の引率で上海遠征をおこなった[86]。当時の上海は東洋における「ボクシングのメッカ」であり、強豪がひしめいていた[87]。渡辺は「時期尚早」として上海遠征に反対したが、選手たちは渡辺の反対を押し切って上海に渡った。これに怒った渡辺は、上海遠征メンバーを全員「破門」している[88]。

また一九三五年（昭和一〇年）には、まず中村金雄[89]と松岡福雄[90]が、続いてピストン堀口（第四章参照）とトレーナーの岡本不二[91]が、さらに岡本を慕う桐畑義雄、金子一根、楠木芳保、青木敏郎、相川守正らの選手が、そしてト

(86) 郡司 一九七六：三六－三七、松永 一九九二：一三四
(87) 同
(88) 同
(89) 中村金雄はバンタム級のサウスポーでカウンターの名手であった。日倶認定のチャンピオンになった後、アメリカにも遠征した（ボクシング・マガジン編集部編 二〇〇四：二〇二）。選手引退後は審判や評論家として活躍し、『拳の世界』（一九四〇年）、『続・拳の世界』（一九四二年）、『ボクシング奇談』（一九五六年）などの著作を記した。
(90) 松岡福雄は日倶のバンタム級チャンピオンである。無類のタフネスを誇ったファイターで、伊藤勇、木村久などの強豪と戦い互角以上の成績を残したという（ボクシング・マガジン編集部編 二〇〇四：二〇四）。

レーナーの林国治(92)が、円満とはいえないかたちで日倶を去っている。(93)特にピストン堀口は、長年にわたり渡辺からファイトマネーの額すら知らされないことに対する鬱積した不満があったという。(94)

渡辺はこの大量離脱を堀口と岡本の策謀と考え、次のような声明を出した。

堀口恒男及び岡本不二等の倶楽部内にあって久しきにわたる反逆的策動はスポーツマンとして許し難きのみならず我が国体精神である師弟の情義をナックアウトするに等しき行為なり、依ってここに両者を除名すると共に運動家としての反省を促す。(95)

渡辺は声明のなかで、自分と練習生たちの関係が「情義」にもとづく「師弟」関係であると捉えたうえで、弟子たちの「許し難き」行為を糾弾している。

確かに関係の崩壊は、個人の責任に帰される部分もあるのかもしれない。しかしより根本的な原因は、封建的師弟関係という文化をジムに持ち込んだことにある。

そもそも欧米のジムでは、マネージャー制に基づく契約関係が一般的であ

(91) 岡本不二は愛知県出身で東洋商業学校時代に同窓の下田辰雄らとボクシングを始めた。日倶に入門後、一九二八年（昭和三年）のアムステルダム五輪に出場した。日倶ではトレーナーも務め、ピストン堀口を育てた。日倶離脱後は不二拳闘倶楽部（以下、不二拳）を設立した。容姿端麗で知られた（図3‐16参照）。

(92) 林国治は、岡本と同郷の愛知県出身のボクサーである。日倶の選手監督として活躍した後に、岡本と不二拳を興こした。レフェリーとしても活躍した（郡司 一九七六：九六）。

(93) 山本 一九八八a：一一八

(94) 同：一〇八‐一一五

(95) 同：一一八

る。マネージャー制とは、選手がジムに従属するのではなく、契約によって練習や興行への出場、ファイトマネーの取り分などが決められる制度である。プロ選手はマネージャーやトレーナーと契約を取り交わし、定められた条件下で練習をおこない興行に出場する。ファイトマネーの分配率やマネジメント料などが細かく決められる一方で、契約を違えればペナルティが発生する。契約が終われば、ジム間の移動などは自由である。無論、心情や思惑のすれ違いによるトラブルなどはあるだろうが、最低限の練習や試合の環境は契約によって保障される(96)。

しかし日倶には契約は存在せず、互いの心情に基づく師弟関係が重視された。そしてファイトマネーの分配のような重要な問題が曖昧にされた。それゆえ渡辺と練習生たちの関係はあっけなく崩壊したと考えられる。

実際、以降の日本では日倶のような封建的師弟関係に基づくジムが一般化するが、日倶で起こったのとまったく同じように、ファイトマネーや移籍に関わるトラブルが頻発していく。後にはアメリカ的な契約に基づくジムを目指す動きも出てきたものの、長続きはしていない。

一九二〇年代以降、日倶の文化は日本のボクシングのメインカルチャーになっていく。渡辺の弟子や孫弟子が以降のボクシング界を牽引していったた

(96) ただし不平等な契約によって、選手が搾取されるという側面もある。

めである。そして封建的師弟関係にもとづくジムの有り様も日本のボクシング界特有のローカルな文化として定着し、日倶から一〇〇年近く経った現在でも残存している。

3 アマチュアの興隆

日倶が設立される以前から、洋書や映画を通してボクシングを知った学生たちが、見よう見まねで練習を始めていたことはすでに述べた（二－1－3参照）。彼等の一部は日倶に入門し、一九二〇年代のアマチュア・ボクシングを牽引していく[97]。

たとえば臼田金太郎は日倶に入門して本格的にボクシングの練習を始める一方で、一九二四年（大正一三年）、進学先の明治大学で拳闘部を設立した。他にも荻野貞行（立教大学）、石川輝[98]と土屋愛次郎（慶應義塾大学）など、日倶で練習していた大学生が母校のボクシング部設立に尽力した[99]。

翌一九二五年（大正一四年）には九段相撲場で第一回全国学生拳闘選手権大会が二日間にわたり開催された。参加者は大学が四校一二名、中等学校が六校一六名で、連日三〇〇〇人の観衆が集まったという[100]。試合は日倶共催で、売薬卸問屋の玉置合名会社がスポンサーとなった[101]。同社は以降も日倶の試合

(97) 現在、アマチュア・ボクシングとプロ・ボクシングにはルールや採点方法などを含めた差異が多くみられ、もはや野球とソフトボールのような別の競技であるとする声もある。この当時はそこまで分化が進んでいなかった。

(98) 石川輝はフェザー級のボクサーである。アマチュア中心に活躍し、選手引退後はアマチュア連盟の理事や一九三二年（昭和七年）のロサンゼルス五輪のコーチを務めた。記者としては『国民新聞』などで筆を振るった。

(99) 社団法人日本アマチュア・ボクシング連盟「五〇年史」編集委員会 一九八〇：三二－三三

(100) 同：三三

(101) 同

などを後援していく。

翌一九二六年（大正一五年）には全日本アマチュア拳闘連盟（以下、アマ連）、全日本学生拳闘連盟（以下、学連）が創立された。[102]各連盟の役職者、参加組織は巻末表2-2、2-3のとおりである。

アマ連会長の堀内文次郎は元陸軍中将で、創立に際して「日本武士道精神を基とした拳闘技を鍛錬し、国家百年の計に備えよ」と述べたという。[103]堀内が示した「武士道としてのボクシング」という考え方は、後述するように他のボクシング関係者によってもたびたび主張されるようになる。

また各連盟共同で、明治神宮競技大会への参加とオリンピックへの選手派遣を目指す声明が出された。大日本体育協会が主催する明治神宮競技大会は、国民体育大会の前身であり、戦前のアマチュア・スポーツ界では強い権威を持っていた。関係者によるロビー活動が功を奏し、一九二七年（昭和二年）にはアマ連が大日本体育協会に加盟を果たし、同年の第四回明治神宮競技大会からボクシングの参加が認められた。[104]また翌一九二八年（昭和三年）には、臼田金太郎（ウェルター級）、岡本不二（バンタム級）らがアムステルダム五輪に参加した。[105]連盟は早々に当初の目標を達成したことになり、滑り出しは順調だったといえる。

（102）同：三四
（103）同
（104）同：三六-三七
（105）同：四〇-四一

なお一九二八年（昭和三年）には、関西大学、大阪高等医学専門学校、同志社大学、関西学院大学の四校で関西学生拳闘連盟が設立され、会長にはボクシングに関心を持っていた柔道家、高橋佳十郎（二-3-1参照）がついた。[106] 関西学連は同年、改組された全学連に加盟している。

アマチュア・ボクシングは大学対抗戦を中心に大いに盛り上がりをみせる。一九二七年（昭和二年）、東京日日新聞の後援で慶明戦がおこなわれた。[107] 会場となった青山会館では「超満員の観衆が息づまるような熱戦に拍手をおくった」という。[108] さらに一九二九年（昭和四年）には早慶戦が開催され、会場となった大隈講堂の外には入りきれなかった観客が溢れた。[109] アマチュアの興隆は、学生を中心としたボクシングの競技人口を広げ、大学対抗戦などを通して観客の関心を集めた。

これは学生文化と結びついて発展した野球などとよく似た展開である。[110] 大学対抗戦では競技そのものに対する理解が薄くても、愛校心を軸にした連帯感が生まれる。そのため観客が盛り上がりやすく集客も期待できる。学生文化と結びついたアマチュア・ボクシングの実践は、プロとは異なるかたちでボクシングのローカル化を進めたといえる。

後述するように、渡辺勇次郎はアマチュアに対しても強い影響力を持った

（106）同：四一

（107）郡司 一九七六：八四

（108）同

（109）社団法人日本アマチュア・ボクシング連盟「五〇年史」編集委員会 一九八〇：三一-四二

（110）野球と学生文化の結びつきに関しては、有山（一九九七）、横田（二〇〇六）などに詳しい。

（三－１－３参照）。しかし渡辺とは別のかたちでボクシングのローカル化を進めようとする者もいた。法政大学拳闘部を設立し、その後も同大学でボクシングを指導した高比良靖男がその代表である。高比良は著書のなかで次のように述べている。

がんらい、（引用者注：ボクシングは）外国のスポーツだけにその純粋のものを身につけたいと思い外書と首っ引きでこの競技を学び今日に至ったもので、師というべき人に師事しなかったのもそのためで今日曲りなりにも自分なりのボクシングを身につけた次第である。[111]

高比良は外来スポーツであるボクシングの「純粋のもの」を身につけるために、あえて日本人の指導者にはつかなかったという。洋書からボクシングを学んだという点では「漂泊の拳闘学徒」を自称した真田七三朗といくらか似ているが（二－３－１参照）、高比良の志向は当時としては珍しいものであった。下田辰雄は高比良を次のように評価する。

高比良は大正末年ごろから、一人で英米の拳闘指導書や資料を基に技術

（１１１）高比良一九六九：七

を研究し、コツコツと自らを叩き上げた、世俗でいうセルフ・メードの拳闘人である。なにしろ、あのころ、拳闘というものに興味を持っていながら一度も渡辺の道場の門を叩かなかった少年は、彼のほかに私は知らない。換言すれば、渡辺を無視して、彼自身の拳闘の技術と理論を完成させたところに彼の真価がある。[112]

昭和初期、東京近郊でボクシングを学びたいのであれば、日倶に入門するのが一般的であった。しかし高比良はあえて渡辺とは距離をとり、「純粋」なボクシングを志向した。高比良が志向した「純粋のもの」とは、洋書をみずから咀嚼したものであり、それが彼の指導体系を成した。

高比良の指導理論は多岐にわたるが、特に男性性と結びついた「踏みとどまって戦う」という精神、攻防のバランス、自発性と個性の重視、思考と実践のバランスなどが重要視されている。[113]

高比良はボクシングを通じた人間形成を目指しており、技術の習得や試合での勝利を目的化することを戒めている。[114]こうした理念的な姿勢は、興行を前提としたプロとは異なり、アマチュア・スポーツ的であるといえる。ボクシングのローカル化を考えるとき、高比良に象徴されるようなアマチュアの

（112）下田一九八二：二〇

（113）高比良一九六九：第一編

（114）同

経路があったことは忘れるべきではない。

なおボクシングの場合、社会の周縁に追いやられた貧乏で無学な若者が、拳ひとつでのし上がるというようなイメージが持たれることが少なくない。しかし大正期から現在まで続くアマチュア・ボクシングの流れをみる限り、周縁化された若者の逆襲というイメージはさほど現実的ではない。大学生が多く参加していることからもわかるように、選手の学歴資本や文化資本は、決して低く偏っているわけではないからだ。アマチュア・ボクシングも他のアマチュア・スポーツと同様、学生文化との結びつきを通して理解するべきであろう。

3　マスメディアとボクシング

マスメディアは日本を含めた世界各地で近代化を強力に推し進めた。新聞やラジオは社会情勢に関する新しい情報を伝え、雑誌や書籍はさまざまなイデオロギーや文化を広く世に広めた。また映画は人々に娯楽を提供し、新しい映像芸術の地平を切り開いた。前近代には権力者や知識人が独占していた情報は徐々に一般化し、これまで以上に世論が重要な意味を持つ時代がおとずれた。

本節では特に大正から昭和初期にかけて書籍、雑誌、映画、新聞、ラジオがいかにボクシングを媒介したのかをみていく。

書籍や雑誌、新聞などの活字メディアは明治期から徐々に発展し、昭和初期には発行・発刊が一〇〇万部を超える新聞や雑誌が登場した[115]。映画は大正期から昭和期にかけて有力な娯楽のひとつとして普及していった。またラジオ放送は治安維持法や普通選挙法の制定と同じ一九二五年（大正一四年）に開始され、一九三二年（昭和七年）には加入者数が一〇〇万人を超えた[116]。

これらのマスメディアは、いずれも近代以降に生まれたもの、ないしは大きく発展したものである。特に映画やラジオは、照明技術などと同様に（三-1-2参照）、近代とそれ以前を分ける象徴的なテクノロジーであり、人々の想像力を刺激する新しい複製メディアであった[117]。伝統的な活字メディアもまた、近代以降にはそれまでにない発行部数を記録し、さまざまなかたちで人々の知識欲に応えていった。

日本でこれらマスメディアの主要な受け手となったのが、学生や新中間層、すなわちホワイトカラーの給与生活者たちである（三-2、三-2-1参照）。新しいマスメディアは彼等彼女等の知的好奇心を満たしながら発展していっ

（115）たとえば大正末期の時点で『大阪朝日新聞』、『大阪毎日新聞』、『東京朝日新聞』、『東京日日新聞』は一〇〇万部発行されていた。また雑誌では『キング』の発行部数が昭和初期の時点で一〇〇万部に達していた（佐藤、五味、高埜、鳥海編二〇〇八：四二七）。

（116）NHK二〇一五：一五

（117）吉見一九九五

た。

ボクシングもマスメディアに媒介されることで多くの人々に知られるようになった。マスメディアを介したボクシングの情報は、都市部のみならず地方にも届けられた。戦前のボクシング興行はもっぱら大都市でおこなわれていたため、マスメディアは地方や外地の人々がボクシングに触れられる数少ない機会を提供していた。大正期から昭和初期にかけて、ボクシングのローカル化はマスメディアの媒介によって大きく進んだといえる。以下では各メディアがいかにボクシングのローカル化を媒介したのかをみていく。

1　書籍

日本で初めてのボクシングに関する著作は、一九〇〇年（明治三三年）に刊行された新聞記者、桜田孝治郎による『西洋拳闘術：防撃自在』であるとされる。桜田はこの本の序文で「我国の士風廃頽、所謂武士気質なるもの」が失われつつあるなか、「西洋士風の精粋たる拳闘術」を紹介すると述べている。[118] 桜田は前述のアマ連会長の堀内文次郎より早く、「武士道としてのボクシング」という考え方を示したことになる。

続く各章では、ボクシングの歴史を含めた総論に加え、フォーム、攻撃法、

（118）桜田一九〇〇：五。

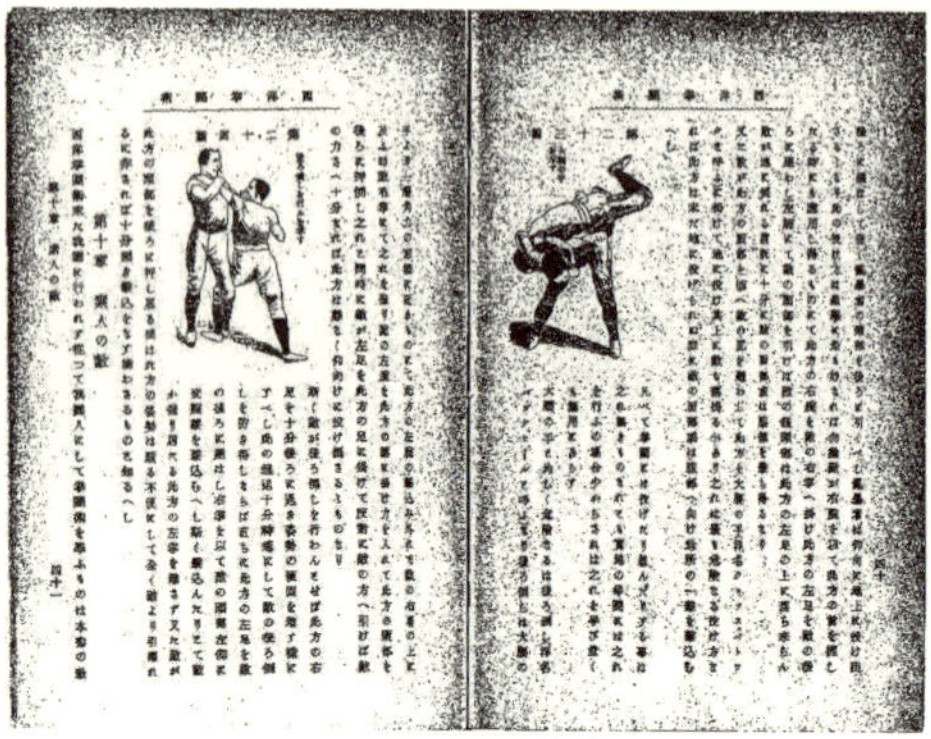

図2-6　投げ技、組み技の解説[119]

防御法、パンチの種類、トレーニング法などがイラスト付きで解説されている。さらにボクシングでは禁止されている投げ技、組み技の解説などもあり（図2-6参照）、「拳闘には投げたり組んだりする事は之れ無きものなれども窮地の争闘には之れを行うの場合少なからざれば之れを学び置くも無用にあらず」と説明されている。[120]

　他にも「窮地の争闘」と題した章では、顔面への膝蹴りなどムエタイの技のようなものが紹介されている。[121]こうした点からは、桜田がスポーツよりも「窮地の争闘」を想定し、そのうえでボクシング技術を中心とした徒手格闘術を志向していることがわかる。

　桜田の本が刊行された二年後の一九〇二年（明治三五年）、岡野波山の『腕力養成拳闘術』が刊行されている。岡野も桜田と同様、「士風の敗退を憤す

（119）同：四〇－四一
（120）同：四〇
（121）同：四五。タイの国技であるムエタイでは肘と膝が近接距離での大きな武器になる。

る」立場から、「尚武心を鼓吹する」ために本を記したと述べている。[122] 序文の構成自体が桜田の著書と類似しており、強い影響関係を感じさせる。

　これらの著作は、渡辺勇次郎の著書のようにボクサーによって書かれたボクシングの解説書ではなく、徒手格闘術のなかにボクシング技術を位置づけようとするものであった。それゆえにというべきか、これらは以降の日本のボクシング界にはさほど影響を与えなかったという。[123]

　以降もボクシングに関する著作は断続的に刊行されていく。一九一九年（大正八年）に真田七三朗の[124]『拳闘のＡＢＣ』、一九二三年（大正一二年）には前述の渡辺勇次郎、郡山幸吉による『拳闘術：ボクシング早わかり』（二‐2‐2参照）、高橋佳十郎編『拳闘術』がそれぞれ刊行された。

　真田の著書では、「拳闘の歴史」、「日本の拳闘史」、「拳闘の技術的解説」、「試合の見方」、「ニューヨーク州体育委員会制定拳闘試合規則（翻訳）[125]」、「用語集」から成る。[126] ルールや技術解説はアメリカのものを下敷きにしており、渡辺、郡山の著作と比べて大きな違いはない。ただ著書自体が嘉納健治に捧げられており、「日本の拳闘史」に関する記述のなかでも、渡辺勇次郎以上に「日本拳闘界のパイオニア」として嘉納健治の功績が称えられている点が特徴的である。[127]

（122）岡野 一九〇二：序

（123）郡司 一九七六：一三

（124）真田七三朗は郁文館中学校時代に映画を通してボクシングに出会い（郡司 一九七六：二四）、純拳興行などにも出場した。一九二四年（大正一三年）にはクインズベリー拳闘倶楽部を設立している。海外のボクシングに関する文献を蒐集し、「拳闘学（ボックスオロヂィ）」を研究する「漂泊の拳闘学徒」を自称した（真田 一九一九）。

（125）このルールは以降日本のボクシング界でも標準となっていく（下田 一九三五：二三〇）。

（126）真田 一九一九

（127）同。特に柔拳興行を通してボクシングの認知を高めた点が高く評価されている。

高橋佳十郎の『拳闘術』でも、渡辺、郡山の著作と同様、写真でフォームや技の解説をおこない、ルール、トレーニング法、食事法などに言及している。高橋は関西学生拳闘連盟の会長を務めたがそもそも柔道家であり、ボクシングの捉えかたも渡辺と大きく異なる。高橋は著書の冒頭で次のように述べている。

> 柔道と言うものを単に武術という方面から観る時は、当身を閑却することは、決して出来ないのである。自分が拳闘を練習し初めたのも、ここに、出発点を置くのであって、つまり、自分が修行しつつある柔道の一部分として、拳闘に依って、当身の研究を行うて居るのである。[128]

高橋の場合、柔道を補完する「当身《あてみ》」、すなわち打撃の技術としてボクシングを捉えていることがわかる。これは前述の「前期柔拳」や（二−1−2参照）、嘉納治五郎の総合格闘技的な柔道観などにつながる発想である。[129]

また一九二八年（昭和三年）に出版された川島清[130]の『拳闘』では、ルール、歴史、技、トレーニング法などが解説されているが、序言には次のような記述がみられる。

（128）高橋 一九二三：二

（129）同様の発想は、講道館の柔道家の著書によくみられる。たとえば数多くの他流試合をこなし、ブラジルに柔術を伝えた前田光世は「拳闘は柔道の一部を用いている丈け」であると述べている（前田 一九一二：二六三）。また松岡辰三郎もボクシングを「柔道当技中の手当の仕方を以て、勝敗を決する一種の競技」であると捉えている（松岡 一九三五：三六）。

（130）川島清は戦前、大日拳でトレーナーを務め、戦後は日本ボクシングコミッションの審判顧問を務めた。

心身を錬磨し、堅実な思想を滋養し、平時に在ってはそれを各自の業務の上に適用し、一旦緩急あれば義勇公に報じ、敢然身を挺して国防の第一線に立ち得る、有意義なるスポーツ、はた現代的武術として拳闘を措いて何がありましょうか。(131)

ここで川島はボクシングがスポーツであると同時に、「武術」であると述べている。また川島は他の箇所でボクシングが「大和魂に幾分とヒビの入りかかった」国民を鼓舞すると主張する。(132) これは前述の桜田孝治郎や岡野波山、堀内文次郎と類似した発想である。

以上をまとめれば、大正期から昭和初期に刊行されたボクシングに関する書籍では、柔道や徒手格闘術との関係からボクシングを捉えようとするものが多かったといえる。渡辺勇次郎と郡山幸吉、真田七三朗の著書のように、ボクサーによって書かれたボクシングの解説書は、むしろ例外的である。また「武士道としてのボクシング」という考え方も随所にみられる。

ボクシング自体も一般性を持っておらず、選手もいなかった時代、ボクシングを選手が解説して一般人に理解させるということは、現在考える以上に

(131) 川島一九二八
(132) 同

難しかったのだろう。柔拳興行が柔道を介したボクシングへの接近であったように、ボクシングを理解するためには他の格闘技や「武士道」などを補助線とする必要があったと考えられる。

なおボクシングのローカル化が進むにつれて柔道とボクシングの結びつきは薄れていくが、「武士道としてのボクシング」という考え方はさまざまな関係者のなかで生き続ける。そして「武士道」は、ボクシングのローカル化の過程で日本の独自性や優位性を担保する源泉として位置づけられていく（四－1－3参照）。

以上で見たものはもっぱら国内で刊行されたボクシングに関する書籍であるが日倶以前からボクシングの練習をしていた有志たちは、洋書を読むことでボクシングを理解しようとしていた。高比良靖男（二－2－3参照）や「漂泊の拳闘学徒」を自称した真田七三朗がその代表であるが、後述する「不良の神様」、益戸克己も（三－3－3参照）、洋書からボクシングを学ぼうとしていた。益戸の友人であるサトウ・ハチローは、益戸からボクシングの解説書の翻訳を頼まれたことを回想している。[133]

（133）サトウ 一九五〇

2 映画

大正期の学生たちは映画を通してボクシングに出会っていた（二－1－3参照）。映画とボクシングは共にモダン文化の範疇に入るものであり（三－2－1）、両者の相性は悪くなかった。ボクシングは映画のエキサイティングな魅力を高め、映画はボクシングの動的な情報を人々に伝えた。

当時のボクシングに関する映画は、大きく三つに分けられる。劇中にボクシング技術が登場する映画、ボクサーが主演する映画、そして試合の記録映画である。

劇中にボクシング技術が登場する映画としては、当時のアクション映画が挙げられる。それは次のようなものだったという。

> 特に大正四年（一九一五年）に浅草の帝国館で上映された連続活劇『名金』の主演男優、フランシス・フォード[134]の颯爽たる格闘シーンは若者たちの血を沸かせた。拳を使うこのアクションはたちまち青少年を魅了し、校庭の隅や町の空地などでこの舶来スポーツを練習するようになった[135]。

ここからは拳を用いたボクシング的な格闘が、大正期の観客に新鮮なもの

（134）フランシス・フォード（Ford, Francis）はアメリカの俳優であり、映画監督ジョン・フォードの兄でもある（IMDb 二〇一六年一二月七日閲覧）。

（135）社団法人日本アマチュア・ボクシング連盟「五〇年史」編集委員会 一九八〇：二九－三〇

として受け入れられたことがわかる。『名金』は一般的にも人気を博し、浅草の帝国館では物語の結末を観客に予想させ、的中した者に劇場の優待券を進呈するという懸賞も出している（図２－７参照）。

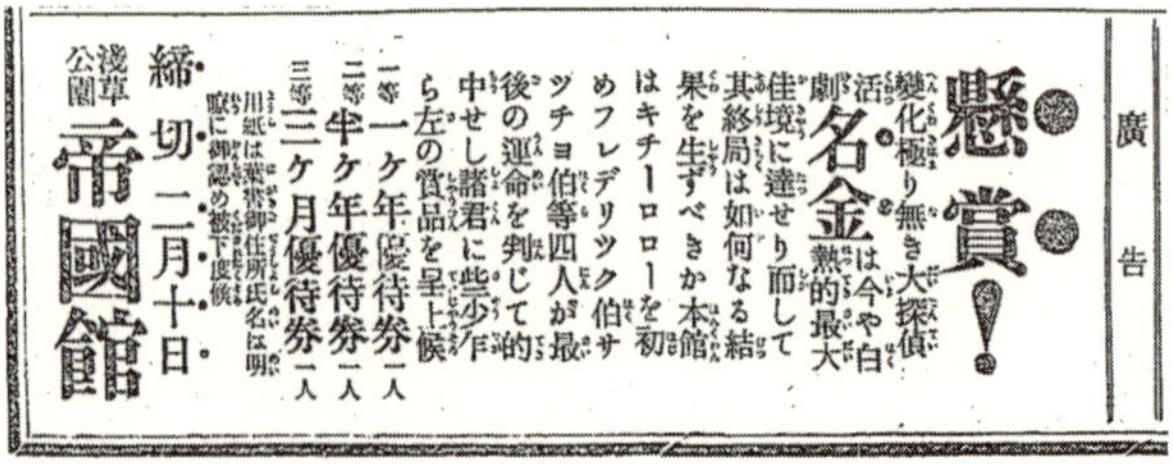

図２－７　『名金』の懸賞広告(136)

他にはレジナルド・デニー(137)主演で一九二〇年代に公開された『拳闘王』シリーズなどがある。(138)

ボクサーが主演する映画の代表的なものとして、『深夜の人』が挙げられる。この作品は、アメリカのヘヴィー級ボクサー、ジェームス・J・コーベット(139)が俳優として主演しているアクション映画である。一九二〇年（大正九年）に帝国館で封切られ、当時の新聞には「拳闘家から活動俳優になったコルベットがギルモーアに扮して活躍する様が頗る目覚ましい」と紹介された。(140) また同年、世界ライト・ヘヴィー級チャンピオンであったフランスのジョルジュ・カルパンチェ(141)が主演するアクション映画、『不思議

（１３６）『東京朝日新聞』一九一六年一月三〇日

（１３７）レジナルド・デニー（Denny, Reginald）は、一八九一年イギリス生まれの俳優である。二〇代の頃、イギリス陸軍航空隊に所属し、隊のボクシング・チャンピオンになった経験もある（IMDb 二〇一六年一二月七日閲覧）。

（１３８）『読売新聞』一九二三年一月六日、一九二四年六月二七日

（１３９）ジェームス・J・コーベット（Corbett, James J.）は、一九世紀後半から二〇世紀初頭に活躍したアメリカのヘヴィー級ボクサーである。フットワーク、ワンツーなどの技術を用い、クインズベリー・ルール時代の幕開けを象徴するボクサーとなった（ムラン、ミー、ボジート二〇一六：二四、梶間一九九一b：三二）。

（１４０）『東京朝日新聞』一九二〇年一月二三日、一月二四日

（１４１）ジョルジュ・カルパンチェ（Carpentier, Georges）は、「蘭の男」の異名を取り、端整な顔立ちと洗練された技術で人気があったフランスのライト・ヘヴィー級のボクサーである。

図２－８　『不思議の人』の広告[142]

図２－９　ジョルジュ・カルパンチェ[144]

の人』も浅草の日本館で封切られている（図２－８、２－９参照）。

これらの作品は「大正期の若人の魂をつかんだ」という[143]。さらに一九二六年（大正一五年）には、浅草の電気館で荻野貞行主演による『運動家鉄腕』が封切られている。この作品は井口静波原作、蔦見丈夫監督の松竹作品で、国産のボクシング映画である[145]。荻野以外の主演は春田春郎と東栄子で、荻野の友人でボクシング好きとし

（１４２）『東京朝日新聞』一九二〇年一〇月一日
（１４３）郡司 一九七六：二三
（１４４）https://upload.wikimedia.org/wikipedia/commons/f/fl/Georges_Carpentier_1914.jpg 二〇一七年一月三一日閲覧
（１４５）郡司 一九七六：五〇、松永 一九九二：一四〇

図２－10　『運動家鉄腕』の広告[148]

ても知られた俳優、鈴木伝明が特別出演している。ボクサーでは荻野以外にも佐藤東洋[146]、田中禎之介、平岩浩[147]、クインズベリー倶楽部員が出演している（図２－10参照）。

また一九三一年（昭和六年）には長倉祐孝監督、浅岡信夫主演で、大日拳が撮影協力した日活のボクシング映画、『輝く吾等の行くて』[149]が、翌一九三二年（昭和七年）には青山三郎監督、高田稔主演の不二映画社のボクシング映画、『街の青春争闘篇』が封切られている[150]。

これら一連のアクション映画は、純粋にボクシングを紹介するものでは必ずしもない。しかし活字メディアが提供する静的な情報が一般的であった時代、たとえ映画のワンシーンであってもボクシン

（146）佐藤東洋は帝拳所属のスーパーフェザー級ボクサーである。均整の取れた肉体美を誇り、画家や彫刻家のモデルになることも多かった（三・２・３参照）。拳道会でトレーナーになり、白井義男に初めてボクシングを教えた。一九四五年（昭和二〇年）に鉄道事故で死亡している。
（147）平岩浩（ジャック平岩）は柔拳時代から活動するボクサーで、さまざまなジムを渡り歩いた後に革新拳闘倶楽部を設立した。戦後も後進を育てた（郡司 一九七六：七三‐七四）。
（148）『東京朝日新聞』一九二六年三月二日夕刊
（149）荻野 一九三二 b
（150）吉田 一九三二：三九

グが動的な情報として、また「格好良い」ものとして紹介されたことには大きな意味があっただろう。実際、こうした作品を観てボクシングを始めた人々も少なくなかった。

ボクシング試合の記録映画としては、ジョルジュ・カルパンチェとジャック・デンプシー[151]の試合映像が有名である。この作品は九万三〇〇〇人の観衆が集まり一〇〇万ドルの入場料収入があったという一九二一年（大正一〇年）の世界ヘヴィー級王座決定戦を記録したものである。[152]下田辰雄は、この記録映像がそれまでのボクサーが出演するアクション映画などと違い「実際に、ボクシングというものがどういうものかを、はっきりとわれわれの目に焼き付けた」と述べている。[153]

またこの試合は映像のインパクトに加え、弁士たちの解説が話題となった。弁士の徳川夢声は次のように回想する。

> これよりさき、この大勝負が、全欧全米の話題になっている時、例の愚教師（東健而氏）は葵館の楽屋で、拳闘についての講義をして、如何にカルパンチェが紳士的でフランス的で、武士道的であるかを語り、そして如何にデムプシーが土方的で、ヤンキー的で、愚劣であるかを説いて、私た

（151）ジャック・デンプシー(Dempsey, Jack)は、「マナッサの人殺し」、「拳聖」の異名を取るアメリカのヘヴィー級ボクサーである。前傾姿勢からの強打でK・Oの山を築いた。

（152）Dempsey 一九七八＝一九八四：一四四

（153）下田 一九八二：二一七-二一八

ち楽屋のものを、全部カルパンチェ贔屓にして了った。[154]

弁士仲間の東健而がデンプシーを貶める発言は、前述の『不思議の人』主演俳優としてのカルパンチェ人気も関係しているだろう。また当時のデンプシーが興行上の演出で徴兵拒否の悪役に仕立てられ、ブーイングを浴びるような状況になっていたことも背景にあるかもしれない。[155]

しかしカルパンチェは二ラウンドに右手親指を骨折し、四ラウンドに血にまみれてK・Oされてしまう。[156] すでにカルパンチェのファンになっていた弁士たちは、デンプシーの勝利を次のように解説したという。

> 説明を受持ったのが大辻司郎君で、「デムプシーの勝は宣されましたが、満場寂として喝采するものもありません。カルパンチェは決してデムプシーに負けたのではない、ウンメイに負けたのでアル。」と泣き声になって怒鳴った。浅草の帝国館では、柳外思老が説明したが、この方は完全にワアワア泣いて説明したと云うから凄い。[157]

当時の弁士は、「観客と身近に接し、その映画をどう解釈し説明するかと

（154）徳川二〇一〇：一一一

（155）下田一九八二：二二二、Dempsey 一九七八＝一九八四：一四八

（156）Dempsey 一九七八＝一九八四：一四八

（157）徳川二〇一〇：一一一

FIGHTER DEFEATS SUPERIOR BOXER

Dempsey, Outclassed at Long Range, Wins by Effective Infighting.

CENTRES ATTACK ON BODY

Weakens Carpentier by Heavy Rights and Lefts and Then Crashes Right to Jaw.

GEORGES HAD BIG CHANCE

Staggers Champion in Second Round With Right, but Is Unable to Follow It Up.

THE KNOCKOUT IN THE FOURTH ROUND.

Referee Ertle Counting Out Carpentier When He Was Knocked Down By a Right-Hand Blow to the Jaw.

図2－11　"ニューヨーク・タイムズ"に掲載された写真[159]

いう点で、紹介する映画に対してとても大きな影響力」があったとされる[158]。だとすれば泣くほどの感情の高ぶりをもって伝えられた大辻や柳の解説は、それだけ観客を惹きつけたことだろう。

ただ弁士たちのドラマティックな解説は、アメリカにおけるこの試合の報道とは大きく異なっていた。たとえば〝ニューヨーク・タイムズ〟は一面で試合結果を大きく報じたうえで、詳細記事では「ファイターが優れたボクサーを打ち負かす：デンプシーはロングレンジに優る」[160]との見出しで、ラウンドごとの戦評を載せている[161]。また記事にはカルパンチェをダウンさ

(158) グリーンバーグ二〇〇一：一四

(159) 同

(160) ここで言うファイターとは近距離でオフェンシブに戦う選手を意味し、ボクサーとは距離を取りながらディフェンシブに戦う選手を意味する。

(161) "New York Times" 一九二一年七月三日

図2－12　カルパンチェ対デンプシーの広告(163)

せた後、コーナーに向かうデンプシーの写真が添えられた（図2－11参照）。

あくまでも勝利者のデンプシーを中心に報道がなされており、これが一般的なありかただと思われる。日本でも『東京朝日新聞』は、勝利者であるデンプシーを中心とした報道をおこなっている(162)。

しかし記録映画が消費される際には、弁士によるカルパンチェ贔屓の解説こそが意味を持った。そのことを示すのが、新聞に掲載された映画の広告である（図2－12参照）。

この広告では、カルパンチェの名前はタイトルに冠されているのに対し、デンプシーの名前は説明文のなかで小さく掲載されているのみで、その違いは露骨である。勝利したのはデンプシーであるにもかかわらず、主役はカルパンチェだと考えられていることがわかる。「デンプシーの勝利」という物語は、弁士の解説を通して「カルパンチェの敗北」という

（162）『東京朝日新聞』一九二二年七月四日

（163）『読売新聞』一九二二年七月六日

物語に変換され、一部ではそちらのほうが説得力を持ったのだ。(164)

ボクシングが未知のスポーツであった時代、映像はボクシングとは何かを雄弁に語り、人々の認知や関心を高めた。そして映像は時に弁士たちの解説に象徴されるような「誤訳」によって、独自のローカルな意味を生成した。後世の視点からすれば単なる「誤訳」であっても、それはローカル化過渡期の実相であった。

3　雑誌

大正期から昭和初期にかけて、雑誌メディアの存在感は増していった。雑誌は学生や新中間層の知的好奇心を刺激し（三―2、三―2―1参照）、彼等彼女等に社会や文化の見取り図を示した。

そして一九二〇年代後半から一般誌におけるボクシング記事は着実に増えていった。巻末図2―4は一九二〇年から一九四〇年にかけて一般紙に掲載されたボクシング関連の記事数の推移である。一九二〇年代後半からボクシングに関する記事の数が増加し、一九三一年（昭和六年）に二六本、翌年に三三本とピークを迎える。後述するように、当時のボクシングは一種の流行現象であった（三―2―1参照）。

（164）もっともローカルな意味は固定的ではない。弁士たちをカルパンチェ贔屓にした東健而は、この後すぐに方針転換する。徳川夢声は次のように述べる。

その後愚教師（引用者注：東健而）は「カルパンチェなんて、厭な野郎だよ。あいつは全くの芸人だね。デムプシーとの試合をする迄の素晴らしい記録てぇのも、負けそうな相手とはうまく逃げてやらなかったてぇんだから、卑怯な奴だよ。そこへ行くとデムプシーってやつはエラいね。何しろ無邪気で、正直で……」とアベコベの説を、涼しい顔をして仰言るのである（徳川 二〇一〇：一一一―一一二）。

東健而の変わり身の早さからも、ローカルな意味が流動的であったことがわかる。

なお一九三〇年代中期以降に記事数が落ち込んでいるが、これは必ずしもボクシングの人気がなくなったことを示すわけではない。この時期も興行は定期的に開催されて多くの観客を集め、また新聞にも試合評が掲載され続けているからだ。一九三八年（昭和一三年）の国家総動員法施行前後の時局に[165]加え、ボクシングが一時の流行を過ぎて定着したからこそ、一般誌で取り上げるほどの新味がなくなったと考えるべきだろう。

また巻末表２－５は、巻末図２－４のデータから映画紹介やイラストなどを除き、ボクシングについて書かれた記事をまとめたものである。記事が掲載されている雑誌は、まず『新青年』の多さが目につく。『新青年』はモダニズムを反映した「新青年趣味」にもとづいて広範なテーマを扱った総合誌である。[166]ボクシングは昭和初期のモダン文化のなかにあり（三－２－１参照）、「新青年趣味」とも親和性が高かった。他にも『改造』のような総合誌や『婦人公論』、『婦人サロン』、『婦女界』、『若草』のような女性誌、経済誌『実業之日本』、政治誌『政界往来』、娯楽誌『キング』、少年誌『少年倶楽部』など、さまざまな雑誌でボクシングが取り上げられている。ボクシングがそれだけ幅広い層の関心を集めていたことがわかる。

内容に目を移してみると、特に一九三一年前後まではボクシングのルール

（165）国家総動員法とは戦時下において議会の議決を経ずに、勅令によって物資や労働力を統制できるようにしたものである。これにより社会のあらゆる事物が国防のために半ば強制的に用いられるようになった。

（166）日影一九八八：二一七

解説や総論的な記事、海外の情報が多い。それ以降はより専門的なボクシング論や、個別の選手や試合などに関する記事が多い。このことから一九三一年前後までにボクシングの認知が広がり、より専門性の高い記事が求められるようになったことがうかがえる。

記事の執筆者は、渡辺勇次郎、臼田金太郎、荻野貞行などのジムの会長や指導者が多い。また下田辰雄のようなボクシング評論家や、ピストン堀口、徐廷権[167]のような選手、サトウ・ハチローや楢崎勤、十一谷義三郎のような異業種のボクシング・ファンも寄稿している。

この時期、ボクシング専門誌も数多く発刊されている。山口源二の『拳闘界』、武川柔剛の『拳闘旬報』（後に『プレイ旬報』、『拳闘プレイ』と改称）、『拳闘世界』、郡司信夫の『拳闘ガゼット[168]』、緒方哲夫の『拳闘日本』、平沢雪村の『拳闘』などである（図2－13、2－14、2－15参照）。

専門誌の価格は一〇銭から三〇銭程度で、試合評、写真、選手インタビュー、業界の動向などが記事の中心であった。こうした専門誌がどれほどの影響力を持ったのかは定かではない。ただもっぱら国内のボクシング事情を紹介する専門誌が発刊されるほどに話題が尽きず、また雑誌を手に取る読者が少なからずいたということは確かだろう。

（167）徐廷権はフライ級からバンタム級で活躍したボクサーである。アマチュア・チャンピオンを連覇した後にプロ転向、アメリカでも連戦し、エバラストの年鑑で世界のベスト10に入った（郡司一九七六：一一三－一一四）。

（168）郡司信夫は一九三四年（昭和九年）に荻野貞行を監修に迎え、『拳闘ニュース』を『ボクシング・ガゼット』に改称して創刊号を刊行したと述べている（郡司一九九〇：一一）。しかしピストン堀口のスクラップ・ブックにはこの創刊号表紙が貼られており、誌名は『拳闘ガゼット』となっている（図2－14参照）。スクラップ・ブックに貼られている他の号もすべて誌名は『拳闘ガゼット』である。そのため本書では、戦後に『ボクシング・ガゼット』と改称するまでの同誌を『拳闘ガゼット』と表記する。

図2-13　専門誌『拳闘旬報』表紙(169)

図2-14　専門誌『拳闘ガゼット』表紙(170)

短命に終わった専門誌も少なくなかったが、『拳闘』、『拳闘ガゼット』は戦後に再び発刊された。特に『拳闘ガゼット』は戦後に『ボクシング・ガゼット』と改称した後、ベースボール・マガジン社に吸収され、現在まで発刊されている『ボクシング・マガジン』へと続いていく。大正期から昭和初期にかけてのボクシング記事や専門誌は、現在まで続く日本のボクシング・ジャーナリズムの最初期のものとして捉え

（169）スクラップ・ブック第四集
（170）スクラップ・ブック第三集

図2-15 専門誌『拳闘』表紙[171]

ることができるだろう。

4 新聞

明治期、日本では拳闘やボクシングという言葉すら一般化していなかった。しかし新聞では来日したボクサーの情報や、海外のボクシングの試合結果が報じられていた。たとえば「豪州の拳闘家ジャック・スラビン来日[172]」、「ジャック・スラビン対ウイリアム・ルシファーの懸賞大拳闘／横浜・山手公会堂」（図2－16参照）、「桑港ボツキシング仕合[173]」、「シドニーの大拳闘[174]」、「豪州の拳闘[175]」、「桑港拳闘椿事[176]」などである。「シドニーの大拳闘」では、嘉納健治を魅了したジャック・ジョンソン対トミー・バーンズの世界ヘヴィー級タイトルマッチを取り上げている（二－1－2参照）。柔拳興行が一般化する以前も、ボクシングに関する情報が多少は流通していたことがわかる。

そして大正期に柔拳興行がおこなわれるようになると、広告や記事で興行

（171）スクラップ・ブック第三集

（172）『読売新聞』一九〇一年一二月二一日

（173）『東京朝日新聞』一九〇四年八月三一日

（174）『東京朝日新聞』一九〇八年一二月二九日

（175）『東京朝日新聞』一九〇九年一二月二九日

（176）『東京朝日新聞』一九一〇年五月四日

の情報が伝えられるようになった。また同時期、前掲のカルパンチェ対デンプシーの広告のように、ボクシング映画の広告も新聞に掲載されている。

ボクシングの興行が増加した一九二〇年代後半以降、新聞には試合評などが継続的に掲載されるようになった。『国民新聞』では石川輝などが、『時事新報』や『読売新聞』では下田辰雄がボクシング記事を執筆した。他にも『東京日日新聞』、『中外商業新報』、『報知新聞』、『都新聞』、『萬朝報』や、無数の地方紙、海外の日本語紙などにも記事が掲載された。

図2－16　横浜でおこなわれたボクシング試合に関する記事[177]

また試合評のみならず、新聞紙上にはボクシングに関する啓蒙的な記事も

（177）『読売新聞』一九〇二年二月二一日

掲載された。たとえばアメリカのボクシング事情に詳しかった下田辰雄は次のように述べる。

どうしても、このスポーツの先進国であるアメリカでの大試合の背景とか、試合の構成、テクニックの紹介をしなければ、日本人のボクシングに対する鑑識眼は高まらない。このスポーツは単なる殴り合いでなく、技術的にはなかなか奥が深いことを、ファンに教えたい（中略）そうすれば、日本にも健全なプロ・ボクシングの事業形態も育成されるだろう、と私は確信していた。(178)

下田は一貫してアメリカのボクシングを参照し、アマチュア・ボクシングの理事を務めながら、評論家として啓蒙活動をおこなった。たとえば『国民新聞』では「拳闘の見方」と題してボクシングのルールや観戦法を紹介する記事を執筆した。(179)同様の初心者向け解説記事は、ラジオ放送にあわせて『読売新聞』紙上でも書かれている。(180)

また一九三〇年（昭和五年）、下田は『時事新報』紙上で六回に分けて「紛擾が多い拳闘審判に就て：連盟当事者に猛省を促す」という記事を執筆し、

（178）下田一九八二：九五

（179）『国民新聞』一九二八年五月三日夕刊、一九二八年五月四日夕刊、一九二八年五月六日、一九二八年五月七日

（180）『読売新聞』一九三一年一二月九日

アマ連、学連の審判を痛烈に批判している。[181]

記事のなかで下田は、徐廷権対村上満信、[182]岡本不二対西城善蔵[183]の二戦を例に挙げ、その試合の判定が「是認し難」い誤審であり、審判は「不公平か無智」であると主張する。[184]下田の論点を単純化すれば、審判がディフェンスワークなどを評価せず、表面的なアグレッシブネスを過剰に評価しているというものである。

後日、批判された審判からの反論も掲載された。[185]岡本不二対西城善蔵戦を裁いた小丸辰巳は、岡本不二が試合中に反則行為であるホールディングを多用していたため、その点を差し引いて判定したと反論している。[186]また徐廷権対村上満信戦を裁いた宮澤孝も、下田の批判は事実と異なると主張している。[187]

さらに反論を受けて下田は、岡本のホールディングを認めたならばその時点で注意し、選手が改めない場合は反則負けを宣言するべきであると再反論している。[188]

ここで注目したいのは、一般紙上で審判法にまで立ち入ったかなり専門的な議論が繰り広げられているということである。こうした議論がどのようなかたちで読者に受け入れられたのかは定かではない。しかし相当のリテラシーが求められる記事が特に注釈もなく掲載されるということは、読者がそれ

（181）『時事新報』一九三〇年一月三一日、二月一日、二月四日、二月六日、二月一二日、二月一三日
（182）『時事新報』一九三〇年二月一日
（183）『時事新報』一九三〇年二月四日
（184）『時事新報』一九三〇年二月六日
（185）『時事新報』一九三〇年二月一八日、二月一九日、二月二〇日、二月二一日、二月二三日
（186）『時事新報』一九三〇年二月一九日
（187）『時事新報』一九三〇年二月二三日
（188）『時事新報』一九三〇年三月八日、三月九日

だけボクシングに対する関心や知識を持っていると考えられていたということである。つまりボクシングに関する話題は、現在よりもはるかに公共的なものであったと考えられる。

当時の新聞におけるボクシング記事は、単なる告知や試合評にとどまらない。新聞は雑誌や書籍などと同じくボクシングのルールや観戦法を啓蒙し、専門的な議論をおこなうメディアであった。そして書籍や雑誌を上回る新聞の発行部数を考えれば、ボクシングのローカル化に果たした役割は大きかったといえるだろう。

また新聞社は記事を掲載するだけではなく、試合の後援などもおこなった。図2-17は国民新聞社による後援試合のパンフレットである。国民新聞社は他にも、荻野貞行を中心として一九三七年（昭和一二年）に開設されたBGジム[190]の経営にも参画するなど[191]、戦前のボクシングに深く関わった。

東京日日新聞も一九三九年（昭和一四年）に日本拳闘連盟と合同で全日本拳闘選手権を開催

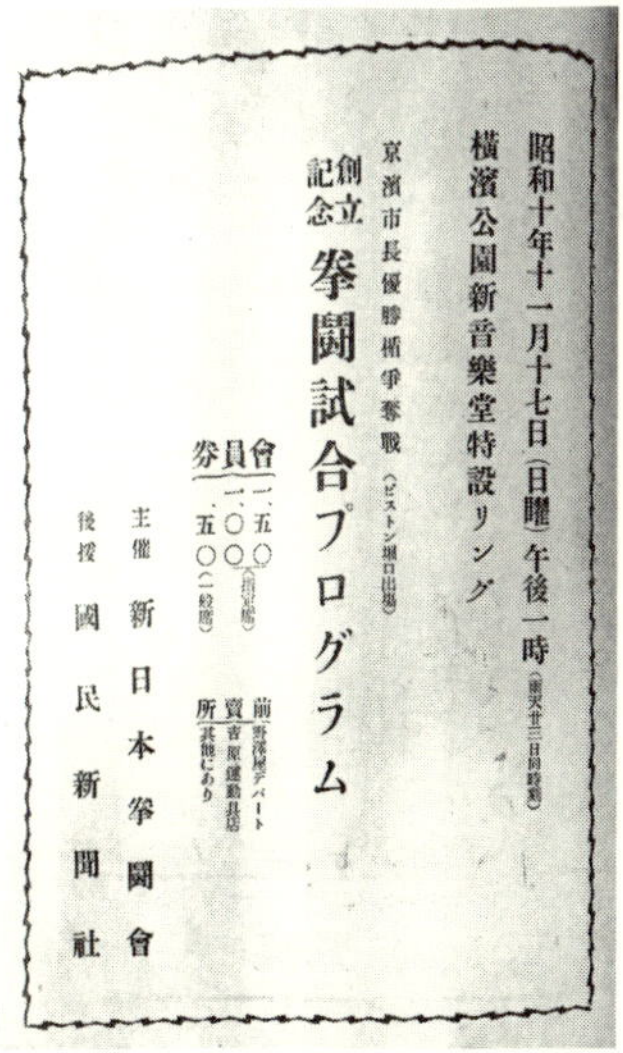
昭和十年十一月十七日（日曜）午後一時
横濱公園新音樂堂特設リング
京濱市長優勝楯爭奪戰（ピストン堀口出場）
創立記念 拳闘試合プログラム
會員券 一、五〇 一、〇〇 五〇（一般席）
前賣所 野澤屋デパート 吉原運動具店 其他にあり
主催 新日本拳闘會
後援 國民新聞社

図2-17　『国民新聞』後援試合のプログラム[189]

（189）スクラップ・ブック第四集

（190）BGジムは、欧米のようなマネージャー制のジムとしてスタートし、銀座で入場料が五〇銭均一と安価な興行をおこなっていた（郡司 一九七六：一六八）。しかし約半年で周囲の圧力により閉鎖された（同）。その後は拳道会と名前を改め、マネージャー制ではない日本的なジムになった。拳道会は武藤鏡一や白井義男が最初に入門したジムであり、ジョー・イーグル、ベビー・ゴステロなどの外国人ボクサーが日本での活動のベースにした。

（191）郡司 一九七六：一六八

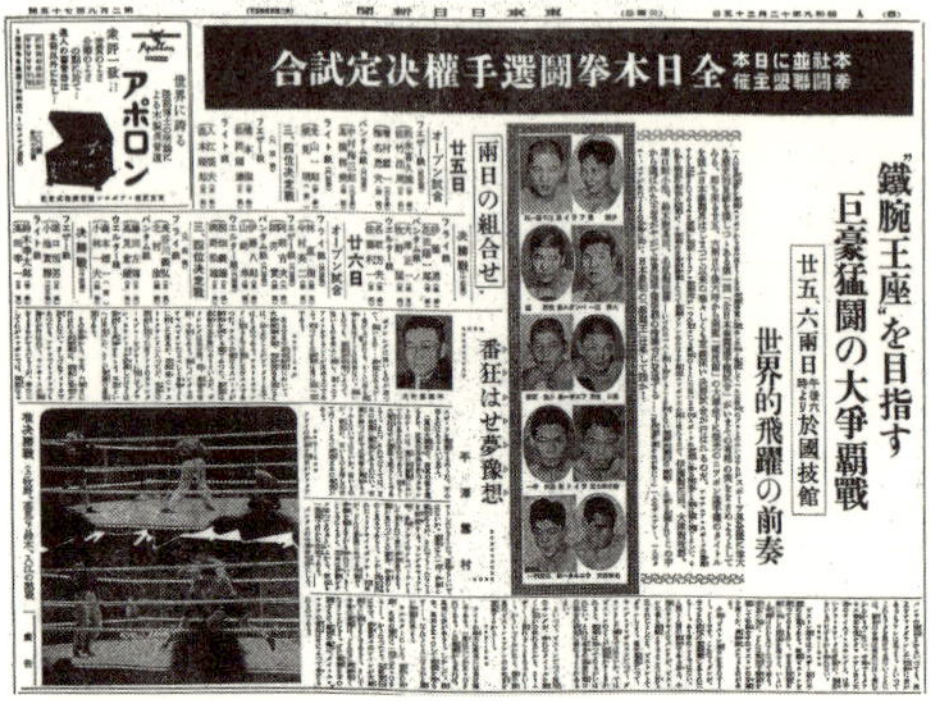
本社並に日本拳闘聯盟主催
全日本拳闘選手権決定試合
"鐵腕王座"を目指す
巨豪猛闘の大爭覇戰
廿五、六兩日 午後六時より 於國技館
世界的飛躍の前奏
兩日の組合せ
番狂はせ夢豫想

図2－18　東京日日新聞社、日本拳闘連盟共同主催興行の記事[193]

している（図2－18参照）。

正力松太郎[192]が社主となって以降の『読売新聞』も、一九三三年（昭和八年）に日仏対抗戦を企画するなど、ボクシングに積極的に関わった。日仏対抗戦は正力の号令のもとバラバラだったジムが大同団結して開催され、数万の観客を集めた一大イベントであった（三－1－2参照）。

また地方紙も、しばしば地元でおこなわれる興行の後援を務めた。図2－19は、一九四一年（昭和一六年）にピストン堀口を招聘して函館でおこなわれた興行のパンフレットである（図2－19参照）。地元のヤクザとおぼしき名前に交じって、函館新聞社、函館日日新聞社、函館タイムス社が後援に名をつらねている。現在では考えにくい取り合わせであるが、戦前の興行では珍しくなかった（三－3－3参照）。当時のピストン堀口は時代を代表す

（192）正力松太郎は、大正から昭和にかけて活躍した実業家である。一九二三年（大正一二年）にテロ事件の虎ノ門事件により警視庁警務部長を引責辞任し、翌年に読売新聞社の社長となった。スポーツなどに力を入れる大衆化路線により部数を大幅に増やした（『日本人名大辞典』＝JapanKnowledge Lib）。

（193）『東京日日新聞』一九三九年一二月二五日

る有名人であり（第四章参照）、彼を招いたこの興行は、地域の「表」と「裏」の力を集めた一大イベントとして企画されたと考えられる。

以上をまとめれば、新聞社は試合評のみならずボクシングに関する専門的な議論も掲載し、ジム経営への参画や試合の後援もおこなっていた。当時の社会において新聞がニュースを伝える主要なメディアであったことを考えれば、新聞はボクシングのローカル化を大いに媒介したといえる。

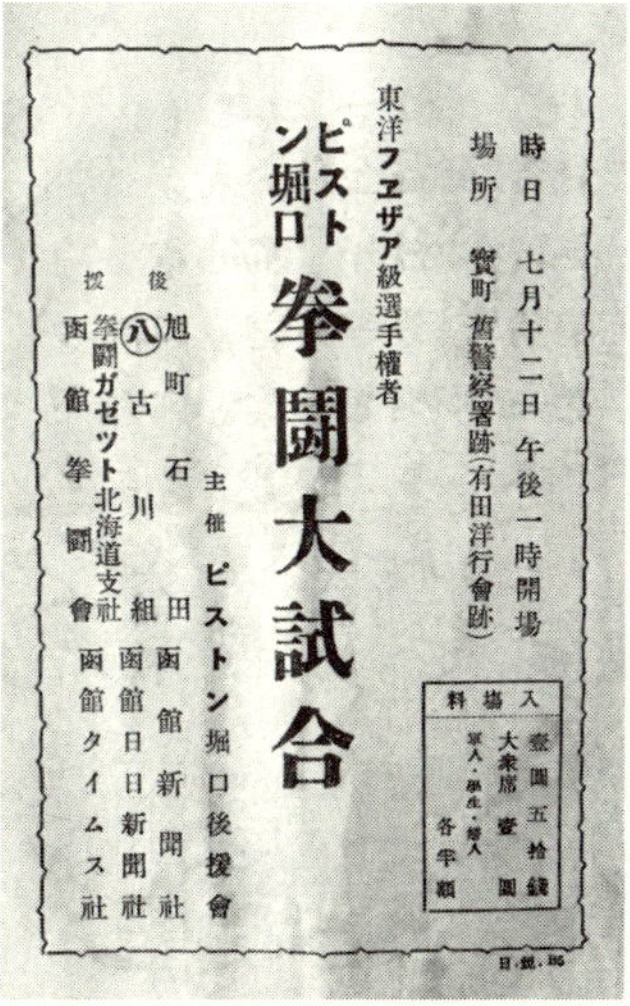

図2-19 函館の興行のパンフレット[194]

5 ラジオ

一九二〇年代後半から、ラジオでスポーツ中継がされるようになる。野球中継は一九二七年（昭和二年）から、相撲中継は一九二八年（昭和三年）から始まっている。[195] 一九三〇年代にはオリンピックの中継もおこなわれている。[196]

ラジオが一般化していく過程では、送受信に関するテクノロジーの進歩に加え、実況放送のノウハウも蓄積されていった。たとえば一九三九年（昭和一四年）に刊行された『日本放送協会史』には次のような記述がある。

（194）スクラップ・ブック第八集
（195）小田 二〇〇二：二五-二六
（196）同三一-三四

> アナウンスメントその他の表現形式年々新たなる工夫が積まるるに従って逐次新境地を開拓するに至ったので実況放送は今や報道種目の範囲をも超えて純聴覚的に構成されたラヂオ独特の芸術に迄発展するに至っている。[197]

当時のラジオはリアルタイムの情報を伝えられるただひとつのメディアであり、唯一無二の聴取体験を提供していた。現在では自明視されている実況という行為も、当初は新鮮な話芸であった。

一九三四年（昭和九年）におこなわれたラジオ聴取に関する大規模調査によると、娯楽部門二六項目の嗜好者数においてスポーツ・競技実況は七位であり、まずまずの人気があったことがわかる。[198] 考現学の今和次郎も、人々が店先のラジオから流れる六大学野球の中継に群がり、「アナウンサーの一声につれて、群衆がどよめき相恰を崩す」と述べている。[199] 特に野球の実況では松内則三[200]などのアナウンサーが人気を博した。新しいメディアを介した話芸に人々は沸いた。

最初のボクシング中継は一九三〇年（昭和五年）一二月の日比谷公会堂での興行とされ[201]、以降少しずつ中継がなされるようになっていった。そのなか

（197）社団法人日本放送協会編 一九三九：一九三

（198）逓信省、日本放送協会共編 一九三九：二三

（199）今 二〇〇一：三〇二

（200）松内則三は昭和初期から活動したアナウンサーで、「夕やみ迫る神宮球場、カラスが二羽三羽……」など独特のスポーツ実況放送で人気を博した（『日本人名大辞典』＝JapanKnowledge Lib）。一九三一年（昭和六年）には松内の実況を再録したレコード、〝早慶野球争覇戦〟がリリースされている。

（201）社団法人日本放送協会編 一九三九：一九三

ではボクシング実況の方法論も試行錯誤を重ねながら生み出されていった。たとえば次のような新聞記事がある。

> ＡＫのアナウンサーは、肉弾相打つ猛烈果敢な戦況を何《ど》うしたら完全に云い現せるだろうかと表現の方法に就いて苦心惨憺しているが（中略）思案の結果案出されたのが実際にやってみよう、そしてそれをかわるがわるアナウンスして練習しようじゃないかと評議一決……で早速其の第一回のテストを勇敢にやった。[202]

実況では臨場感をもって「肉弾相打つ猛烈果敢な戦況」、つまり試合の動的な情報を伝えなくてはならなかった。そのために考えられた練習法が、実際に自分たちでボクシングをやりながら、それを実況するということであった。記事にはグローブを付けてスタジオ内でボクシングの真似事をするアナウンサーの写真が添えられている（図2－20参照）。

　ボクシング実況の方法論は、こうした地道な試行錯誤を経てつくられていったことがわかる。テレビがなかった時代、会場の興奮を実況中継できるのはラジオだけだった。実況中継は、巧みな話術を通して会場で起こっている

（202）『読売新聞』一九三一年一二月一八日

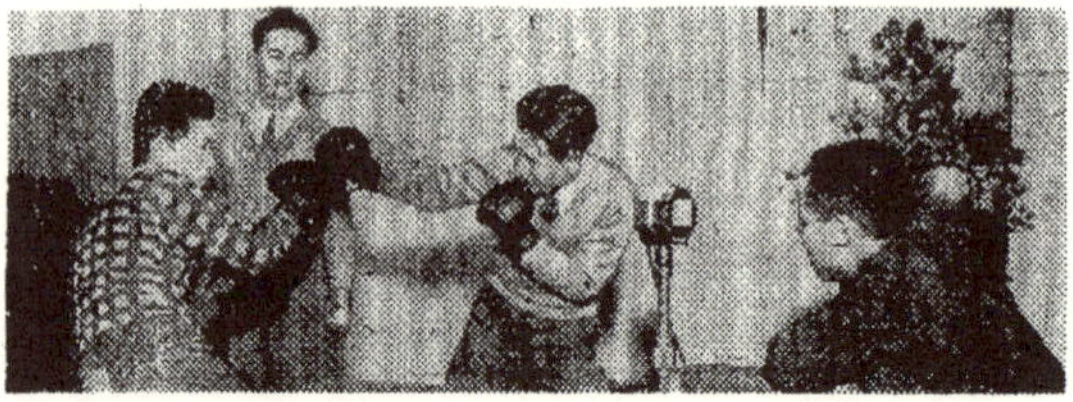
図2－20　グローブをつけたアナウンサーたち(203)

ことを存分に想像させた。

図2－21は、一九三四年（昭和九年）のピストン堀口と小池実勝の一戦のラジオ中継を聴いた大阪在住の当時七歳の少年が描いた絵である。

絵と一緒に送付された少年の父親による手紙では、堀口は目から、小池は口から出血したというラジオの実況を聴いて、息子がこのような絵を描いたと説明されている。東京や大都市圏を中心におこなわれていた興行は、ラジオによって掻き立てられる想像力を介して、物理的な距離を越えて消費されたことがわかる。ボクシングを実況するラジオは「熱い」メディアであった。

また試合の実況に加え、一九三三年（昭和八年）のピストン堀口対ヤング・トミー戦の前には、選手や評論家を交えた「拳闘座談会」も放送されている。(204)放送に際して、評論家で専門誌『拳闘』主幹の平沢雪村(205)は次のように述べている。

（203）同

（204）『読売新聞』一九三三年一一月二四日

（205）平沢雪村は戦前戦後と活躍したボクシング評論家である。戦後のテレビ時代にもボクシング解説をおこなっていた。ボクシング解説者、マッチメイカーのジョー小泉の師でもある。

それ（引用者注：日本人選手の世界選手権獲得）は畢竟《ひっきょう》するに、日本のファンがもっともっと拳闘に理解と興味を持つようにならねば駄目です。(206) そういう見地からトミイと堀口の試合をめぐって、ナックアウト・クラブのメンバーが、マイクを通して気炎をあげようというのです。(208)

この発言からは、単に試合の告知や実況をおこなうだけではなく、下田辰雄が新聞紙上で試みたように、積極的にボクシングを啓蒙していこうとする

図2－21　ピストン堀口と小池実勝の絵(207)

（206）ナックアウト・クラブは、平沢雪村、下田辰雄やアナウンサー、新聞記者などを中心とするボクシング関係者の有志によるグループである。一九三四年（昭和九年）の『拳闘』誌一二月号には、同クラブの座談会の模様が収められている（秋山、堀場、松井、御廉納、中村、大橋、下田、田鶴浜、横尾、平沢、小野里一九三四）。参加者は次の通りである。秋山興四三（新聞連合）、堀場平八郎（JOAK）、松井武男（中外商業）、御廉納健（東京毎夕）、中村正治（国民新聞）、大橋正路（アドヴァタイザー）、下田辰雄（読売新聞）、田鶴浜弘（報知新聞）、横尾俊彦（読売新聞）、平沢雪村（拳闘）、小野里清（拳闘）。各メディアにボクシングに詳しい記者などがいたことがわかる。

（207）スクラップ・ブック第二集

（208）『読売新聞』一九三三年一一月二四日

姿勢が感じられる。ラジオは実況に代表される即時的な面以外でも、ボクシングを媒介する重要なメディアであったと考えられる。

ただボクシング興行にはヤクザが関わっていたため、徐々に中継などが見送られるようになっていった（三－3－5参照）。NHKの志村正順が記した一九四七年（昭和二二年）の記事にはボクシングの中継が「殆ど七八年もの長い間中絶していた」とあるため[209]、中継は一九四〇年前後におこなわれなくなったと考えられる。

（209）志村 一九四七：一四

第三章　戦前のボクシング

1　ジム乱立時代

一八九四年（明治二七年）の日清戦争、一九〇四年（明治三七年）の日露戦争、一九一四年（大正三年）から一九一八年（大正七年）の第一次世界大戦で戦勝国となった日本は、ワシントン体制(1)のもとで国際的にも大きな存在感を示すようになっていた。

特に第一次世界大戦期の日本は、ほとんど戦争の被害を受けずに軍需が急増するという大戦景気に沸いた。造船業、鉄鋼業、電力事業などが発展し、いわゆる大正デモクラシーの気運も高まった。ただし格差の拡大も顕在化しており、農村部では米価の高騰に端を発する米騒動が起こり、社会運動の熱も高まっていた。

一九二三年（大正一二年）には関東大震災に見舞われたが、東京周辺では

(1) ワシントン体制とは、第一次大戦後、一九二一年（大正一〇年）に開かれたワシントン会議によってつくられた米英日の協調体制を意味する。

図3-1　関東大震災の六年後の日本橋付近[2]

順調に復興・開発が進んだ。図3-1は震災から六年後の日本橋付近である。大型のデパートが立ち並び、復興・開発が進んでいることがわかる。

こうした上り調子の機運と呼応するように、東京では一九二〇年代から一九三〇年代にかけて相次いでボクシング・ジムが設立され、興行が一般化していった（巻末表3-1参照）。この流れは地方にも波及し、一九三〇年代以降も各地でジムが設立されていった。

一九四一年（昭和一六年）の『拳闘年鑑』に掲載された「全国拳闘界一覧」によると、北海道に二軒、秋田に一軒、東京に一六軒、神奈川に四軒、浜松に一軒、名古屋に四軒、京都

（2）共同通信社提供

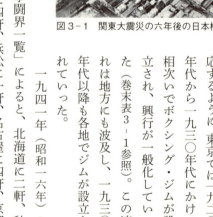

に二軒、大阪に九軒、兵庫に四軒、福岡に一軒、熊本に一軒、京城（朝鮮半島）に一軒のジムが存在していた。[3] 他にも樺太に五軒のジムがあり、[4] 各地の大学などでもボクシング部が設立されていた。ボクシングを実践するための環境整備は着実に進んだといえる。

ジムの設立と並行して、ボクシングの用具なども容易に入手できるようになった。ボクシング用具は、渡辺勇次郎や中村金雄ら日倶関係者のアドバイスを受けて、大正末期から昭和初期にかけて国産のものが量産されるようになっていた。[5] 用具を生産・販売する業者はあまり注目されることがないものの、日本のボクシングを媒介する重要な役割を果たしていたといえる。

当時のジムはどのようなものだったのだろうか。映画や舞台の美術監督を務めた吉田健吉は、一九三二年（昭和七年）に帝国拳闘協会拳道社（以下、帝拳）のジムを訪れ、考現学的な観点からジム内の様子を記録している。[6] それによると、グローブやシューズなどの基本的なものから（図3－2参照）、リング、鏡、サンドバッグ、パンチング・ボール、[7] チェスト・ウェイト、縄跳び、ティース・プロテクター（マウスピース）などが書き込まれている（図3－3参照）。またシャドウ・ボクシングや縄跳びによるトレーニングもおこなわれている。[8]

（3）ガゼット出版社編 一九四一：一‐五

（4）樺太のジム数は福家（一九三七：一三四）によるため、一九三七年時点での数である。

（5）東京運動具製造販売業組合編 一九三六：二七二‐二七五

（6）吉田 一九三二

（7）吉田はサンドバッグ、パンチング・ボールという言葉を用いており、これは現在の日本でも用語として定着している。しかしこれらは和製英語であり、英語圏では一般的にパンチング・バッグ、スピード・ボールと称する。経緯はわからないが、少なくとも一九三二年以前より和製英語が用いられていたことになる。

（8）同：四一

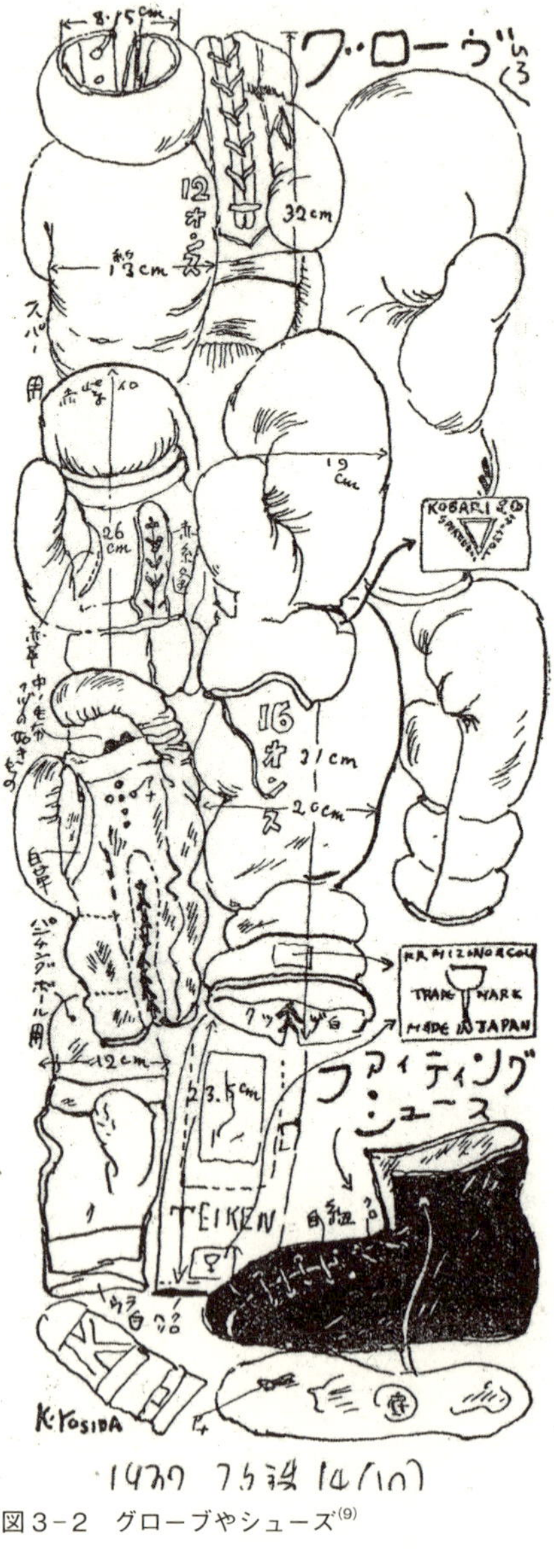

図3-2　グローブやシューズ[9]

吉田が記録したジムの設備や用具は、基本的には現在使われているものと同様である。ここには書かれてないが、練習ではヘッドギアなども使われていた。[10]嘉納健治がボクシングの練習をしていた明治期はグローブすらなかったことを思えば隔世の感がある（二-1-2参照）。

日倶の文化は日本のボクシングのメインカルチャーであったため、当時のジムは総じて日倶的であった。多くのジムが日倶と同様の封建的師弟関係に

(9) 同：三八

(10) 渡辺一九三二b：八二

図3－3　一九三二年（昭和七年）の帝拳[11]

よって成り立っており、日倶と同じくスパーリングを中心とした荒っぽい練習をおこなっていた。ボクシング指導者の多くは日倶で学んだ者やその弟子であり、彼等にとっては唯一の指導法が日倶的なスタイルであったのだろう。渡辺勇次郎の弟子や孫弟子たちは、日倶を去った後も渡辺によって媒介されたボクシング観を受け継いでいた。

　たとえば樽谷公一の東京拳闘協会では一ラウンド三分の練習を五分、七分とやらせていた。[12]また第五章で

(11) 吉田 一九三二：四〇

(12) 郡司 一九七六：四二‐四三

触れる白井義男が最初入門したジムの拳道会でも、トレーナーの佐藤東洋は、練習生に初日からスパーリングをさせていた。[13] 白井義男は自伝のなかで「殴られて、すぐ落ちこぼれる弱虫など、最初から芽はない」という佐藤の言葉を紹介している。[14]

また一部のジムでは「武士道としてのボクシング」という考え方も見られた。たとえば実業家で帝拳会長の田辺宗英は、国粋主義者で右翼団体、愛国社[15]の同人でもあり、[16] その思想はボクシング観にも投影された。田辺は雑誌の座談会の席で次のように述べる。

それに、私は、拳闘は、武術だと思っています。スポーツ的武術だと思っています。つまり、その合理的で科学的な拳闘は武術にまでいかなくてはならないのです。例えば馬術に於ける鞍上人なく、鞍下馬なしという境地、剣道に於いて生死に超越するという心境にまで至らなくてはいけないと思います。悟りに入らなければいけないと思います。[17]

ここで田辺はボクシングが「武術」であると述べている。田辺はこれ以前にも「外国の拳闘に日本精神を注入加味し、世界の拳闘界に向かって覇を争

(13) 白井 一九八七：五八 - 五九
(14) 同：五九
(15) 愛国社は岩田愛之助によって設立された右翼団体である。岩田は嘉納健治の右腕であり、辛亥革命の日本人義勇隊にも参加したとされる（都築 一九八九：一五八）。岩田は一九一三年（大正二年）の阿部守太郎外務省政務局長暗殺事件で殺人教唆の罪に問われて無期懲役となり、仮出獄後の一九二八年（昭和三年）に愛国社を設立した（『日本人名大辞典』＝JapanKnowledge Lib）。一九三〇年（昭和五年）に浜口雄幸を襲撃した佐郷屋留雄や、一九三三年（昭和八年）に若槻礼次郎を襲撃した野口進は（三 - 3 - 1参照）、愛国社のメンバーである。
(16) 乗松 二〇一六：一一〇
(17) 田辺、荻野、市原、平川、植村、小林、清宮、楢崎、奥村 一九三二：七〇

わん」と述べている。(18)すなわち「武士道」的な要素を加味することでボクシングを改良し、グローバルな文脈でも独自性や優位性を示せる日本ならではのボクシングを確立しようということである。田辺の発想には後述する「帝国の夢」や（三‐4参照）、ピストン堀口のボクシング観とも共通する部分がある（四‐1‐3参照）。

ジムの設立が相次いだこともあり、一九三一年（昭和六年）には業界団体の全日本プロ拳闘協会が設立された。(19)所属ジムは大日拳、帝拳、日倶、東洋拳闘会で、東京ボクシング倶楽部、東亜拳闘倶楽部が準加盟団体になった。(20)選手権の制定や選手の育成を組織的に目指すとされたが、一九三二年（昭和七年）、早々に分裂している。(21)

組織の分裂は、プロ、アマを問わず戦前のボクシング界で繰り返された。分裂の理由は、利権、覇権、人間関係、ジム関係などが複雑に絡まっていることが多い。郡司信夫も「ボクシング界名物のごたごた紛争」と評し、繰り返される組織の分裂を揶揄している。(22)日仏対抗戦などの一大イベントの際には大同団結するものの（三‐1‐2参照）、それ以外のときには微妙な関係が続いているのが、戦前のボクシング界の常態である。

以降、何度か統一組織の設立が目指されたものの離合集散が繰り返され、

(18) 田辺一九二八：七七
(19) 郡司一九七六：一一〇
(20) 同
(21) 同：一二六‐一二七
(22) 郡司一九七六：一五三

戦後まで明確な統一組織は存在しなかった。そのため興行やジムの単位でチャンピオンが認定され、メインイベンターとして人気を集めた。

以下では、一九二〇年代後半から一九三〇年代におけるボクシングのローカル化過程を検討する。まず当時の国内興行のありかたをみたうえで、海外遠征や国際交流試合の意味も考えていく。また徐々にプロと差異化を図っていくアマチュアの動きもみていく。

1　興行の一般化とローカル・チャンピオンの誕生

ジムの設立が相次ぐなかで、プロの興行も定期的に開催されるようになった。興行はジムの会長がプロモーターとなって開催されることが一般的であった。[23]

一九二七年（昭和二年）から一九二九年（昭和四年）頃は、報知講堂で興行がおこなわれることが多かった。[24] 報知講堂は一九二二年（大正一一年）に設立された施設で、コンサートなどが催されていた。[25] その後は日比谷公会堂や日比谷音楽堂、国技館、さらには後楽園球場などでボクシング興行が開催された。当時の日比谷公会堂は収容人数が二八〇〇～三八〇〇人、日比谷音楽堂が七〇〇〇人、国技館が一万八〇〇〇～二万人であった。[26] 会場の規模か

(23) 荻野 一九三一：九九。こうしたシステムは現在でも一般的である。
(24) 郡司 一九七六：八九‐九〇
(25) 報知新聞社編 一九九三：四一七
(26) I記者 一九三五：八〇

らも徐々に観客が増加していったことがわかる（図３－４参照）。

二〇一八年現在、東京近郊でプロ・ボクシング興行がおこなわれているのは後楽園ホール（収容人数二千人）や大田区総合体育館（収容人数四千人）などであるが、当時は現在と比べても多くの集客があったことがわかる。しかも一九三〇年代の東京の人口は五〇〇万から七〇〇万人であった（三－２参照）。現在の半分程度の人口にもかかわらず現在以上に集客があったということからは、ボクシングに対する関心がいかに高かったかがわかる。

チケットの価格は興行によって多少異なるものの、おお

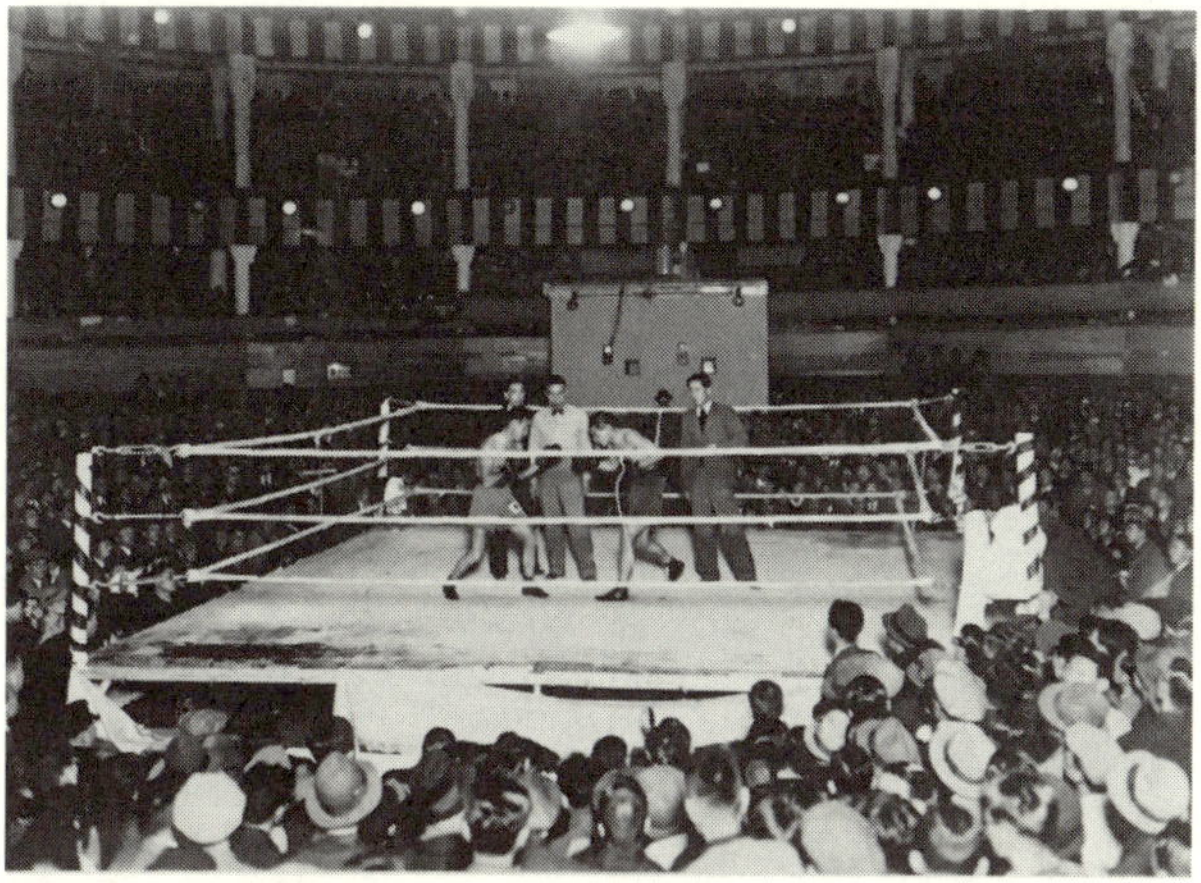

図３－４　国技館の興行につめかけた観衆[27]

(27) アルバム

むねリングサイドが三円、以下席の等級にしたがって、二円、一円五〇銭、一円であった[28]。一九三五年（昭和一〇年）前後で、映画館の入場料が五〇銭[29]、後楽園球場の指定席入場料金が一円[30]、大相撲の観覧料が五円[31]であったことを考えると、ボクシング興行のチケットは比較的高めではある。しかし庶民に手が出せないほどではなく、興行によっては満員になることも少なくなかった。

図3－5、3－6は、一九三三年（昭和八年）のボクシング興行のプログラムである。プログラムは試合の組み合わせや順番、選手の説明などの文字情報を中心にしたシンプルなものである。スポンサー広告の上に薄く書かれている升目は、観客がラウンドごとの採点を記すためのものである。観客に採点できる程度のリテラシーがあることが想定されていることがわかる。イラスト付きのプログラムなどもあったが、戦前戦中の多くの興行プログラムがこのスタイルを採用している。

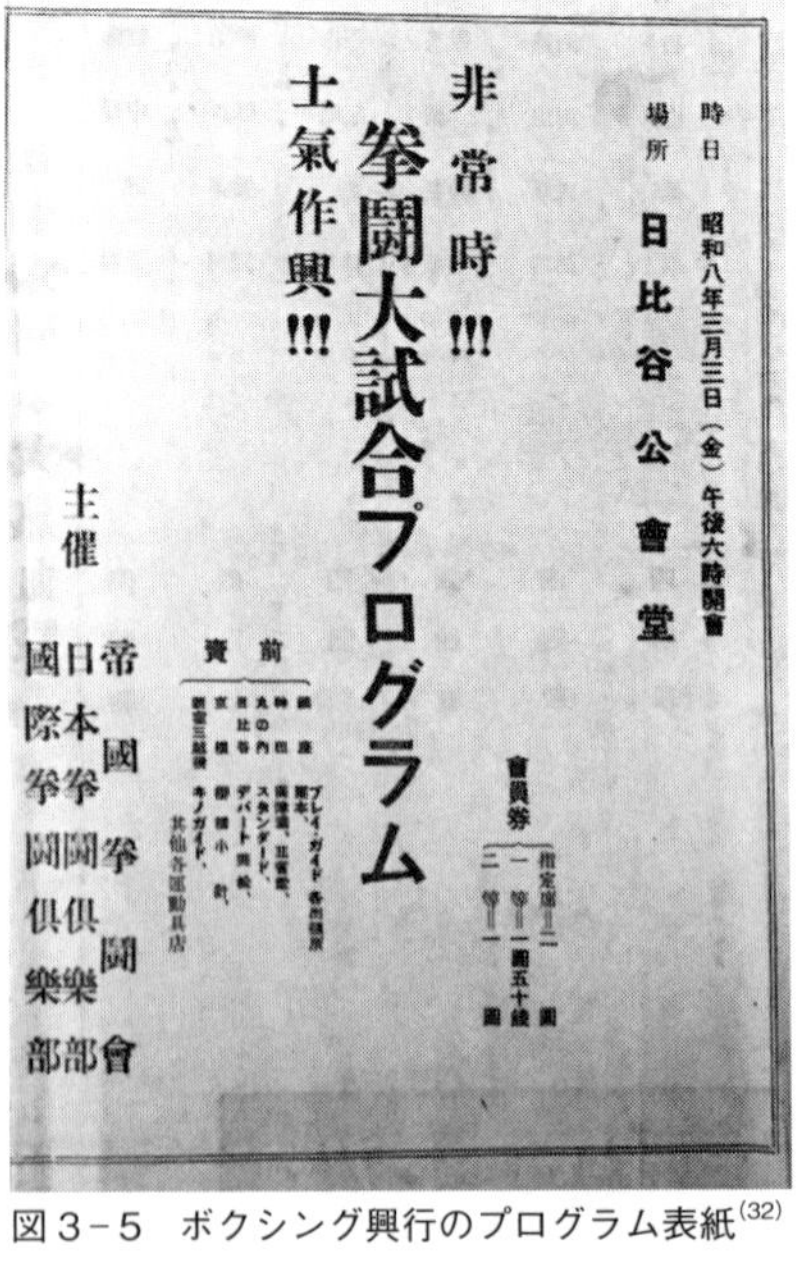

図3－5　ボクシング興行のプログラム表紙[32]

(28) 同
(29) 週刊朝日編 一九八八：一二三
(30) 同：六八
(31) 同：二一
(32) スクラップ・ブック第二集

当時のボクシング興行を考えるために、一九三五年に日比谷公会堂でスポンサーなしの自主興行（メイン二試合、本戦五試合）を打ち、収容可能数の八割強にあたる三三〇〇人程度の集客があったと仮定して、巻末表3－2に収支予測をまとめた。会場賃料やファイトマネーをはじめとする経費は、当時の資料から算出した。

収入はチケット売り上げのみであるが、仮定では四五〇円の黒字になる。あまりパッとしない数字である。しかもこれは成功した場合であり、集客がいまひとつであったり、ファイトマネーがかさんだりすればすぐ赤字になる。またファイトマネーが高騰していけば、チケットの売り上げだけでは回収し切れなくなる。そのことは当時から認識されており、「拳闘界は決してもうかって居ない」とされている。[34]

ただビジネスとしての旨味が薄くても、一九三〇年代にプロ・ボクシング興行が一般化し、かなりの

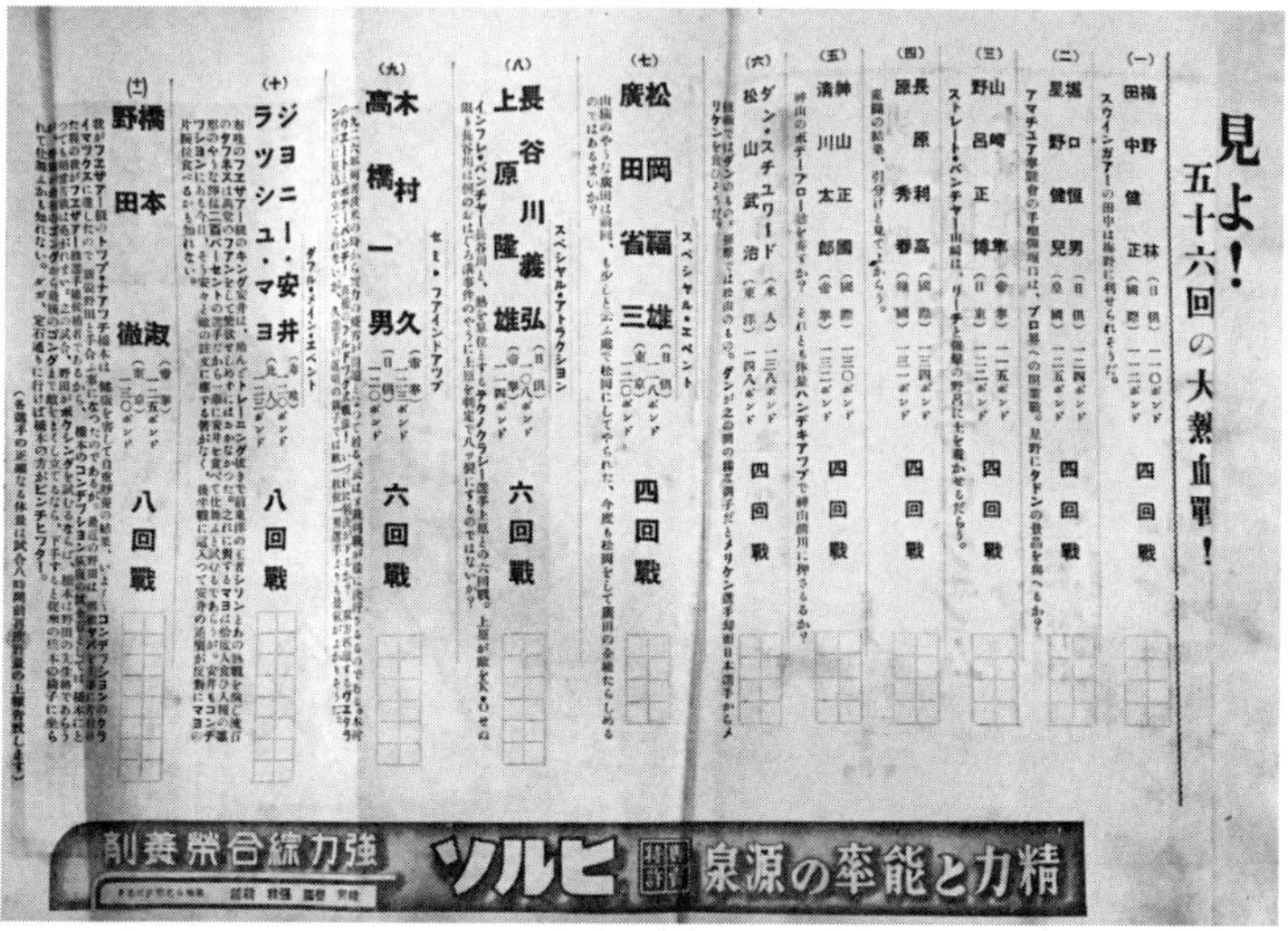

図3－6　ボクシング興行のプログラム中身[33]

集客を数えたことは事実である。ボクシング興行に関しては、おそらくは功利的な視点よりも、新しいスポーツ興行をつくりあげる素朴な喜びのほうが勝っていたのだろう。あるいは虚偽の契約や暴力を背景にファイトマネーなどを無理やり抑制し、利益を出していたようなケースもあったかもしれない。

国内で興行が一般化した結果、多くのローカル・チャンピオンたちが生まれた。巻末表3-3に終戦までの敵闘旗(35)を含めた国内のタイトル保持者をまとめた。終戦までの期間、日本タイトルを獲ったボクサーはフライ級六人、バンタム級八人、スーパーバンタム級三人、フェザー級一〇人、スーパーフェザー級一人、ライト級八人、スーパーライト級一人、ウェルター級五人、ミドル級一人で、フィリピン人のジョー・サクラメント、ダン・サクラメント以外は日本人である(36)。またチャンピオンの所属ジムの多くが東京に集中している。

当時は国内のボクシングの統一団体が存在しなかったので、これらのローカル・チャンピオンたちはジムが独自に認定したり、タイトル戦と銘打った興行のなかで生まれたりした。今日的な意味での権威はないものの、彼等は興行を盛り上げる人気者たちであった。人気ボクサーのなかには、映画スタ

(33) 同
(34) ―記者 一九三五：八〇
(35) 敵闘旗とは戦中の外来語忌避傾向を受けて、それまでのチャンピオン制度の代わりに考案されたものである（郡司 一九七六：一八一）。内実は変わらない。
(36) 時代背景を考え、朝鮮半島出身者は日本人として数えている。

ーのようにプロマイドが売られる者もいた(37)。また第四章でも取り上げるピストン堀口などは、人気ボクサーである以上に時代を代表する有名人であった。

2　海外遠征と国際交流試合

ボクシングのローカル化が進むなかで、選手たちの海外遠征も一般化していった（巻末表3-4参照）。選手たちは遠征先のジムを間借りして練習し、現地の興行にも出場した。サンフランシスコでは、日米興行社や東京倶楽部の安田義哲が日倶勢の、桑港興行社の奥定吉が帝拳勢の身元引受人となった(38)。両者とも興行に関わるヤクザであった(39)。

巻末表3-4は、オリンピックを除いて日倶や帝拳がジムの選手を遠征させているケースであるが、昭和に入ってからは多くの選手が個別にアメリカに遠征していった。特に一九二九年（昭和四年）の夏には中村金雄、臼田金太郎、木村久(40)、熊谷二郎(41)、高橋一男(42)ら人気選手が揃ってサンフランシスコにおり、日本国内の興行が下火になったほどだったという(43)。なかでも帝拳所属のフェザー級で「ノックアウトQ」の異名をとった木村久は、一九三七年（昭和一二年）に亡くなるまでアメリカで数多くの試合をこなし、現地でも人気を得た。彼等より後の世代の選手である徐廷権、ピストン堀口なども海外遠

(37) 松永一九九二：六九
(38) 山本一九九六：四四-四五
(39) 同
(40) 木村久は帝拳所属のスーパー・バンタム級のボクサーである。帝拳認定の日本チャンピオンになった後、アメリカで数多くの試合をこなし、強打から「ノックアウトQ」の異名で知られた（ボクシング・マガジン編集部編二〇〇四：二四三）。友人で作家の山川惣治は、木村をモデルにした「ノックアウトQ」を『漫画少年』に連載し、自身でも「最も愛着を持った作品」であると述べている（山川一九七五：二七四）。
(41) 熊谷二郎は「拳闘の神様」の異名をとるウェルター級のボクサー。「ごむまり戦法」と称されたロープワークに巧みであったという。試合当日にお茶屋から会場入りするといわれた豪傑でもある（郡司一九七六：一二一-一二二）。
(42) 高橋一男はデンプシー対カルパンチェの記録映画を観てボクサーを志した。日倶に入門し、スーパーバンタム級で活躍した。インファイトが得意なところから「ブルドッグ」の異名で知られ、アメリカにも遠征している（郡司一九七六：六〇-六一）。
(43) 郡司一九七六：九五

征をおこなっている。意外に思えるかもしれないが、当時の日本のプロ・ボクサーにとって海外遠征はさほど珍しいことではなかった。

海外遠征は、選手たちにとってどのような意味を持っていたのだろうか。臼田金太郎は、一九二九年（昭和四年）のアメリカ遠征で「素晴らしいトレーニング」や「日本では空想だに出来なかった科学的なプラクティス」を経験したという。(44) 現地のマネージャーに気に入られ、ファイトマネーで大いに稼いだとも述べている。(45) また当時のエバラストの年鑑にも名を連ねた徐廷権は、一九三二年にアメリカで試合を重ね「世界一には成れなくても、相当の所まで漕ぎ付けられるんじゃないか」と感じたという。(46) そしてピストン堀口は東洋タイトルを獲ったハワイ遠征を振り返って、アメリカの選手の合理的で真摯な練習姿勢に感銘を受けつつ、(47) 自身も「これからの精進次第で世界的のレベルに達せる」との感触を得たと述べる。(48)

選手たちにとって海外遠征は、日本とは異なる練習環境に身を置き、ファイトマネーを稼ぎ、世界のボクシング界における自分の位置を確認する機会になっていたことがわかる。一九三〇年代、日本におけるボクシングのローカル化は進んだ。しかし今後の日本のボクシングは、「東洋」や「世界」といったグローバルな場に定置されてこそ真正なものになる。海外遠征は選手

(44) 臼田 一九三一：二六八。「素晴らしいトレーニング」や「科学的なプラクティス」の内実は判然としないが、おそらくは当時主流になりつつあった攻守のバランスを重要視した合理的なスタイルに関係していると思われる。
(45) 同
(46) 徐 一九三五：二四六
(47) 堀口 一九三六：三三〇
(48) 同：三三八

や関係者にそのような意識を与えたと考えられる。

　なお右の事例は、日本のジムに所属して活動の軸足を国内に置いている選手たちのものであるが、もっぱら海外で活躍していた日本人選手もいた。たとえばブラジルで活動し、後の名王者、エデル・ジョフレ[49]の父、キッド・ジョフレの教えを受けた益田達人や、[50]戦前のシンガポールで活動したムツ山本のようなボクサーである。[51]彼等の活動は、日本のボクシングに直接的な影響を与えたとはいえないものの、当時のボクシングの世界的な広がりと、日本人選手のトランスローカルな活動を象徴している。

　また日本人ボクサーの海外での活躍は、現地邦人にとっても大きな関心事であった。図３－７はハワイの邦字新聞、『布哇《ハワイ》報知』に掲載された試合の広告である。

　広告は一九三六年（昭和一一年）二月のピストン堀口とフィリピンの強豪、ヤング・ギルドの試合を告げるもので、下部には「来りて我等の誇りピストン堀口の御声援を乞う」とある。ハワイの邦人社会において、

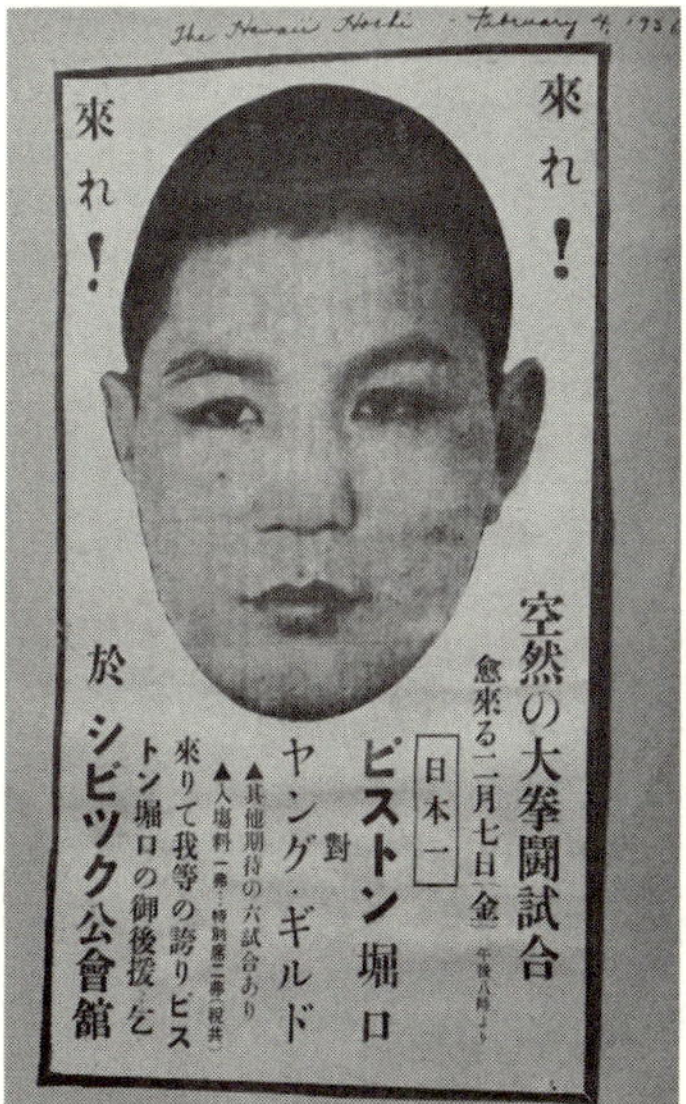

図３−７　ピストン堀口対ヤング・ギルド戦の広告[52]

(49) エデル・ジョフレ（Jofre, Eder）はブラジルのバンタム級、フェザー級の世界王者である。「黄金のバンタム」の異名で知られ、日本のファイティング原田とタイトルを争った（ムラン、ミー、ボジート 二〇一六：三九）。
(50) 益田 一九六八
(51) 草野 二〇一五：一二八 - 一三四
(52) ハワイのスクラップ・ブック。堀口の手によると思われる日付の記述には "February 4, 1936" とある。

堀口の活躍にナショナリスティックな期待が寄せられていたことがわかる。アメリカでは一九二四年に新移民法（いわゆる排日移民法）が定められており[53]、邦人を取り巻く環境は決して楽なものではなかった。だからこそ堀口の試合は、日頃の鬱憤を晴らす絶好の機会と捉えられたのだろう。

国際交流戦は、一九二〇年代から一九三〇年代にかけて、日本でもおこなわれた。一九二四年（大正一三年）、東京拳闘協会はフィリピンからヤング・ゴンザロ[54]、バットリング・キーコ[55]、ファイティング・チゴラ[56]、キット・マメルトらを招聘し、九段相撲場で第一回日比対抗戦を開催している[57]。一行は翌年、神戸の大日拳に招かれて大阪国技館でも試合をしている[58]。さらに一九三〇年（昭和五年）には、大日拳がジョー・サクラメント[59]、ダン・サクラメント[60]、ボビー・ウィルス[61]、マックス・ジム[62]、フランシスコ・ララを招聘している[63]。

当時のフィリピンはボクシングの強豪国であり、日本人選手が彼等と対戦することには腕試し的な意味合いがあった。一方フィリピンの選手にとって日本は、アメリカに遠征する程の力はない二番手の選手でもファイトマネーを稼げる場所であった[64]。

フィリピン選手には確かなテクニックを持った強豪も少なくなかったが、

(53) 蓑原二〇一六：四章。
(54) ヤング・ゴンザロ（Gonzalo, Young）はウェルター級のフィリピン人ボクサーである（"BoxRec" 二〇一六年一二月三一日閲覧）。
(55) バットリング・キーコ（Kico, Battling）は、ウェルター級のフィリピン人ボクサーである（"BoxRec" 二〇一六年一二月三一日閲覧）。
(56) ファイティング・チゴラ（Tigola, Fighting）は、ウェルター級のフィリピン人ボクサーである（"BoxRec" 二〇一六年一二月三一日閲覧）。
(57) 郡司一九七六：四六 - 四七
(58) 同
(59) ジョー・サクラメント（Sacramento, Joe）は、ライト級のフィリピン人ボクサーである。日本をベースに戦い、日本ライト級タイトルも獲った（ボクシング・マガジン編集部編二〇〇四：二八九）。
(60) ダン・サクラメント（Sacramento, Dan）はフライ級のフィリピン人ボクサーである。サウスポーで日本をベースに戦い、日本フェザー級タイトルも獲った。ジョー・サクラメントと血縁関係はない（ボクシング・マガジン編集部編二〇〇四：二五八）。

必ずしも一流とはいえない者もいた。彼等は日本人相手に「かませ犬」、すなわち負けることで日本人選手の勝ち星を増やし自信を付けさせる役割を果たした。松永喜久は、フランシスコ・ララがそうした役回りの選手であったと述べている。[65]

こうした「かませ犬」ボクサーの需要は現在でも高く、スポーツ社会学者の石岡丈昇が「敗者の生産」と呼ぶように、[66]業界において構造化されている。プロ・ボクシングでは勝ちが多く負けが少ない選手ほど興行上の価値が上がり、多くのファイトマネーを得る。「強いボクサー」は厳しいトレーニングの結果生まれるが、勝ちを重ねることで相対的に「強いボクサー」とみなされるという側面もある。そのためジム関係者は、しばしば自分のジムの有望株とリスクの少ない相手の試合を組み、[67]勝ち星を稼がせる。その際に必要となるのが無数の敗者である。ヒーロー的な強豪と同様に、彼等に打ち負かされる無数の敗者が存在しなければ、興行は成り立たないのだ。こうした「敗者の生産」構造は、戦前も現在もさほど変わらない。

またボビー・ウィルスは、「かませ犬」とも違う独自のローカルな意味を獲得した。ウィルスは一九三〇年（昭和五年）に帝拳の小林信夫と対戦したが、この試合で複数回のダウンを喫した小林は、試合後に亡くなっている。[68]皮肉

(61) ボビー・ウィリス（Wills, Bobby）はフェザー級のボクサーである。戦績は五六戦一六勝三二敗七分一無効、うち五四戦が日本での試合である（"BoxRec" 二〇一六年一二月三一日閲覧）。
(62) マックス・ジム（Jim, Max）はライト級のボクサーである（"BoxRec" 二〇一六年一二月三一日閲覧）。
(63) 郡司 一九七六：一〇一
(64) 城島 二〇〇三：七三
(65) 松永 一九九二：九二
(66) 石岡 二〇一二：四章。同書はフィリピンをフィールドに現代のボクシングにおける身体文化の諸相を丹念に描いた出色のエスノグラフィーである。
(67) 相手としてリスクが少ないボクサーとは、たとえばパンチ力がなく、ディフェンスが甘いようなボクサーである。さらに年を取って弱くなったかつての名選手などはネームバリューがあるので、勝つことで「実績」がアピールしやすいという旨味がある。
(68) 郡司 一九七六：一〇六 - 一〇七

なことに、このリング禍《か》がウィルスを有名にした。ウィルスの戦績は五六戦一六勝三二敗七分一無効試合と決して優れたものではなく、(69)タイトルも獲っていない。しかし小林戦以降、彼は「殺人ボビー」という異名を与えられ、悪役的なメイン・イベンターになっていった。

日本人選手たちは、「殺人ボビー」を倒すことで人気を得た。一九三一年(昭和六年)、「拳闘の神様」と称された熊谷二郎は、ウィルスをT・K・Oで倒して喝采を浴びた。(70)また小林信夫の実弟、雅夫は、一九三六年(昭和一一年)に満員の日比谷音楽堂でウィルスに勝利し、「リングの敵討ち」として話題になった。(71)

素顔のウィルスはお洒落で気さくな好人物で、一時は八丁堀の国華ダンスホール(72)でドラムを演奏していたという。(73)しかし彼は「殺人ボビー」というおどろおどろしい異名を与えられたがゆえに、日本で五四戦(74)をこなすほどの興行的な価値を獲得した。「殺人ボビー」と彼を倒す日本人ボクサーたちという構図は、当時の日本でこそ意味を成すローカルな物語であるといえる。

国際交流戦は、一大イベントとして企画される場合もあった。一九三三年(昭和八年)の日仏対抗戦では、フランスからエミール・プラドネル(75)、エイム・ラファエル(76)、ルール・ユーグ(77)らが来日している。プラドネル、ラファエルは

(69) "BoxRec" 二〇一六年一二月三一日閲覧
(70) 郡司 一九七六:一二一
(71) 同:一六二、山本 一九九六:五八、高 二〇〇一:四四
(72) 国華ダンスホールは東京の八大ダンスホールのひとつの大衆向けホールである(野島 一九八四:六六)。
(73) 松永 一九九二:九一-九二
(74) "BoxRec" 二〇一六年一二月三一日閲覧
(75) エミール・プラドネル(Pladner, Emile)は「スパイダー」の異名をとるフランスのバンタム級のボクサーで、NBA世界バンタム級チャンピオン、フランス・バンタム級チャンピオン他、複数のタイトルを持っていた強豪である("BoxRec" 二〇一六年一二月三一日閲覧)。
(76) エイム・ラファエル(Raphael, Aime)は、フランスのライト級ボクサーで、フランス・ライト級チャンピオンであった("BoxRec" 二〇一六年一二月三一日閲覧)。
(77) ルール・ユーグ(Hugues, Raoul)は、フランスのフェザー級のボクサーである("BoxRec" 二〇一六年一二月三一日閲覧)。

当時のタイトル・ホルダーの強豪である。

日仏対抗戦は読売新聞社が企画し、下田辰雄がマッチメイクに関わった(78)。それは通常の興行というよりは、読売新聞社社主の正力松太郎の号令のもと、バラバラだったボクシング業界が一時的にまとまって開催された一大イベントであった(79)。

対抗戦は全部で五回開催されたが、なかでも特設照明を設置した早稲田大学の戸塚球場でおこなわれた第四戦には、三万人の観衆が訪れた(80)。図3-8は試合会場の様子である。特設照明は早稲田大学と照明学会が協力して設置したもので、当時としては世界一の明るさを誇ったとされる(81)。

闇をはらう明るい照明は、作家の谷崎潤一郎が『陰影礼讃』で論じたような「暗さ」によって導かれる伝統的な美から(82)、「明るさ」によって導かれる近代的な美への変化を象徴するテクノロジーだった(83)。日仏対抗戦というボクシングの一大興行が煌々たる照明の下でおこなわれたことは偶然ではない。ボクシングも巨大照明も、共に近代の産物だった。

日仏対抗戦第四戦は東久邇宮も観戦し(図3-9参照)、関係者は初めてとなる皇族の観戦に感動したという(84)。ボクシングがそれだけの権威を得たと捉えられたからだ。

(78)下田 一九八二:一〇七-一一〇
(79)同
(80)『読売新聞』一九三三年七月四日。ただしこれは興行を主催した読売新聞社の発表である。この興行で観客の調査をおこなった東京市統計課によれば、観客の実数は三万に満たなかったようだ(東京市統計課 一九三三、三-2-2参照)。
(81)『読売新聞』一九三三年七月一日
(82)谷崎 二〇一五:一九八

図３−８　日仏対抗戦第四戦の様子(85)

三万の観衆沸く
不夜城のリング

東久邇宮様台覧の日佛大試合
絢爛豪華の拳闘圖繪

日佛拳闘台覧の東久邇宮殿下（中央）

図３−９　東久邇宮の観戦を報じる新聞記事(86)

試合では、日本人では歯が立たないと考えられていたエミール・プラドネルとピストン堀口が対戦し、引き分けに持ち込んだ[87]。注目度の高い興行で健闘したことは、堀口が名を売る大きなきっかけとなった。下田辰雄はプラドネルと堀口の一戦を次のように評する。

ピストン堀口は第一ラウンドの鐘と共に例のピストン戦法を以てプラドネルに急迫し、猛烈な打撃戦を開始した（中略）堀口のパンチは決して強くはなかったが、よくプラドネルの体を打った（中略）要するに連打と執拗なファイトをする堀口はプラドネルのハードパンチと相俟って日本最初の最大試合を三万の拳闘ファンの前に展開し日本拳闘界に一時代を画したものといえよう[88]。

大舞台で予想外の健闘をみせたことで、堀口はスター選手としての第一歩を踏み出した。また近距離でパンチを連打する堀口の「ピストン戦法」がこの頃からみられたことがわかる（四－1－1参照）。荻野貞行も堀口の奮闘ぶりを賞賛している[89]。

ただし補足しておくべきこともある。プラドネルはバンタム級の強豪であ

（83）明治から大正期の日本では、主なものだけでも八回の博覧会が開催された（吉見一九九二：一二七）。博覧会は「文明」の象徴であり（同）、明るい照明やイルミネーションが人々を惹きつけた。作家の夏目漱石は、小説『虞美人草』のなかで「博覧会を鈍き夜の砂に濾せば燦たるイルミネーションになる」としたうえで、「夜の世界は昼の世界より美しい」と登場人物に語らせている（夏目一九九四：一九五－一九六）。また作家の永井荷風は、逆の視点から「明るい賑かな場所」に背を向けて薄暗い妾宅に蟄居している自身が「涙の出るほど嬉しく淋しく悲しく同時にまた何ともいえぬほど皮肉な得意を感ずる」と述べている（永井一九八六：一〇）。映画やラジオのような新しいメディア同様、照明技術は新時代を象徴するテクノロジーであった。
（84）郡司一九七六：一二五
（85）読売新聞社提供
（86）『読売新聞』一九三三年七月四日
（87）下田一九三三：二五一
（88）『読売新聞』一九三三年七月四日
（89）荻野一九三三

るが、堀口の階級はひとつ上のフェザー級である。プラドネルが体格的に不利であったことは否めない。また国際的には日仏対抗戦が公式試合としては扱われていないという指摘もある。(90)だとすればフランス勢が観光気分で日本を訪れ、手を抜いた可能性も否定できない。

しかしこうした情報は当時の言説からは抜け落ち、堀口が世界的強豪に対して善戦したことが強調されている。海外遠征と同様、国際交流戦によっても選手や観客たちは、「東洋」や「世界」における日本のボクシングの位置を意識した。「世界的強豪相手に善戦した」という物語は、ファンに対しても日本のボクシングの可能性を感じさせたことだろう。

スポーツ社会学者の乗松優は、戦後のボクシングと日比関係を論じるなかで、ボクシングにおける「東洋」という用語が、興行の「主催者の意向に併せて変化する恣意的な枠組み」であったことを指摘する。(91)つまり「東洋」や「世界」は、実際の地理的な領域と一致するわけではなく、興行の都合によって大きくも小さくもなるのであった。

そのことは一九三〇年代にもあてはまる。この時代の「東洋」や「世界」も、個別の遠征や試合などの局所的な出来事から生まれたローカルな産物であった。そして日本のボクシングが「東洋」や「世界」との経験を通して再定置

(90) 山本一九八八a：七七

(91) 乗松二〇一六：二五七

されることで、日本のボクシングにまつわるポジティブな物語が生成されていった。

これは近代以降の日本においてしばしばみられる、他国との関係から相対的に自国の状況を捉えるという実践の典型である。日本の近代化は欧米を追いかけるかたちで進められたため、日本が遅れているか進んでいるかを判断するためには、常に他国を参照する必要があった。ボクシングの場合も同様に、「東洋」や「世界」という参照点が求められたのだ。

3　アマチュアとプロ

一九三〇年代、プロと同様にアマチュアも海外遠征や国際試合をおこなっており、特にフィリピンとは選手の交流が盛んであった。戦前に限っても、遠征は一九三〇年（昭和五年）、一九三五年（昭和一〇年）、一九三七年（昭和一二年）、一九三八年（昭和一三年）、一九四〇年（昭和一五年）の五回、フィリピンからの遠征受け入れは一九三一年（昭和六年）、一九三五年（昭和一〇年）、一九三八年（昭和一三年）、一九三九年（昭和一四年）、一九四〇年（昭和一五年）の五回おこなわれている。[92] 遠征時の対抗戦における日本の戦績は九五勝七六敗四分であった。[93]

(92) 社団法人日本アマチュア・ボクシング連盟「五〇年史」編集委員会 一九八〇：二三四 - 二四六
(93) 同

また一九三九年（昭和一四年）にはアメリカのサンノゼ州立大学との対抗戦もおこなわれ、[94]後楽園スタジアムで開催された第一戦には二万人の観衆がおとずれた。[95]さらに翌年のハワイとの対抗戦の第一戦には、三万人の観衆が訪れた。[96]太平洋戦争の直前であったが、民間レベルではボクシングを通したアメリカとの交流があったことがわかる。

当時、スポーツの大学対抗戦などが盛んにおこなわれ、特に水上競技、陸上競技、ラグビー、野球などの多くは、学生の観客に支えられていた。[97]アマチュア・ボクシングの対抗戦が数万という観客を集めた背景にも、多くの学生の動員があったと考えられる。

アマチュア界ではオリンピックへの選手派遣もおこなわれた。巻末資料、表3－5は戦前のオリンピック参加者をまとめたものである。一九四〇年（昭和一五年）の東京オリンピックは返上され、一九四四年（昭和一九年）のロンドン・オリンピックは第二次大戦の影響で開催されていないが、それを除けばコンスタントに選手派遣が続いていることがわかる。ただ戦績は一九二八年（昭和三年）の臼田金太郎、一九三六年（昭和一一年）の橋岡俊平の準々決勝出場が最高位であった。[98]

一九三〇年代を通じてマチュア・ボクシングの動きは活発化していったが、

(94) 参照元資料（社団法人日本アマチュア・ボクシング連盟「五〇年史」編集委員会 一九八〇：二四三）では「サンノセ大学」と表記されているが、サンノゼ州立大学であると思われる。
(95) 同：二四三-二四四
(96) 同：二四五-二四六
(97) 東京市統計課 一九三三：二六二
(98) 同

アマ連、学連の組織内部では争いの火種が燻っていた。

火種のひとつは渡辺勇次郎と嘉納健治のボクシング界における覇権争いである。嘉納と渡辺は、互いに自分こそが日本のボクシングのパイオニアであると自負していた。連盟のなかでも加藤隆世[99]は嘉納健治と密かに手を結び、一派を成して渡辺と対立する[100]。そして一九三〇年（昭和五年）には連盟が分裂し、加藤派を中心に「全日本アマチュア拳闘協会」が新設された[101]。

この分裂劇には、もうひとつの火種であったプロとアマチュアの差異が関係している。まずプロとアマチュアには採点基準の違いがあった。しかしアマチュア関係者、特に長である渡辺がそのことを度外視していたため、オリンピックで良い成績を残せなかったと考えられた。一九三二年（昭和七年）のロサンゼルス・オリンピックにコーチとして参加した石川輝は次のように回想する。

われわれのそれは、攻撃を主とした力のボクシングで、いわば米国のプロ式スタイルである。ところがオリンピック・ボクシングは、技術を重視するきれいなボクシング、すなわちストレートに、軽快なフットワーク、もちろん防御のテクニックも加味する採点法である。スラッグして相手へ

(99) 加藤隆世は明大相撲部で活躍後、大正一四年に大日本相撲協会の設立に尽力した（『日本人名大辞典』= JapanKnowledge Lib）。

(100) 社団法人日本アマチュア・ボクシング連盟「五〇年史」編集委員会 一九八〇：三七

(101) 同：四四

接近し、ガムシャラに打ちまくるスタイルは、相手を倒せばともかく、重視されなかったのだ。[102]

これと同様に石川は、一九三三年（昭和八年）に刊行された『オリンピック大会報告』のなかでも採点基準のズレに言及し、「将来の対策」として「オリンピック流」のルールへの適応を目指すべきとしている。[103]

石川は日本のアマチュア・ボクシングが「米国のプロ式スタイル」になっていた原因について、先代監督の渡辺勇次郎の影響を指摘し、アムステルダム五輪以降の引継ぎの不備を嘆いている。[104] つまり連盟で大きな力を持っていた渡辺のボクシング観は、必ずしもアマチュアの実情に適合しておらず、そのことに不満を感じる者も少なからずいたということである。

渡辺に対する不満は、アマチュアの理念的な側面からも唱えられた。そもそも当時のアマチュア・ボクシング界には、「プロを卑しみ排撃する思想」が根強かったという。[105] 背景には試合をして金を稼ぐことは、アマチュアの「純粋性」を損なうという発想があった。一九三〇年（昭和五年）の「明治神宮体育大会拳闘部規則」でも、第二章のほぼすべてをアマチュアとプロの定義に割いている。大まかにいえば少しでも「金銭又はこれに代る報酬」が絡め

（102）同：四八・四九

（103）石川 一九三三：一八七

（104）社団法人日本アマチュア・ボクシング連盟「五〇年史」編集委員会 一九八〇：四八・四九

（105）同：四四。たとえば慶應義塾大学のボクシング部は、一九三七年（昭和一二年）まで専用の練習場を持たなかったため、芝の瑞穂拳闘倶楽部などを借りて練習していた。そのことについて部史では「プロの道場を借りて練習することは、強くはなるにしても、一方ではプロの悪い影響を受ける恐れもあり、好ましい事ではなかった」と述べられている（慶應義塾体育会ボクシング部 一九七六：五四）。

ばアマチュアではないとされている。[106]
しかし渡辺の意識はもう少しおおらかなものであった。渡辺は次のように述べる。

> スポーツの職業化については果して是か非かと色々議論もあるが、私は報酬を必要とするスポーツ専門家は止むを得ぬ事で寧ろ結構な事だと考えている。もしスポーツが神聖なるが故に物質と仇敵の関係にあらねばならぬとすれば、世の中の体操学校の生徒は皆失業しなければならぬが、職業拳闘家の存在も体操学校の生徒と同様に堂々と許される可きである。[107]

アマチュアの理念にこだわる者からすれば、アマチュアの「純粋性」は自分たちの実践の真正性を保証する生命線である。しかし渡辺はプロを容認する立場であり、アマチュアの「純粋性」には違和感を抱いていることがわかる。[108] 両者の間には明確な立場の違いがあった。

加えてアマチュア界には、プロのジムに所属するアマチュア選手が学生選手を凌駕すれば、アマチュアの「純粋性」が建前になってしまうという危機感があったという。[109]「純粋性」が建前になれば、アマチュアの存在意義も失

(106) 内務省編 一九三〇：二八〇-二八三

(107) 渡辺 一九三一a：九七

(108) 一九二八年（昭和三年）に九段相撲場で開催された第一回全日本学生拳闘選手権大会では、岡本不二、熊谷二郎らのプロ選手も参加し優勝している（社団法人日本アマチュア・ボクシング連盟「五〇年史」編集委員会 一九八〇：三六）。また同年のアムステルダム五輪にもプロ戦績のあった岡本不二、臼田金太郎が出場している（同：四〇）。これらは渡辺の強権によってなし崩し的に参加が認められたケースであり、当時から反発する声はあった。

(109) 同：四四

われる。特に渡辺の日倶はプロでもアマでも強豪選手を輩出しており、危機感は現実味があったはずだ。

こうした立場の違いや渡辺に対する反発の積み重ねによって、連盟は分裂を迎えた。さらに連盟の分裂以降も離合集散が続いた結果、ファンや選手の望む試合が組めなくなることもあった。たとえば当時アマチュアでは早慶明の大学対抗戦が人気であったが、組織の関係上、実行できないことがあった。そのため早稲田大学は、わざわざ早法専（早稲田・法政・専修）のリーグを抜けて対抗戦に参加した。早稲田大学拳闘部のマネージャーだった北川仁は、当時のいきさつを次のように回想する。

私達より先輩の方が、関東大学リーグ戦から脱退して早法専のリーグを作られ、試合をやってたんですが、我々の時代に早稲田がそこから脱退したんです。当時も学生スポーツの花形は早慶明の対抗戦で、これを実現するためには、いまのリーグを抜けないと出来なかった。これが理由なんですが、そんなことを公言出来ませんからね。[110]

この発言にあるようなことは、離合集散の弊害として捉えられる。また組

（110）早稲田大学ボクシング部創部六〇周年記念行事実行委員会 一九八九：二八

織の分裂のために、一九三一年（昭和六年）の第六回明治神宮体育大会からボクシングが除外されるなど、[111]他にも弊害は大きかった。評論家の平沢雪村は、こうしたアマチュアの状況を「体面とか、意地とかに拘泥して、見栄のせぬ試合を行っている」[112]と批判している。

以上のことからは、基本的にアマチュアは――あきらかな内輪もめは除くとして――「純粋性」を根拠にプロと差異化をはかってきたといえる。アマチュアの態度は、頑で潔癖に過ぎると感じられるかもしれない。しかし差異化をはかることには大きな意味があった。

ボクシングを含めたアマチュア・スポーツ全般では、競技における単純な「強さ」や試合の「面白さ」といった価値は、プロほどは重要視されない。むしろ競技を通した教育効果や人間形成に価値が置かれているのがアマチュアである。

しかしそうしたアマチュアの理念は、ともすれば曖昧で抽象的な理想論のように聞こえてしまう。だからこそアマチュアはプロという仮想敵を設定することで、「プロではないもの」としての自分たちの文化の境界を現出させ、見えなくなりそうな理念を縁取ろうとする。アマチュアのプロに対する否定的な態度には「反渡辺」のような私的な人間関係の反映もあっただろうが、

（111）社団法人日本アマチュア・ボクシング連盟「50年史」編集委員会 一九八〇：四五

（112）平沢 一九三三。平沢は同じ記事の中で、新聞をはじめとするマスメディアが離合集散を繰り返すアマチュアを見限り、報道を控えるようになっているとも述べている（同）。そうした面でも弊害は大きかったようだ。

それ以上に日本のボクシング界におけるプロとアマの差異化実践として捉えることができる。

2　モダン文化とボクシング・ファン

大正期以降、義務教育が普及し、就学率や識字率が大きく伸びた結果、市井の人々の知識や娯楽への欲求は多様化しつつ高まっていた。そこで消費されたのがモダン文化であった。本書でいうモダン文化とは、一九二〇年代から一九三〇年代に人気を博した映画、文学、ダンス、ファッション、スポーツなどの多様なサブカルチャーの総称である。当時のボクシングはモダン文化の範疇に含まれるものだった。

この時期の日本は、一九二三年（大正一二年）の関東大震災、一九二五年（大正一四年）の治安維持法制定[113]、一九三一年（昭和六年）の満州事変[114]、一九三三年（昭和八年）の国際連盟脱退[115]と重苦しい話題が多かった。日本は外地に覇権を拡げながらも、国際社会での孤立を深めていた（四‐3参照）。また一九二九年（昭和四年）の世界恐慌の影響を受けて、一九三〇年前後にはいわゆる昭和恐慌が起こっていた。

（113）治安維持法とは、第一次大戦後に激化した社会主義運動を取り締まるために制定された法律であったが、後に拡大解釈され、「反政府的な言動」全般を弾圧するために用いられた。

（114）満州事変とは柳条湖で起きた満鉄線路爆破事件に端を発する関東軍による一連の軍事行動を指す。関東軍は事件を中国の仕業として軍事行動を起こし、翌年までに満州全土を制圧した。実際は発端となった事件そのものが関東軍によって計画・実行されたものであった。

（115）満州事変に端を発する日本の拡大路線は国際社会から非難を浴び、関東軍の撤退を勧告する決議案が国際連盟で可決された。これを受けて日本は国際連盟を脱退した。

しかし国内では必ずしも一般的にイメージされるような「暗い時代」ではなかった。マスメディアや世論は軍部の拡大路線を支持し、帝国の威に酔っていた。そして人々の高揚感と呼応するように震災からの復興や都市開発が進み、モダン文化が開花した。国内ではさまざまな社会問題が顕在化し、ある種のアノミー状態[116]もみられるようになっていたが（三-4参照）、それすらもモダン文化の母胎となった。

巻末図3-6は、一九二五年（大正一四年）から一九四〇年（昭和一五年）までの国民一人あたりのGDPの推移をまとめたものである。一九二五年（大正一四年）に一八八五ドル、一九三〇年（昭和五年）に一八五〇ドル、一九三五年（昭和一〇年）に二一二〇ドル、一九四〇年（昭和一五年）に二八七四ドルと推移している[117]。

一九三〇年前後は昭和恐慌の影響で失業率が増加した。一九二九年（昭和四年）に小津安二郎監督の映画『大学は出たけれど』が公開され、サラリーマンの就職難が喧伝された[118]。また都市と農村、資本家と労働者の貧富の格差も顕著になっており、それが社会主義運動やテロを加速させた。

しかし国債の発行や輸出産業、重化学工業の躍進などの複合的な要因により、比較的早期に不況を脱した。少なくない人々が苦境にあえぎ、政財界の

（116）アノミーとはフランスの社会学者、エミール・デュルケーム（Durkheim, Émile）の用語で、社会規範のゆらぎによって生じる混沌とした状況や、それが成員にもたらす混乱を意味する。

（117）The Maddison-Project 二〇一三

（118）青野 一九三〇

支配層に対する怨嗟の声が渦巻いていたことは確かだが、[119] 以下で取り上げる新中間層のような比較的裕福な社会階層もあらたに登場していた。

そして一九三三年（昭和八年）には、ＧＤＰが二一二二ドルと恐慌前を越える水準に達し、以降も着実に成長している。[120] 当時の東京の街には市電、省電、地下鉄が通り、幹線道路には円タクが溢れ、高層ビルやデパートが立ち並んだ。[121] ボクシングのローカル化が進んだ一九三〇年代は、まずまずの景気であったことがわかる。

また人口も増加していた。巻末図３‐７は東京の人口の推移である。一九二五年（大正一四年）に四四八万五〇〇〇人、一九三〇年（昭和五年）に五四〇万九〇〇〇人、一九三五年（昭和一〇年）に六三七万人、一九四〇年（昭和一五年）に七二八万四〇〇〇人と、大きく伸びている。[122]

当時の都市生活者の一部は、新中間層と呼ばれる社会階層を構成した。すなわちホワイトカラーの給与生活者である。彼等は文化的な関心が高く、スポーツ、映画、音楽などに興味を示す熱心な消費者だった。[123]

以下ではまず新中間層を中心に消費されたモダン文化について論じ、ボクシング観戦がモダン文化の一部を成すものであることを確認する。次に当時のボクシング・ファンの特徴を述べる。そしてファンにとってのボクシング

（119）たとえば一九三二年（昭和七年）の血盟団事件の犯人たちは一様に、政財界の支配層が弱者を虐げ、天皇の意思に反して日本を誤った方向へ導いているという怒りを共有していた（血盟団事件公判速記録刊行会一九七一、中島二〇一六）。

（120）The Maddison-Project 2013

（121）今二〇〇一：六五‐八九

（122）総務省統計局二〇〇三

（123）寺出一九九四：四章

観戦の魅力を三つに分けて論じていく。

1　都市のモダン文化

新中間層はなによりも旺盛な消費者であった。ジャーナリストの大宅壮一は、一九二九年（昭和四年）に発表したエッセイのなかで、新中間層を次のように描写する。

「モダン」とは時代の先端を意味する。しかもその先端たるや、本質的生産的先端ではなくて、末梢的消費的先端である（中略）彼ら（引用者注：新中間層）は一様に、鋭敏な感受性と、軽い機知と、広くて浅い知識と、だぶだぶのズボンまたは短いスカートと、細いステッキまたは太いパラソルと、毎月五枚ないし十枚ばかりの十円紙幣によって、膨らませられる俸給袋以外に何物をも持っていない。映画と、ジャズ音楽と、ダンスと、スポーツを通じて輸入されたモダニズムを生きているものは、すべてこの社会層に属する。(124)

大宅が指摘するように、輸入された「映画と、ジャズ音楽と、ダンスと、スポーツ」はモダン文化的な消費物であった。新中間層の旺盛な消費行動は

（124）大宅一九九一：六三

彼等彼女等を重要な顧客とする文化産業、余暇関連産業の成長を導いた。出版ブームが起こり、新聞や雑誌、円本が続々と刊行された。(125) 街にはカフェやダンスホール、劇場、競技場が立ち並び、(126) 人々はそれらを貪欲に消費していった。

モダン文化はマスメディアや（二-3参照）、照明のような近代の産物であり（三-1-2参照）、都市的な文化であった。都市社会学者の権田保之助は、一九三一年（昭和六年）に刊行した『民衆娯楽論』のなかで、当時の「モダン生活」を次のように描写している。

> 即ち「モダン生活」は街頭の生活なのである。ブルヴァールの生活であり、シュトラーセの生活である。そしてカフェー、バー、レストラン、映画館、ダンスホール……夫等は何れも、この街頭の延長として、シュトラーセの一形態として「モダン生活」の座となるものである（中略）「モダン生活」は街頭の生活である。それは詮ずる所、かかる「街」を創り出して、それを栄えしめて行く近代的大都市という怪物の所産なのである。(127)

権田はモダン文化が都市によって育まれ、都市を行きかう人々によって消

(125) 今二〇〇一：一二二-一二五、永嶺一九九九

(126) 今二〇〇一：二五七-三〇二

(127) 権田一九七四：二四二

費されることを指摘している。権田の言葉にしたがえば当時の都市は、モダン文化という鬼子の母胎となった「怪物」であった。

ただし地方や外地がモダン文化と無縁であったわけではない。本や雑誌、映画などのマスメディアに媒介されることで、モダン文化は一定の広がりを持った。たとえば満州の都市には、東京の延長のようなホテルやデパート、盛り場がつくられて活況を呈していた。[128] モダン文化とは欧米から日本へ、都市から周縁に向かって広がる近代の文化的な大波であった。

そうしたモダン文化の先鋭的な例が、いわゆる「エロ・グロ・ナンセンス」である。「エロ・グロ・ナンセンス」とは一九三〇年前後数年のサブカルチャー的な流行であり、性、犯罪、ユーモアなどの多様な対象を持つ。いずれの場合も、当時の文脈では過激と捉えられるようなものを露悪的に提示することで、社会的な規範や権力に反抗するという意味合いがある。[129] 後述するアノミー状態が（三-4参照）、「エロ・グロ・ナンセンス」の母胎とされることもあった。選手が血に染まるボクシングの苛烈さも、時に「エログロ」の文脈で語られた。

他にも一九三〇年代には「紀元二六〇〇年」[130] に向けた祝賀ムードのなか、国史ブームや観光ブームもおこっていた。[131] つまり一九三〇年代はまずまずの

（128）朝倉、古川一九三二

（129）一九二八年（昭和三年）に雑誌『グロテスク』を発刊し、「エロ・グロ・ナンセンス」の流行を牽引した梅原北明は、自身の志向を次のように説明する。

「エロチシズム或はグロテスクと云うことを主としまして、そして世の中を何でも構わぬから、お茶に濁して遣ろうという気になって、それ（引用者注：雑誌『グロテスク』）を始めたのが丁度世の中に一種の流行を受けたというような訳で、初めから流行をさせようとかしないという様な意味でなくして、僕として何でも構わぬから行ってやろうという単純な気持でやったわけです」（布施、肥田、江馬、矢部、飯田、松原、小生、鈴木、梅原、尾高、中戸川、花房一九三二：二五一）。

この発言からは、梅原が目的として「エロ・グロ・ナンセンス」に執着しているというよりは、世の中を攪乱するために手段として「エロ・グロ・ナンセンス」を選択したことがわかる。

（130）「紀元二六〇〇年」とは神武天皇が即位してから二六〇〇年目の節目を意味する。一九四〇年（昭和一五年）がこれにあたるとされ、さまざまな祝賀行事がおこなわれた。

景気を背景に都市整備が急ピッチで進み、増え続ける新中間層が多様なモダン文化を享受した時代であった。

ボクシング観戦はモダン文化の一部であった。当時のボクシング興行は大都市圏を中心におこなわれており、なかでも東京はその中心地だった。ボクシングは都市的なスポーツ文化だった。

そして一般誌にも多くのボクシングに関する記事が掲載された一九三〇年代前半には、ボクシングは一種の流行現象になっていた。当時の記事のなかでも「（引用者注：ボクシングが）斯くも短兵急に然も不動の地位を占有してしまった[132]」、「拳闘が、人心をさらってゆく[133]」、「拳闘は恐ろしい勢いで大衆化してゆく[134]」、「近年吾国に於ける拳闘は他の凡ゆるスポーツを凌駕して、実に素晴らしい躍進振りを示して居る[135]」といった記述がみられ、この時期のボクシングの流行ぶりがうかがえる。また一九三一年（昭和六年）に作家の菊池寛は次のように述べている。

> 近頃、拳闘を三、四回見物せり。拳闘は、剣道と同じ。剣の代りに拳をもって戦うもの也。剣道によりて、鍛えられたる日本人の攻撃精神は、早晩拳闘においてもものをいうべく、世界選手権の日本人に帰せんこと、デ

（131）ルオフ二〇一〇。これらは「帝国の夢」に起因するブームであるといえる（三-4参照）。
（132）山田一九三二：二九九
（133）堀田一九三三：四三
（134）無記名一九三四：一二一
（135）臼田一九三三：一二八

ヴィス・カップなどよりは、はるかに早いと思われる。(136)

菊池はボクシングに関する文章を多く残しているわけではなく、ボクシングに対して特に関心が高かったとは考えにくい。そんな菊池がボクシングを「三、四回見物」し、日本人の世界チャンピオンを夢想したということからも、ボクシングが一種の流行であったことがうかがえる。

当時、ボクシング興行に足を運ぶことは、カフェやダンスホール、映画館に行くのと同じように、流行のモダンな活動であったといえるだろう。特にモダニズムを標榜する『新青年』のような雑誌に多くのボクシング記事が掲載されたことからも（二－3－3参照）、ボクシングとモダン文化の親和性は高かったといえる。

2　ボクシング・ファンたち

編集者で作家の楢崎勤は、ボクシング興行がある日の日比谷公会堂の様子を次のように描写する。

定刻の五時半には、もうファンが、切符を求めるためにずっと列をなし

（136）菊池一九八八：九

て並んでいる。既に二等は売り切れという有様だ。そこで、ルンペン達が一儲けしようとして、プレミアをつけて切符を売りつけている。一円五十銭の三等券が二円といっている。[137]

当時の日比谷公会堂は収容人数が二八〇〇〜三八〇〇人であったが、[138]それでも席によっては売り切れる盛況ぶりがうかがえる。また図3-10は娯楽誌『キング』に掲載された日比谷公会堂の興行に列をなすボクシング・ファンたちの写真である。長蛇の列が続いていることがわかる。この写真に写っているようなボクシング・ファンたちは、どういう人々だったのだろうか。

図3-10　ボクシング・ファンの行列[139]

そのことを考えるうえで、当時の東京市統計課がおこなった調査が参考になる。調査は一九三三年（昭和八年）の日仏対抗戦第四戦で実施されたもので（三-1-2参照）、観客の性別、年

（137）楢崎一九三二：一七四
（138）I記者一九三五：八〇
（139）無記名一九三五

齢、職業、会場までの交通手段を尋ねるシンプルな内容である[140]。回収した調査票は六四五一枚、回収率は約三割であった[141]。巻末表3－8、3－9に観衆の年齢と性別、職業をまとめた。

　まず年齢は二〇代から三〇代が多くを占め、すべての年齢層で男性が圧倒的に多い。また職業は商人、学生、銀行会社員の順に多い。当時、水上競技、陸上競技、ラグビー、野球などのスポーツでは学生の観衆がもっとも多かったというが[142]、プロ・ボクシングは少し状況が異なったようだ。調査報告のなかでは、商人や会社員の多さは「拳闘の大衆性を如実に示す」ものであると解釈されている[143]。

　なお当時の記事には、この調査からは見えてこない女性のボクシング・ファンに関する記述も散見される。たとえば東京朝日新聞社社会部による時事評、『明暗近代色』には、試合会場の女性ファンを描写した次のような記述がある。

> （引用者注：ボクシング試合会場の）観客席には毛皮に身をくるんだ外国婦人、旦那にせがんで来たらしい銀杏返しの老妓、ベレー帽のフラッパー蒲田女優、待合の女将等々、女の観客層の殖え方は一回毎に脅威率を高

（140）東京市統計課 一九三三
（141）同：二六〇。一部データに若干の集計ミスがあると思われるが、本論への影響は少ないと判断し、そのままデータを載せている（巻末表3－9参照）
（142）同：二六二
（143）同

めて行く。そしてきょうも尖端から後端とつきまぜた女群オン・パレードだ。(144)

ここからはさまざまな女性が会場に足を運んでいることがわかる。試合会場を訪れる女性が少数派であるからこそ、ことさら目立つ存在として取り上げられた可能性は否定できない。しかし絶対数は多くなくても、ボクシングが一部の女性から支持されていたことは確かであろう。

他にも観客の多様性を指摘する声がある。たとえば荻野貞行は「凡そ種々雑多な社会の各層」が会場に来ていると述べる。(145) 同様に松本純一も「凡ゆる階級の人々がボクシングとは切っても切れない大衆ファンの細胞」を成すとする。(146)

また吉田健吉は、一九三二年(昭和七年)の日比谷音楽堂の興行でみかけた観客を考現学的に描いている(図3-11参照)。吉田は多様な階層の人々を描きつつ、席の値段が安くなるほど、観客の年齢が低くなると分析している。(147)

以上をふまえれば、ボクシングは新中間層や学生を中心とした幅広い層から支持されていたといえる。だからこそボクシング記事は、総合誌から女性誌、政治誌など多岐に亘って掲載されていたと考えられる(二-3-3参照)。

(144) 東京朝日新聞社社会部編 一九三二:四七
(145) 荻野 一九三四a:八九
(146) 松本(純) 一九三三:三六六
(147) 同:四八

図３－11 一九三二年（昭和七年）のボクシングの観客(148)

（148）吉田 一九三二：四七

3　ボクシングの魅力

観客たちはボクシングのどこに惹かれたのだろうか。当時の記事などからは、観客たちにとってのボクシングの魅力を大きく三つに分けることができる。

一つ目は苛烈な競技性と結びつく魅力である。たとえば戦前のボクシングに関する記事や広告において「血」が強調されることは珍しくない。巻末表2－5の記事タイトルを見ても、鳴弦楼主人「鮮血迸る拳闘大試合」（一九二八年）や、橋爪健「血達磨大拳闘」（一九三七年）、山岡操「血だらけの拳闘」（一九三八年）などが目に留まる。出血はボクシングと強く結びつけられている。

実際、アマチュア拳闘連盟の会長を務めた辰野保[149]は、ボクシング・ファンは試合の際に「血が出なきゃ承知しない人が多い」と述べている[150]。出血は苛烈な競技性の象徴であり、ファンにとっては興行の肝となるようなショー的要素であったことがうかがえる。

血を求める嗜好は、当時の文学作品などにも描かれている。たとえば詩人の山村順によるボクシングを題材にした詩の中には次のような一節がある。

（149）辰野保は一九三六年（昭和一一年）の明治神宮競技大会役員や、日本ボクシング連盟の二代目会長などを務めた。弁護士でもあった。
（150）辰野　一九三六：九八

ライトウェートボキサーはエイトラウンドのトロットを踊っている
スタンドはようやくダルな気持が流れ初め（ママ）た
ヒリッピンのパンチが見事決ってヤンキーの鼻っ柱から鮮血が流れ出した
観客の厭縮は解放された[151]

山村は八ラウンドまで続いた攻防に飽き、出血を心待ちにする観客の姿を描いている。また作家の十一谷義三郎は、苛烈な試合に熱狂する会場の雰囲気を次のように表現している。

鼻が砕けて、唇が裂けて、その血を舐めた相手のグロウブが背中を染める（中略）ひとりひとり三千人が、あたかも弁天小僧が褌を見せたるがごとく、小面倒臭いインチキ儀礼を、社会的メイク・アップをかなぐり捨てて、ただもうやみくもに亢奮りつめて、まったく満場、鉄火の坩堝《るつぼ》だ！
裸体の凱歌だ！　やくざの目醒めだ[152]！

ここでは血にまみれた苛烈な競技を消費する会場の熱狂が、日常的なしが

（151）山村一九三〇：八

（152）十一谷一九三四：二六三

らみや常識、規範などをひとときでも忘れさせることが情熱的に表現されている。ボクシングと出血を結びつけた詩などは、他にも複数創作されている。[153] 当時、暴力が日常から離れた近代社会だからこそ（「はじめに」参照）、出血に象徴される苛烈な競技性が文学的想像力を刺激したということだろう。

出血を求める観客の嗜好が大いに刺激されたのが、一九三四年（昭和九年）のピストン堀口と「タイガー」の異名をとるファイター、小池実勝の一戦である。堀口はこの試合の前戦で強豪、橋本淑と戦い[154]、瞼を切っていた[155]。小池もまた肋骨を痛めていた[156]。両者とも傷が癒えないまま試合に臨んだため、試合はレフェリーまでもが返り血に染まる凄惨なものになった[157]。堀口本人も、出血多量で貧血を起こし足が痺れるほどだったと記している[158]。

この試合は凄惨であったが、それゆえに話題となった。試合はラジオでも中継され、それを聴いた人々は、血にまみれた選手たちのこの世ならざる姿を想像した（二-3-5参照）。試合自体も「血の一〇回戦」の名で語り継がれ、一九三五年（昭和一〇年）には『リングの十字火』のタイトルで記録映画が公開された（図3-12参照）。それだけ試合に対する関心が高かったということがわかる。

ただし苛烈さを受け入れられない人々もいた。辰野保は初めてボクシング

（153）たとえば藤田選（一九三三：四二）、碓氷（一九三九：二九六-二九七）、村野（一九三九：三四）など。
（154）橋本淑は帝拳所属のフェザー級の強豪ボクサーである。テクニシャンとして知られ、アメリカにも遠征している（郡司 一九七六：九七-九八）。戦後は松永喜久の手がける進駐軍慰問巡業などを手伝っていたが、一九四七年（昭和二二年）に新橋の山下橋下で水死体となって発見された（同）。松永喜久によると、橋本は米兵数人とトラブルになり、手を縛られて川に投げ込まれたという（松永 一九九二：一六六）。
（155）山本 一九八八a：九八-九九
（156）同
（157）これは通常であれば出血により途中で止められるはずの試合だった。しかし怪我が治っていなかったために出血することを予想した堀口が、出血しても試合を止めないように試合前に審判に申し入れていたために続行された（山本 一九八八a：九八-九九）。
（158）『戦いのあと』一九三四年一二月二六日

の試合をみた自分の兄が、「全く人情を欠いているぜ」と「暗い顔をした」と述べている。(159) また熱狂する観客にしても、当初から苛烈さを愉しんでいたわけではないようだ。荻野貞行は次のように述べる。

「オイ、拳闘たぁ、丸でシャモの喧嘩だぜ。残酷で見ちぁ居られねぇ」と向う鉢巻のお兄いさん、鼻先を手の平で擦り上げて、さて呟いた時代が「あら、ノックアウトがあるんで面白いんじゃあないの。それがなくちゃ拳闘なんて生温くて見てらんないわ」毎回の試合にワンサ押しかけて来る雄々しい諸衆が仰言るエロ・グロ礼讃を、スポーツ拳闘に持って来た御時代に迄なって来たのである。(161)

荻野の指摘からは「エロ・グロ・ナンセンス」の流行がひとつのきっかけとなり、ボクシングの苛烈さを消費するよう

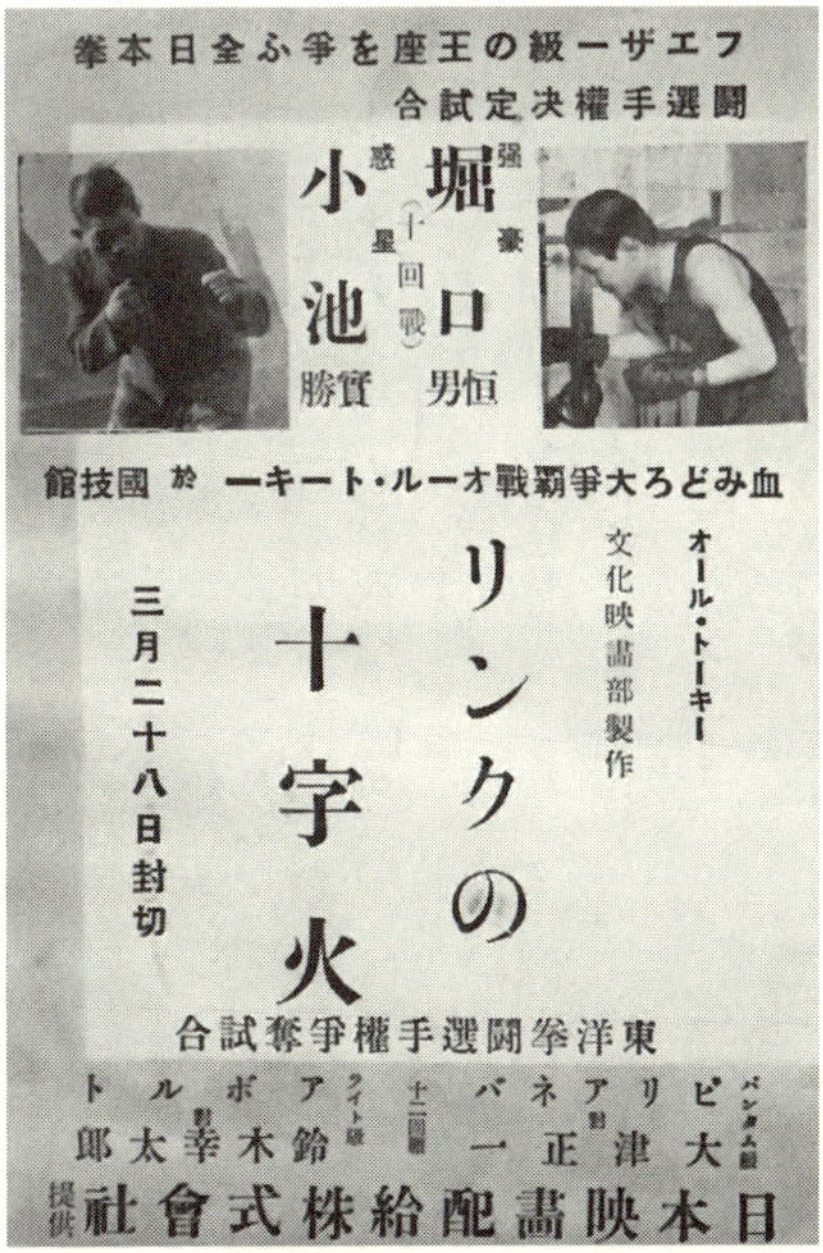

図3−12 記録映画『リングの十字火』の広告(160)

(159) 辰野一九三六：九九
(160) スクラップ・ブック第二集。映画のタイトルは『リングの十字火』、『リンクの十字火』と二通りの表記がみられるが、堀口の日記では『リングの十字火』となっているため、本書ではそれで統一している。
(161) 荻野一九三一b：一三八

な観戦作法が一般化したことがうかがえる。あるいは「エロ・グロ・ナンセンス」の母胎にもなったアノミー状態が（三－4参照）、ボクシングの苛烈さを高く評価するような文脈を生み出したとも考えられる。

ただしここに現在まで続く普遍的な矛盾がある。ボクシングの競技としての理想は「打たせずに打つ」ことである。ボクサー、すなわち相手との距離をとりながらディフェンシブに戦う選手は、「打たせずに打つ」ことを目指すという点で競技の理想を体現する。しかし多くの観客が期待するのは、アグレッシブに戦うファイターによる打ち合いや、派手なノックアウトである。特にプロ・ボクシングでは、競技の理想と観客の期待の間にズレが生じやすい。競技性と興行性の矛盾といってもいい。

実際、プロの試合ではディフェンシブな選手が人気を得にくい傾向が、現在に至るまで続いている。相手の攻撃を防御することは高度な技術であるが、観客には地味で消極的に映る。第五章で取り上げる白井義男も堅いディフェンスのアウトボクシング[162]が持ち味だったため、しばしば「面白くない」と批判されていた。つまりプロ・ボクシングではボクサーよりもファイターが好まれるため、選手がファイターを目指しがちになる。これは第四章で取り上げるピストン堀口をはじめとするファイターたちを生み出した理由のひとつ

（162）アウトボクシングとは、相手との距離をとりながらディフェンシブに戦うスタイルのことである。

でもある。

　ボクシングの二つ目の魅力は、選手を取り巻く物語にある。すでにみたように日本のボクシングでは、主にナショナリズム、選手のパーソナリティ、選手同士のライバル関係などをもとに物語が生成された。

　柔拳興行や初期の純拳興行では、身体の小さな日本人が大きな外国人に勝利するというナショナリスティックな物語が消費された（二―1―2、二―2―1参照）。またジャック・デンプシーとジョルジュ・カルパンチェの試合をめぐっては、カルパンチェ贔屓の弁士たちがデンプシーを貶めるローカルな物語を創造した（二―3―2参照）。さらに多くのローカル・チャンピオンたちが、ファイト・スタイルや見た目などからさまざまな異名を与えられていた（三―1―1、巻末表3―3参照）。たとえば「殺人ボビー」ことボビー・ウィルスはリング禍を引き起こした悪役として有名になり、彼を倒す日本人ボクサーがファンから支持された（三―1―2参照）。

　これらの事例においては、選手の特性や選手同士の人間関係、選手をとりまく社会関係などを素材とした物語がつくられている。物語はマスメディア、選手、興行主、ファンなどが関わるなかで重層的につくられる。ファンは物語を消費し、競技に対して競技以上の意味を見出そうとする。そして選手が

図3－13　笹崎僙[163]

ファンの望むような姿を演じることで、物語は再生産されていく。

物語は選手や興行の人気とも大きく関わる。皆が興奮するような物語には高い値が付けられるのだ。一九四一年（昭和一六年）のピストン堀口と笹崎僙[164]の「世紀の一戦」は、皆が興奮する物語の典型である。

ピストン堀口はかつてトレーナーの岡本不二と共に円満とはいえないかたちで日倶を去っていたが（二－2－2参照）、時代を代表する人気ボクサーだった（第四章参照）。一方の笹崎は、堀口と岡本が去った後に渡辺勇次郎が手塩にかけて育てた日倶のエースであり、ストレートを得意としたことから「槍の笹崎」の異名で知られた[165]。また笹崎は「白衣の勇士」、すなわち傷病によ

（163）アルバム

（164）笹崎僙は戦後に笹崎拳を興し、指導者として金子繁治やファイティング原田、斉藤清作（後のタレント、たこ八郎）などを育てている。

（165）郡司一九七六：一七三

り除隊した英雄でもあり、[166]「無敵軍曹」とも称された（図3-13参照）。ファイト・スタイルも、フック系のパンチを武器とするファイターの堀口と、ストレートを武器とするボクサーの笹崎という好対照を成した。

　両者はそれぞれ時代を代表する強豪であったが、所属ジムの長である岡本と渡辺の不仲もあって対戦は難しいとされていた。そうした折、堀口に宛てた笹崎の挑戦状が『拳闘ガゼット』誌に掲載された。挑戦状は「開かぬ城門発展を遮断す」と題され、「何時迄も古腐い缶詰に王者のレッテルを貼って中身も味わわせずに飾りものにしておく」という表現で堀口のことを揶揄している。[167]つまり堀口は王者であり続けるために、自分と戦わないで逃げているという趣旨である。

　これに対して堀口も「デマを排撃す」と題した反論を『拳闘ガゼット』誌に掲載する。堀口は「王者のレッテルの貼ってある間（ママ）は腐るにも腐らんにもまだ中身が這入って居ない」という表現で、自分が王者と呼ばれることに対する違和感を表明している。[168]すなわち自分は世間でもてはやされているような王者ではなく、道半ばの人間だということだ。そのうえで堀口は「城門が開かれている」、つまりいつでも試合に応じると述べている。[169]現在のボクシング界でみられるトラッシュ・トークに比べて、格調が高いのが印象的であ

（166）同
（167）笹崎 一九四一
（168）堀口 一九四一
（169）同

る。

さらにこの出来事を『国民新聞』、『読売新聞』が報じた。『国民新聞』は中村金雄の記名記事であり[170]、『読売新聞』は無記名記事であった[171]。専門誌に掲載された挑戦状に端を発するものの、一般紙が報じるほどに公共的な話題であったことがわかる。

そして渡辺と岡本の和解や、国技館を使用するためのヤクザ間の交渉などを経て（三－3－4参照）、「世紀の一戦」は一九四一年（昭和一六年）の五月二八日に開催された（図3－14参照）。プログラム下に記されているチケットの価格をみると、リングサイドが五円八十五銭と通常の興行よりも高めの設定であることがわかる。それにも関わらずこの興行の前売券はあっという間に売り切れ、試合当日の国技館は超満員になった[173]。満州や上海からかけつけたファンもいたという[174]。堀口ファンの市川猿之助や、笹崎ファンの六代目尾上菊五郎などの有名人たちも会場に

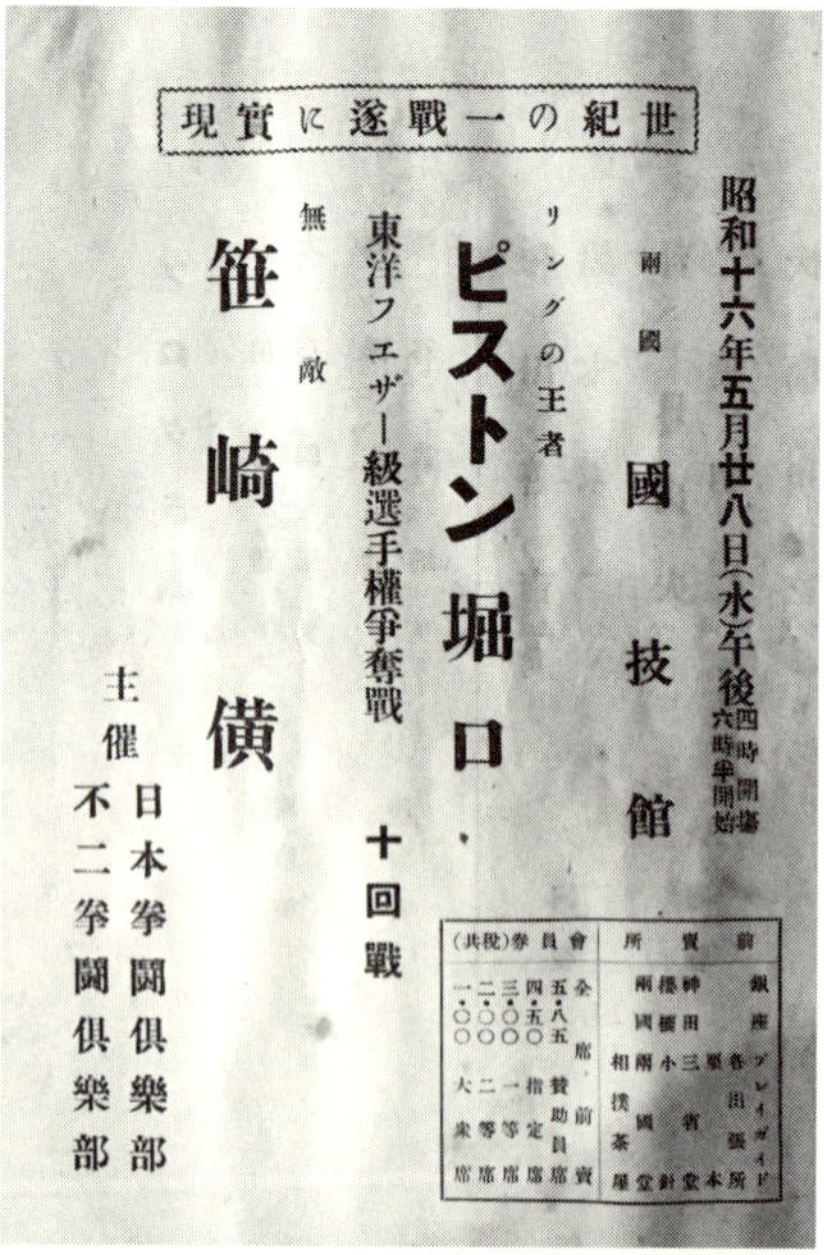

図3－14 「世紀の一戦」のプログラム[172]

（170）『国民新聞』一九四一年三月八日
（171）『読売新聞』一九四一年三月一三日
（172）スクラップ・ブック第八集
（173）下田一九八二：七三
（174）郡司一九七六：一七七

足を運んでいた。[175]

試合結果は、堀口の六ラウンドT・K・O勝ちであった。五ラウンドに笹崎を追い詰める堀口の写真は、『拳闘ガゼット』誌の表紙を飾った（図3-15参照）。

この興行の成功は、ファンが興奮する物語を偶然にも用意できたことによる。所属するジム間の因縁や選手同士のライバル関係などが挑戦状というかたちで顕在化し、多くの人々の興味を惹いたのだ。あるいはそうなることを期待して、笹崎や堀口に挑戦状を書かせた人物がいたのかもしれない。

以上の事例からは、物語と選手や興行は、互いが互いを規定する循環的な関係にあることがわかる。物語を下支えするのは競技や選手の営為であるが、同時に競技や興行の方向性を物語が規定する。こうした物語の有り様はスポーツ一般にみられるものだが、当時のファンが感じていたボクシングの魅力のひとつでもある。さらに後述する戦中から戦後の事例のように、時代を反映した物語が生まれる場合もある（四-3-4、五-2-3参照）。

図3-15　『拳闘ガゼット』1941年6月下旬号表紙[176]

（175）山本一九八八a：一八九
（176）スクラップ・ブック第八集

ボクシングの三つ目の魅力は、選手のアイドル的、セックス・シンボル的な魅力である。古くは映画にも主演した荻野貞行や、和製カルパンチェと謳われた岡本不二、「ゴロちゃん」の愛称で知られた柏村五郎など[177]、容姿端麗な選手はファンを惹きつけ、図3-16のようなプロマイドにもなっていた。

彼等は競技者としてだけではなく、アイドル的な要素も持った人気者であった。またボクサーの鍛え抜かれた身体にも、ファンの熱い視線が注がれた。荻野貞行は次のようなボクシング・ファンの言葉を紹介している。

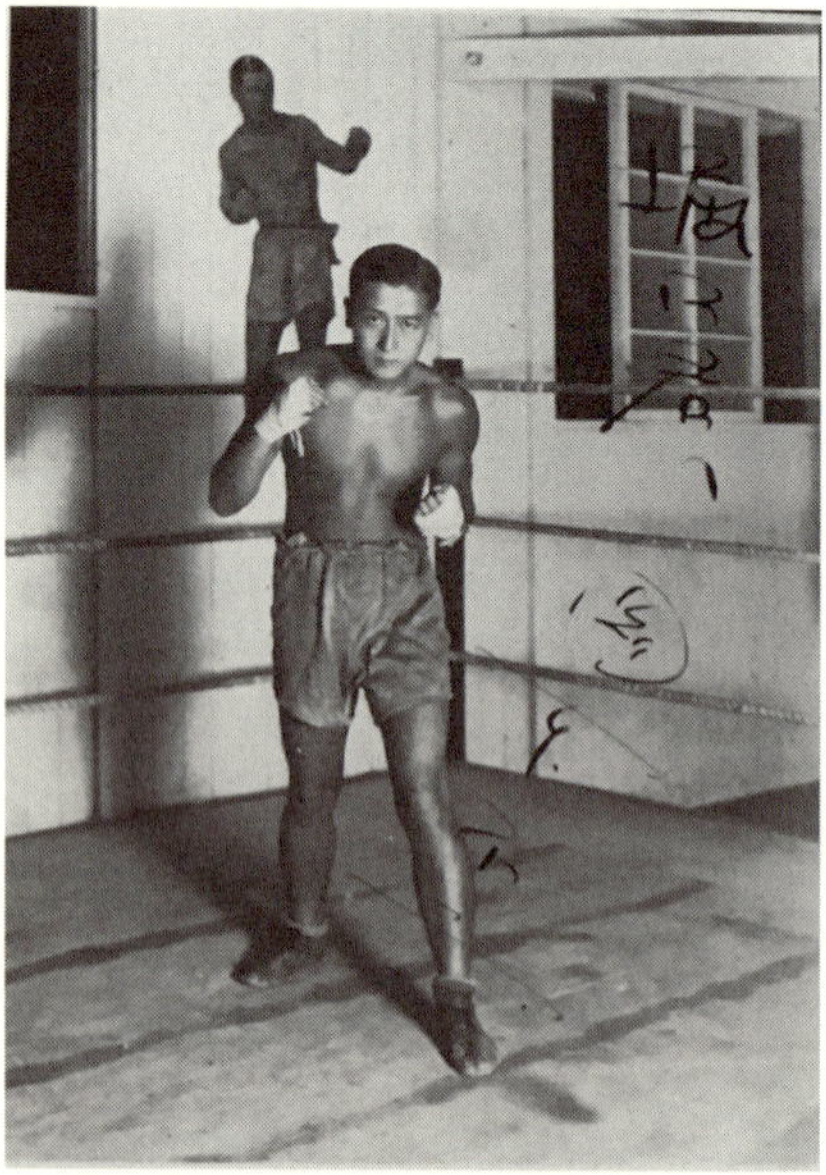

図3-16　岡本不二のプロマイド[178]

> 熱心なる拳闘ファンの一人阿部つや子さんが「でもボビイ（引用者注：ボビィ・ウィルス）のあの黒光りする肩から胸にかけて発達した筋肉の躍動、すらりと延び切った足の軽快なステップ、ワイルドな肩からのスピードのパンチの放射、見て居てとてもたまらない性の魅力を感じます」と言わ

（177）松永一九九二：七八
（178）アルバム

れた。(179)

この発言では、女性の視点から観たボビィ・ウィルスのセックス・シンボル的な魅力が語られている。他にも当時の女性ファンの言葉として「強い男性の姿を見るのが好き」といったものが紹介されている。(180)またボクシング会場の女性ファンに関する次のような記述もある。

拳闘場は、女性の情欲が、たぎって、燃えて居る。その上ずった声。理想的に発達し切った隆々たる男性美、争闘美、感情美を遺憾なく見ることが出来、近代女性特有の婬虐欲をも、満喫することが出来る。近代女性は幸福なる哉。(181)

作家の江戸川乱歩は小説、『影男』で、若い男性にルールなしの素手の格闘をおこなわせ、血にまみれた死闘を陶然と眺める金持ちの女性たちを描いているが、(182)この記述もそれと似通っている。女性がぶつかり合う男性的な肉体に性的魅力や破壊的な美を見出すという構図は、とりわけ「エロ・グロ・ナンセンス」の文脈では典型的であるといえよう。

（179）荻野一九三一a：二四〇
（180）荻野、下田、中村、名取、鈴木、ゴラ、堀口　一九三五：三六〇
（181）南条一九三一：一四
（182）江戸川二〇〇四：四七-五七

図3－17　田辺至「拳闘家佐藤君」の絵葉書(183)

図3－18　雨宮治郎「無人の境を行く」(184)

芸術家たちもまた、ボクサーの肉体美を高く評価した。たとえば均整の取れた肉体美で知られた帝拳のスーパーフェザー級、佐藤東洋は複数の芸術作品のモデルになっている。一九二七年（昭和二年）の第八回帝国美術院展覧会に出展された画家、田辺至の「拳闘家佐藤君」や（図3－17参照）、一九二九年（昭和四年）の第一〇回帝展で特選に選ばれた雨宮治郎の「無人の境を行く」（図3－18参照）、加藤顕清の「幻影の美」（図3－19参照）などの彫刻作品は、佐藤をモデルにしている。(185) また美少年画で知られた画家の高畠華宵も、少年ボクサーの絵を複

（183）筆者所有の絵葉書
（184）日展史編集委員会編 一九八三：二二八
（185）日展史編集委員会編 一九八三：二二八、二二三、松永 一九九二：一四二

数残している（図3‐20参照）。

田辺至の「拳闘家佐藤君」ではファイティング・ポーズをとる佐藤東洋の姿が描かれている。特に背中から肩にかけて盛り上がった僧帽筋や三角筋はパンチによって発達したもので、ボクサーならではの肉体美がみられる。雨宮治郎の「無人の境を行く」ではギリシャ彫刻のような筋肉と、右の拳を突き出すボクサー的な姿が強調されている。同様に加藤顕清の「幻影の美」でも、裸婦に対置された男性的な肉体美が表現されている。高畠華宵の「最後

図3−19　加藤顕清「幻影の美」[186]

図3−20　高畠華宵「最後の一撃」[187]

（186）日展史編集委員会編　一九八三：一三三

（187）平凡社刊　一九九八：六四

の一撃」では、細身ながら筋肉質の少年が、大男を打ち倒す様が描かれている。

　以上のことからは、多くの人々がボクサーにアイドル的、セックス・シンボル的な魅力を感じていたことがわかる。プロ・ボクシングの試合は上半身裸でおこなわれるため、観客にとってはある種の肉体美を鑑賞するという意味もあっただろう。前述の十一谷義三郎は「裸体の凱歌」[188]と、また帝拳会長の田辺宗英は「男性美の極致」と評している[189]が、ボクサーの身体に美しさを見出す感覚は、少なからずファンにも共有されていたと考えられる。

3　不良、愚連隊、ヤクザとボクシング

本節では、ボクシングと不良、愚連隊、ヤクザの関係を考えていく[190]。彼等がボクシングに関わっていることは多くの人々が認識していたものの、これまでしっかりと議論の対象になることがなかった。記録が残りにくい領域であることに加え、彼等の関与を不名誉と捉え、正史から除外しようとする意向もあったと思われる。

　不良、愚連隊、ヤクザの営為は、そもそも違法であったり倫理的に問題が

（188）十一谷一九三四：二六三

（189）田辺一九二八：六〇

（190）本書における不良、愚連隊、ヤクザという用語は、アウトロー集団としての組織化の度合いに応じて使い分けている。組織化が最も進んでいるのがヤクザであり、不良は最も進んでいない状態を指す。愚連隊は両者の中間である。

あったりする場合も多く、また社会通念上、合理的であるともいい難い。しかし彼等は近代以前より存在し、近代以降も暴力を手放さなかった例外的な集団である。そんな彼等が「肉体的暴力の表現の飛び地」(191)であるボクシングに関わったことは必然であったともいえよう。

本節では特にボクシングのローカル化を媒介する主体として、不良、愚連隊、ヤクザに注目している。以下ではまず、一般社会においてボクシングの悪いイメージが醸成された背景を考察する。そのうえでボクシングの悪いイメージが、不良、愚連隊、ヤクザの価値観においては好意的に捉えられたことをみていく。さらに不良、愚連隊、ヤクザのジムや興行への関わり、選手の支援などの行為に注目し、それが何を意味するのかを考えていく。またボクシング関係者の意識にも言及する。なお議論の構成上、本節の一部では戦後期の動向にも触れている。

1　ボクシングの悪いイメージ

すでに見たように一九三〇年代にボクシングのローカル化は進み、多くの人気ボクサーやボクシング・ファンが生まれていた。しかしボクシングやボクサーのイメージは良いものばかりではなかった。

(191) Elias, Dunning 一九八六＝一九九五：三九六－三九七

たとえば松永喜久によると、当時のボクシングは「不良か何か特殊な人間のするものと思われていた」という。[192] 実際、ボクサーであった松永の夫、喜久雄[193]は、選手引退後に商事会社に就職しようとしたものの、「ボクサー上がり」であることを理由に不採用になったという。[194] 松永は「殴りっこを職業とする人間だからと、その人間性まで疑う」当時の傾向を嘆いている。[195]

ではなぜボクシングやボクサーは悪いイメージを持たれたのだろうか。大きく三つの理由が考えられる。

一つ目の理由として、ボクシングの苛烈な競技性が挙げられる。苛烈な競技性を好意的に受け取るファンがいる一方で、前述のように拒否反応を示す人々もいた（三－2－3参照）。さらに医学的な立場からも批判が寄せられていた。たとえば医療ジャーナリストの田中香涯は、海外の医学論文などを参照しながらボクシングの危険性を指摘している。[196] 田中は打撃による脳の損傷を問題視したうえで、ボクシングが「如何に有害であり危険であるか」を強調する。[197] そしてボクシングのような「野蛮極まる闘技は断じてスポーツ界より駆逐しなければならぬ」と主張する。[198]

打撃による脳の損傷を指摘する声は、現在も医療関係者から寄せられることがあり、あながち的外れというわけではない。ボクシングやボクサーに対

（192）松永 一九九二：七八
（193）松永喜久雄はフェザー級のボクサーである。職場の同僚であったアマチュア・ボクサー、村上清信の紹介で法政大学の高比良靖男の指導を受け、後に伊藤鉄火の東亜拳闘倶楽部に所属した（同：八三－八七）。
（194）同：九七
（195）同
（196）田中 一九三三
（197）同：五七一
（198）同

する悪いイメージの背景には、ともすれば「野蛮」ともみなされる苛烈な競技性に対する拒否感があったと考えられる。

二つ目の理由として、会場の雰囲気の悪さが挙げられる。ボクシングの試合会場では「殺しちまえ」といった暴力的な野次が飛び交い、リングサイドを女性が通るだけでも野次られるような状況があったという。(199) 下田辰雄はボクシング・ファンのガラの悪さに対する批判に応えて、次のように述べている。

拳闘ファンには諸君が大好きな拳闘の永遠の発達を心から希望されるなら、諸君の野次や悪口がリングに熱戦する両選手の心理を左右してスピードを停滞させたり、スタンド・プレーを誘い出したりしないよう十分注意され、出来ることならラグビーのように声援は拍手だけに止めて戴きたい。(200)

下田はファンの自重を求めているが、評論家が記名記事で諫めるほどにガラの悪さは目立っていたようだ。もっともボクシングのみならず、スポーツ全般の観戦マナーの悪さが批判されることは現在でも珍しい事ではない。そのような意味では、ボクシング・ファンのみがガラが悪かったわけでもあるまい。ただ以下で述べるように、ボクシング会場には多くの不良が足を運ん

(199) 拳闘誌 一九三二：二九三-二九四

(200) 下田 一九四〇：三四

でおり、その点で雰囲気の悪さが強調されやすい状況にあったとはいえるだろう。

三つ目の理由として——これが最も大きな理由であると考えられるが——「自称」や「元」も含めた選手たちがさまざまな事件に関わっていたことが挙げられる。たとえば一九三一年（昭和六年）に四谷で起きた脅迫事件では、容疑者が元ボクサーであったことから「拳闘家の凄味　四谷署に検挙」という文字が紙面に躍った。[201] また翌年には、安藤組[202]を名乗る愚連隊が、「短刀、玩具のピストル、拳闘のグローヴ」などを用い、帝拳の選手の弟子を自称して複数件の強盗や恐喝をはたらいた容疑で検挙されている。[203] ボクサーやその象徴としてのグローブが、短刀などと同様の威嚇効果を持っていたことがうかがえる。

さらに一九三三年（昭和八年）には、かつてウェルター級の日本チャンピオンであった野口進らが、民政党総裁の若槻礼次郎を上野駅で襲撃している。[204] 野口は右翼団体の愛国社に在籍しており、襲撃はロンドン海軍軍縮条約の締結に抗議するための行動であった。

また同年一二月には、ファイトマネーをめぐるトラブルから、フィリピン人選手、ファイティング・ヤバのマネージャーが、ウェルター級の人気ボク

（201）『読売新聞』一九三一年一二月九日
（202）戦後に渋谷界隈で活動していた安藤昇の安藤組（東興業）とは別の組織である。
（203）『読売新聞』一九三二年九月一二日
（204）『読売新聞』一九三三年一一月二一夕刊

サー、熊谷二郎を含めたグループに刺され、重傷を負っている。(205)
こうした状況を受けて、警視庁保安部は一九三四年（昭和九年）に鑑札制度の導入を試みる。当時の新聞記事には次のようにある。

拳闘熱の旺盛、選手の増加に伴って、最近拳闘選手の素行上面白からぬ問題が頻発するのに鑑みて警視庁保安部では従来拳闘選手に対して何等の取締規則がなかったのが禍根であるとして同部首脳者間において種々協議を重ねていたがその結果次ぎの如き具体案を作成して近く府当局に申請したうえこれを実施することになった。すなわち拳闘選手も力士や俳優などと同じく技芸者として取扱うようになる結果、リングに出場せんとするものは必ず府鑑札を受けなければならない。また選手の収入により等級を定めて警視庁保安部興行係に選手の待遇を備えたうえその素行を調査し不良のものに対してはどしどし出場を禁止せんとするのである。これが実現すれば無鑑札の者はリングに出場することは出来ず現在行われている学生と職業選手との取組も出来なくなり、選手も出場禁止処分に付されるのがいやさに自然品行も改まろうというのである。(206)

（205）『読売新聞』一九三三年一二月一二日、一二月一三日

（206）『読売新聞』一九三四年三月一三日夕刊

この記事からは、かねてより警視庁がボクサーの「素行上面白からぬ問題」を認識し、取り締まる方法を模索していたことがわかる。無論、当時のスポーツや武道関係者のなかでボクサーだけが犯罪に関わっていたわけではない。(207) しかしボクサーを狙い撃ちにしたような鑑札制度からは、とりわけボクサーが犯罪事件に関わっていると警察が強く考えていたことがわかる。

なお同時期、ボクシング業界も大同団結のうえでライセンス制度を導入し「役員、選手の素行を向上せしめて不祥事件の発生を防止」しようとしている。(208) ボクサーの素行不良は、業界内においても認識されていたことがわかる。

2　不良、愚連隊、ヤクザの価値観とボクシング

ボクシングやボクサーに対する悪いイメージは、苛烈な競技性に対する拒否感や会場の雰囲気の悪さ、ボクサーによる犯罪などが重なり、徐々に醸成されていったのだろう。

しかし不良や愚連隊、ヤクザたちは、むしろボクシングに好意的であった。たとえば作家の山平重樹は、愚連隊に関するエッセイのなかで「ボクシングは当時の不良少年の必修科目のようなものだった」と述べている。(209) 山平の指

(207) たとえば野球に関しては、慶應義塾大学の野球部員が主将の頭をバットで殴って大怪我をさせたり(『読売新聞』一九一九年六月三〇日)、自分の野球クラブの運営費に困って団長が窃盗をはたらいたり(『読売新聞』一九二四年三月九日)、大学対抗戦に敗れた明治大学の学生が審判に抗議して乱暴をはたらく事件が起きている(『読売新聞』一九二八年一〇月二八日)。また柔道に関しても、柔道師範が人妻を殴り殺したり(『読売新聞』一九二三年七月二四日)、慶應義塾大学の柔道部員が酒に酔って暴行をはたらいたり(『読売新聞』一九二三年一一月二五日)、柔道二段の男が窃盗をはたらいたうえ巡査を投げ飛ばすといった事件が起きている(『読売新聞』一九二四年一二月一九日)。

(208)『読売新聞』一九三四年三月一三日

(209) 山平二〇〇五：四八

摘からは不良とボクシングの親和性の高さがうかがえる。また作家の陸直次郎は、戦前の東京の愚連隊に関するエッセイのなかで次のように述べている。

ところで少し通がかったことを云えば、銀座は不良の凄い縄張と云うよりは、寧ろより以上に、互いのツラを見せに行く場所である（中略）故に寧ろ銀座と拳闘場とは、今日興太モンの出合い場所、顔見世のメイン・ストリートとして今やなくては叶わない。(210)

陸は当時、新興の愚連隊などが跋扈していた銀座とボクシングの試合会場を並べている。そして不良や愚連隊が自身の存在を誇示し、人的ネットワークを維持・拡張する場所として銀座や試合会場を捉えている。彼等にとっての試合会場は、一般人や競技関係者とは異なる意味づけがなされた一種の社交空間であったようだ。

では不良、愚連隊、ヤクザは、なぜボクシングに接近していったのか。それは彼等独自の価値観がボクシングのネガティブなイメージをポジティブに変換し、ボクシングを有益だと捉えたからである。特に以下に挙げる三つの点で、ボクシングは好ましく思われたと考えられる。

(210) 陸一九三一：一三五

一つ目の理由として、ボクシングの苛烈な競技性が挙げられる。不良、愚連隊、ヤクザの文化では、攻撃的な男性性が賛美される傾向にある。(211) ゆえにボクシングの苛烈な競技性は、かつて嘉納健治を魅了したような男性的な血気の現れとしても捉えられ、高く評価される。

二つ目の理由として、文化圏としての親和性の高さが挙げられる。会場のガラの悪さやボクシング関係者の不祥事は、不良、愚連隊、ヤクザにとっては自分との距離の近さ、敷居の低さとして意識される。厳粛な雰囲気で実践される伝統的な武道は近寄りがたくても、ボクシングなら自分のような人間でも関われるかもしれないという意識である。そもそもメリケンと称された最初期のボクシングは喧嘩の技術であり、「国家の側で許容した範囲内」の合法的な暴力(212) からはみ出す部分を持っていた。それゆえ不良、愚連隊、ヤクザは、自分たちと同じ領域に属するものとして、ボクシングにシンパシーを覚えやすかったと考えられる。

三つ目の理由として、ボクシングが威嚇効果も含めて喧嘩の役に立つということが挙げられる。不良、愚連隊、ヤクザにとって、喧嘩の強さは業界で名を売るうえで重要な意味を持つ。路上の喧嘩では相手が複数人であったり、ナイフなどの武器が使われたりする場合も少なくない。そのため身体を密着

(211) ヤクザの好戦的で「男らしさ」を重視する文化については、岩井弘融の研究(一九六三：七二九 - 七四一)などを参照のこと。

(212) Weber 一九七一＝一九八〇：九

させて戦う柔道やレスリングのような格闘技より、フットワークを使って相手との距離をとりながら戦えるボクシングには大きなメリットがある。

不良、愚連隊、ヤクザがボクシングに惹かれた理由を考えるとき、とりわけ喧嘩との関係が重要であると思われる。彼等の文化において、拳で戦うということには象徴的な意味があった。詩人の安田樹四郎によると、関東大震災後の横浜では不良同士の凄惨な喧嘩が多かった(213)。喧嘩の際、女性や軟派の不良は武器を使用したが、硬派の不良は鍛えた自らの拳を用いていたという(214)。武器を持たずに鍛えた拳で戦うことは、強さや男性性を象徴すると共に、軟派・硬派を分ける象徴的な意味を持っていたことがわかる。つまり武器を使わないのは「男らしい」という感覚である(215)。

実際、戦前から戦後期にかけて「ステゴロ」(素手の喧嘩)の強さで名を売った不良、愚連隊、ヤクザのなかには、ボクシング経験者が少なくない。横浜の愚連隊、柳下杉太郎は、大正期に自作のサンドバッグでパンチを鍛え、「メリケンの杉」の名で知られた(216)。「人斬り信」の異名をとるヤクザの浦上信之(217)は、後述する益戸克己のジムに通い、草試合や路上の喧嘩で名を馳せた(218)。また「モロッコの辰」の名で知られた横浜の愚連隊、出口辰夫(219)は、川崎の蒲田拳闘倶楽部で腕を磨き(220)、出口の舎弟の塚越辰雄は横浜の河合拳闘倶楽部で六回戦ま

(213) 安田 一九三九：二一一‐二一二

(214) 同：二一二

(215) 当時の硬派・軟派の差異は性的指向に求められることも少なくない。硬派は同性愛指向が強く、軟派は異性愛指向が強いとされる(中村編 一九二二：五五‐六一)。拳で戦うことが象徴的な意味を持った背景には、男性的な身体を賛美する硬派の文化があったと考えられる。ただし硬派は徐々に軟化し、一九〇一年(明治三四年)以降は「全く往時の行動は跡形も無くなった」という指摘もある(子供の家主人 一九一四：一一五)。硬派・軟派の差異については稿を改めて検討したい。

(216) 郡司 一九七六：二五、『東京朝日新聞』一九〇六年九月一〇日

(217) 浦上信之は住吉一家三代目・阿部重作の舎弟である。益戸克己の日東拳闘倶楽部に通い、戦後は銀座のビルに「北海道物産株式会社」の名前で事務所を構え、飲食店などからみかじめ料を徴収する一党、通称「銀座警察」を立ち上げた(『読売新聞』一九五〇年三月九日夕刊)。

(218) 山平 一九九九a：四六

で進んだという。[221] そして後年、山口組直参で柳川組初代・柳川次郎[222]の舎弟となる北海道の長岡宗一は、若い頃ジャッキー長岡の名前で米軍基地内のリングに上がっており、ヤクザを引退してからはボクシング・ジムを経営した。[223]

プロ・ボクサーとしてキャリアを重ねるためには、日々の地道な練習や節制した生活、過酷な減量をこなす必要があるため、享楽的な不良は耐え切れずに離脱することが多いとされる。[224] ただプロには及ばないボクシング技術であっても、路上の喧嘩では威嚇効果を含めて力を発揮しただろう。真面目にボクシングと向き合っている選手や指導者からすれば苦々しい限りだろうが、ボクシングと喧嘩の親和性は高いといえる。

以上をまとめれば、苛烈で男性的な点が好ましく、素行不良な人間でもできそうであり、喧嘩にも活用できるという点から、不良はボクシングに接近したと考えられる。

3　ジム経営、興行への関わり、ボクサーの支援

喧嘩のためにボクシングを練習するだけではなく、多くの愚連隊、ヤクザは興行に関わり、ジム経営やボクサーの支援をおこなっていた。すでにみたように、柔拳興行を手がけた嘉納健治は、神戸のヤクザとして広く知られる

(219) 出口辰夫は「モロッコの辰」の異名で知られる愚連隊である。横浜を中心に賭場荒らしで名を売り、戦後、後の稲川会初代会長・稲川角二（聖城）の舎弟となった（山平一九九九b）。一九九三年（平成五年）に朝日新聞本社で自決した右翼の野村秋介は、出口の舎弟である。

(220) 山平一九九九b：一七六

(221) 洋泉社刊二〇〇六

(222) 柳川次郎は「マテンの黒シャツ」の異名をとり、派手な抗争歴から山口組随一の武闘派として知られた。柳川は格闘技との縁も深く、極真空手の大山倍達とも交際していた（真樹二〇〇九：三二 - 三三）。

(223) 同：一九七 - 一九九

(224) 無記名一九四九a：四二

存在であった（二－1－2参照）。またサンフランシスコで遠征選手の身元引受人になった安田義哲や奥定吉もヤクザであった（三－1－2参照）。

さらに昭和初期に「不良の神様」と称され、「日本全国、泣く子もだまった、というほど、コワモテ」であった益戸克己は、(225) 一九二八年（昭和三年）に下谷坂元町（現在の台東区下谷）に日東拳闘倶楽部（以下、日東拳）を設立し、不良たちの精力善用を企図している。(226) 日東拳にはフェザーからライト級で活躍した高田幸一らの有名選手が所属する一方、前述の浦上信之をはじめ、益戸を慕う不良たちが通った。

そして前述の長岡宗一の親分である北海道の会津家小高初代・小高龍湖は、北海道アマチュア・ボクシング連盟を設立し、自ら会長になっている。(227) 小高は他にも日本アマチュア・ボクシング連盟や中央大学ボクシング部、北海道体育協会の役員、オリンピック視察員などを務め、(228) 一九三三年（昭和八年）には自らが会長を務める北海道拳闘クラブを札幌に設立している。(229) 戦後には雑誌『ゴラク』を出版している。

またボクシング興行には、後の松葉会初代・藤田卯一郎や、後の住吉一家三代目・阿部重作などが戦前から関わっていた。(230) 他にも山口組三代目・田岡一雄の兄弟分で酒梅組三代目・松山庄次郎は、関西で活躍したフェザー級の

（225）中村一九五八：一五一
（226）山平一九九九a：四六
（227）山平二〇〇五：二三三
（228）同
（229）同：二三六
（230）郡司一九九〇：二四

フィリピン人ボクサー、ベビー・ゴステロ(231)を支援し(232)、酒梅組傘下の福井組がゴステロの所属するオール・ボクシング・ジムの興行を取り仕切っていた(233)。

神戸の山口組もボクシングと関係が深かった。山口組二代目・山口登、後の三代目・田岡一雄は、第四章で触れるピストン堀口の試合の後援や主催、個人的な支援をおこなっていた。田岡一雄は山口登の勘気に触れて体をかわす際に不二拳に居候していたこともあり(234)、看板選手であったピストン堀口を次のように評している。

> 堀口は古い型のボクサーではあったが、わたしは彼の不撓不屈の根性が好きであった。彼をみていると、ふと自分の子供のときのことを思いださせるような、負けん気の強さが彼にはあった。わたしは負け犬がきらいである(235)。

田岡が堀口にシンパシーを感じていたことがわかる。また図3-21は一九三七年(昭和一二年)に国技館で開催された不二拳興行、ピストン堀口対徐廷権の試合のプログラムである。後援に「神戸・山口」とはっきり記されており、山口組とピストン堀口の関係の深さがうかがえる。

(231) ベビー・ゴステロ (Gustillo, Baby) はフィリピン出身のフェザー級のボクサーである(郡司一九七六：二一五‐二一六)。一九四一年(昭和一六年)にジョー・イーグルと共に来日し、拳道会を拠点に活動した。戦後は関西のオール拳闘倶楽部に所属した。左手を下げた独特のスタイルで人気を博した(同)。

(232) 城島二〇〇三：二七〇

(233) 同：一八八

(234) 田岡二〇一五：一二五。田岡は不二拳では「クマさん」というあだ名で呼ばれていた(山本一九八八a：一三二‐一三五)。

(235) 同：一三九

山口組は堀口の試合の判定にも介入した。一九三七年（昭和一二年）に国技館で開催されたジョー・イーグルとの一戦では、それまで無敗の堀口が初めて判定負けを喫している。試合後、山口組の田岡一雄をはじめとする面々は、判定を不服としてリングに殺到した[237]。田岡自身もリング上にかけ上がってレフェリーの荻野貞行を殴りつけたと述べている[238]。判定は覆らなかったが、荻野は試合後半月ほど山口組の組員に付け狙われていたという[239]。

また一九三九年（昭和一四年）の玄海男戦でも、山口組組員、田中幸一が堀口の判定負けに異を唱え、試合後に審判員を脅迫している[240]。そして田中の横槍に腹を立てた拳闘ガゼット社の神田金太郎[241]が、田中を襲撃して刺殺する事件まで起きている[242]。

これらの事例においては、後援する選手の勝敗が、自身や組の面子の問題にすり替わっていることがわかる。彼等が面子を守るために行使する暴力は、

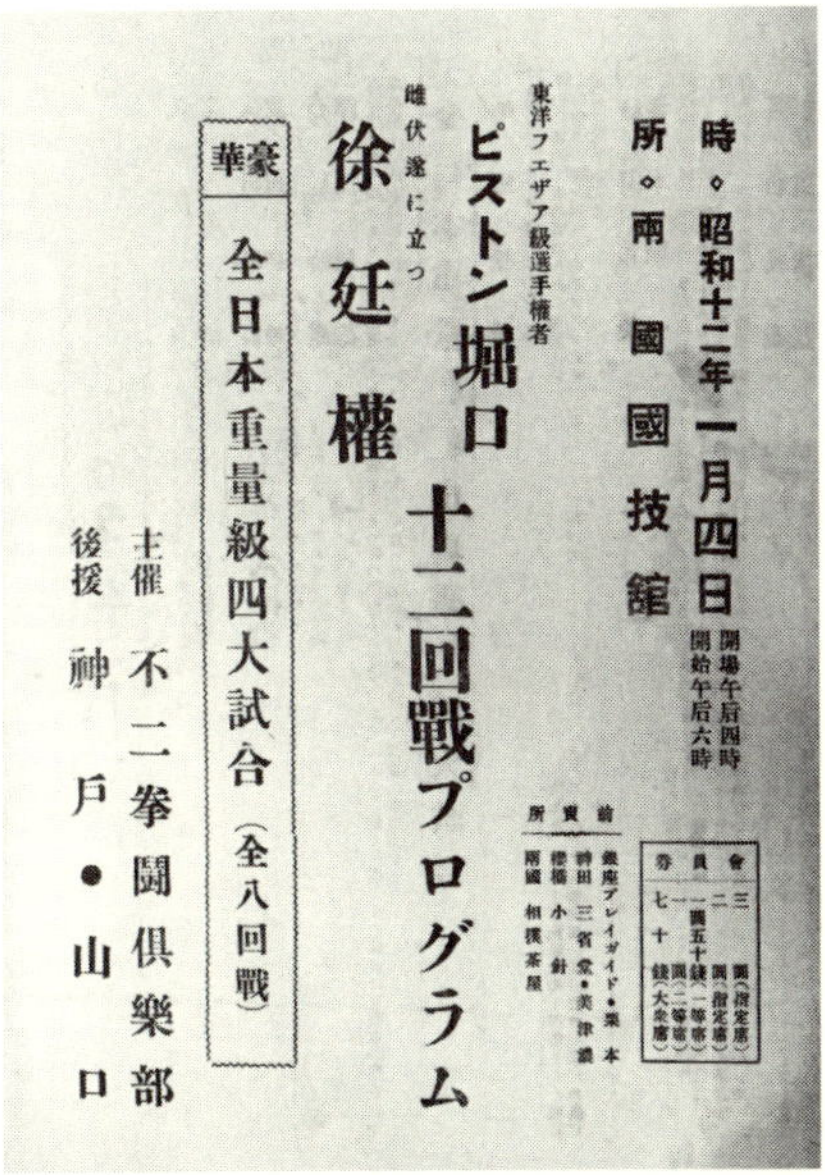

図3‐21　ピストン堀口対徐廷権の試合のプログラム[236]

（236）スクラップ・ブック第六集
（237）山本一九八八a：一三九‐一四二
（238）田岡二〇一五：一三七
（239）山本一九八八a：一三九‐一四二
（240）同：一六三

ボクシングが不良、愚連隊、ヤクザの活動と密接に結びついていることを象徴するものであるが、同時にボクシングに対する世間の白眼視を招いたとも考えられる。

愚連隊やヤクザが興行を手掛け、有力なボクサーを支援するのには、三つの理由が考えられる。

一つ目の理由は、ボクシングに対する純粋な興味関心にもとづく場合である。自らジムを立ち上げた嘉納健治や益戸克己、小高龍湖などこのケースだろう。

二つ目の理由は、自身の力を誇示するためである。ボクサー以外でも役者や歌手、力士などが「タニマチ」(後援者)であるヤクザと親密な関係にあったことは広く知られている。ヤクザにとっては、支援する対象が有名であればあるほど、強力な示威行為となる。

三つ目の理由として、ボクシング興行のビジネスとしての旨味が挙げられる。興行は基本的に一般人を対象としたビジネスであるため、表向きは合法な収入が見込める。また後述するように、興行に伴うトラブルの仲裁などにより、副次的な収入を得ることもできる。

ヤクザとボクシングのつながりは戦後も続いていく。そのなかでも住吉一

(241) 神田金太郎は、右翼の大物である頭山満の息子、秀三とのトラブルを荻野貞行に仲裁してもらった縁から、荻野が主宰する拳闘ガゼット社で広告担当として働いていた不良である(同:一六五)。
(242) 同:一六四-一六七。堀口自身も日記の中でこの事件に触れている(日記一九三九年七月七日)。

家（後の住吉連合会、現在の住吉会）は、ボクシングとの関係が深い。前述の三代目・阿部重作はもとより、阿部の舎弟で益戸のジムに通っていた浦上信之の弟分である高橋輝男[243]は、大日本興行を設立して東洋選手権に独占的に関わり[244]、サンディー・サドラー[245]対金子繁治[246]のフェザー級世界戦をはじめとするビッグマッチを実現させた[247]。また住吉連合会の小林会初代・小林楠扶[248]は、「銀座を根城に、芸能・スポーツの各興行」を手掛けていた[249]。小林組には「芸能、ボクシングなどそれぞれに担当の幹部」がいたというほど[250]、興行と深く関わっていた。

4　ヤクザ同士の力関係と興行

興行の行く末は、時にヤクザ間の交渉によって決定される。インタビューのなかで、昌信氏は次のようなエピソードを語っている。

私が岡本さん（岡本不二）から聞いた話ですが、父（ピストン堀口）が渡辺さん（渡辺勇次郎）のところを出てから、渡辺さんが腹を立てて、嘉納さん（嘉納建治）に相談したらしいんですね。それで父をリングに上げるなという話になった。干されたわけです。困った岡本さんは、益戸さん（益

（243）高橋輝男は浦上信之の舎弟で、経済ヤクザの先駆け的存在である。政財界にも広い人脈を持ち、大使館やホテルも入っていた日比谷の日活国際会館に大日本興行の事務所を構えた（山平二〇〇五：一五六・一七八）。一九五六年（昭和三一年）、浅草妙清寺での葬儀中に、住吉一家向後初代・向後平と撃ち合いとなり死亡している（同）。

（244）山平二〇〇五：一六八

（245）ジェセフ〝サンディー〟サドラー（Saddler, Joseph）は一九四〇年代から五〇年代に活躍したアメリカのフェザー級の世界チャンピオンで、一九四〇年代後半のウィリー・ペップとの試合が有名である（ムラン、ミー、ボジート二〇一六：五九・六〇）。

（246）金子繁治は笹崎僙の笹崎拳で鍛えられたフェザー級の東洋太平洋王者である。一九五四年（昭和二九年）の東洋タイトルの防衛戦ではフィリピンの強豪、フラッシュ・エロルデと打ち合って勝利している（ボクシング・マガジン編集部編二〇〇四：一〇〇）。

戸克己）に相談した。それでまず益戸さんが自分のところ（日東拳）の選手と父の試合をさせたわけです。当時、嘉納建治に竿をさせるのは、益戸さんくらいだったんじゃないでしょうか。推測ですが「（嘉納と交渉して）一度だけ（試合をやっても良い）」というような話になったんじゃないかと思いますね。[251]

一九三五年（昭和一〇年）、渡辺勇次郎に反発したピストン堀口と岡本不二は日倶を離脱した（二‐2‐2参照）。昌信氏によると、離脱に怒った渡辺は交流のあった嘉納建治に相談を持ち掛ける。嘉納は渡辺の意を汲んで、堀口を国内のボクシング興行から締め出した。その後、岡本は干されて困っていることを益戸克己に相談した。そして益戸は自身のジムの選手と堀口を対戦させた。

これは一九三五年（昭和一〇年）、一二月一九日に日比谷公会堂で開催された国際拳闘倶楽部主催興行をめぐる経緯であると思われる。同興行の前日の新聞記事では、「久しくリングから離れていたピストン堀口対高田幸一の八回戦をメーン・イベントとする」という告知がなされている。[252]「久しくリングから離れていた」という表現からは、干されていたことがうかがえる。ま

（247）同、向谷二〇一六：九一。なおサドラー来日時には、高橋輝男の兄弟分である安藤昇の安藤組に所属し、ライト級のボクサーでもあった一〇代の阿部譲二がスパーリング・パートナーを務めている（阿部一九八七：一一〇‐一三九）。

（248）小林楠扶は住吉連合会本部長を務めた。一九六九年（昭和四四年）には右翼団体、日本青年社を設立し、初代会長にもなっている（日本青年社二〇〇八）。

（249）森二〇一一

（250）同：六六

（251）二〇一六年一二月三日におこなったインタビュー

（252）『読売新聞』一九三五年一二月一八日

た対戦相手の高田幸一は益戸克己が会長を務める日東拳の看板選手であり、昌信氏の話と一致する。

益戸の行為は嘉納の意向に逆らうものであり、通常であれば妨害や報復が予想される。しかし当時の益戸は「不良の神様」と呼ばれ、不良学生を中心とした大規模な動員が可能であった。つまり益戸は、嘉納の意向に逆らえるだけの力――抗争になった際に活用できる人員や経済力など――を持っていた。嘉納にとっても、益戸と正面から抗争することは負担が大きい。そこで昌信氏が推測するような交渉の前提が整う。結果、嘉納と益戸の間で話がついたのだろう。ピストン堀口の試合は滞りなくおこなわれた。

一九四一年（昭和一六年）にも、これと類似した事例があった。この年、笹崎僙とピストン堀口の「世紀の一戦」が国技館でおこなわれようとしていた（三-2-3参照）。しかし当時、国技館の使用に関して力を持っていた嘉納健治は、使用を認めなかった。困った岡本不二は、山口組二代目・山口登に相談を持ち掛ける。交渉を引き受けた山口は嘉納の邸宅に単身赴くと、玄関先に置かれた金魚鉢から金魚を摑み取り、床に叩きつけたという[253]。これは通常であれば斬られかねない無礼をあえてはたらくことで、「死ぬ気で交渉に来た」という決意を表明した行為であるとされる[254]。山口の俠気に感心した

（253）山本一九八八a：一八五
（254）同

嘉納は、売り上げの半分を収めることを条件に、国技館の使用を許可したという。(255)

このドラマティックな交渉劇は、病床の石川輝が『ボクシング・マガジン』の元編集長、山本茂に語った話とされる。(256)多少の脚色がなされている可能性も感じられるが、大筋では前述の昌信氏の語ったエピソードと同様、ヤクザ同士の力関係が興行に関係していることを示すものである。

この場合の力関係とは、ひとつの要素で決まるわけではない。先の二つの事例を見る限り、抗争となった際に活用できる人員や経済力、交渉する者の侠気、互いの面子のような目に見えにくい要素が複雑に絡まるなかで、動的に事が運んでいる。また交渉自体がヤクザ社会における儀礼や慣習などを前提としている。

交渉を成功させることで、交渉をおこなった者や組織の名声は高まり、謝礼の名目での収入や、今後の「シノギ」(経済活動)のなかで活用できる貸しなどを手にできる。トラブルの解決は単なる人助けというよりは、業界内外に対する示威行為であり、一種の経済活動であるといえる。

(255) 同：一八六
(256) 同：一八五

5　ボクシング関係者の意識

以上でみたように、不良、愚連隊、ヤクザは、長期間にわたってボクシング業界と深い関係にあった。またボクシング関係者も、愚連隊やヤクザと積極的に付き合ってきた。その理由は、ヤクザがチケットの販売や、興行の円滑な進行を保証するからである。ジャーナリストの溝口敦は、興行におけるヤクザの役割について次のように述べる。

たとえばディナーショーのチケットが売れ残ったとして、短時間で捌けるのは暴力団です。プロダクションや芸能人は空席で残るよりはよいと、捨て値でチケットを暴力団に卸します。暴力団は日ごろつき合いのある地場の会社社長や商店主に半ば押しつけ販売して儲けます。歌や芝居、相撲などの興行は事故なく円滑に進めなければなりません。そのため戦前にはほとんど地域の有力暴力団に興行を任せてました。「グズリ押さえ」（不平客を力で押さえつける）や場内整理に便利だからです。(257)

溝口の指摘からは、ヤクザがチケットの買い取りや警備などの面で大きな役割を果たしてきたことがわかる。ボクシング関係者にとってヤクザとのつ

（257）溝口二〇一一：一三七－一三八

き合いには興行上のメリットがあったといえる。

加えてヤクザとのつき合いには保険の意味もあった。たとえば興行を打っても、その地域を縄張りとしているヤクザから金銭などを要求されることがある。しかし興行主のバックに他のヤクザがいる場合は、金銭などを要求すれば組同士の抗争になりかねないため、前述の嘉納と益戸の事例のように、力関係を反映した一定の抑止力がはたらくのだ。

ただ不良、愚連隊、ヤクザとの関係を維持することにはデメリットもあった。たとえばボクシングのラジオ中継は一九四〇年前後におこなわれなくなった。[258] 放送局がプロ・ボクシングのラジオ中継に消極的であった理由について、ＮＨＫアナウンサーの藤倉修一は次のように述べる。

> あからさまに云えば、プロ拳闘競技は企画から実施まで総て一部の顔役、所謂「拳闘ゴロ」の手に握られていた——その薄気味悪い事実に対する世間の不評と反感とが、放送をしてプロ拳闘を敬遠せしめていた主な要因なのである。[259]

この発言からは、不良、愚連隊、ヤクザとの関係があったがために、ボク

（258）志村一九四七：一四

（259）藤倉一九四七：七

シング界がラジオ放送の機会を失っていたことがわかる。同様に「リングサイドに、大ボス、小ボス共が頑張って居る」ために、試合の放送ができないという指摘もある。[260]

不良、愚連隊、ヤクザとの関係は、ラジオ放送以外にもさまざまな局面で一般社会からの白眼視を招くことにつながる。しかし戦後期も関係は続いていった。容易に関係を断ち切れないくらい、不良、愚連隊、ヤクザはボクシング業界に深く食い込んでいたと考えるべきだろう。

なお現在では、暴力団排除条例[261]のために、ヤクザが表立って興行に関わることは少ない。日本ボクシングコミッション（JBC）でも、すべてのライセンス申請に対して「暴力団等反社会勢力ではないこと等に関する表明・確約書」を課し、関係を断とうとしている。[262]またボクシング・ビジネス自体がかつてほど儲からないため、「シノギ」としての旨味も薄れている。

しかし元日本プロボクシング協会会長の木村七郎は、暴力団排除条例とボクシング業界に関するインタビューのなかで、次のように述べている。

> （引用者注：日本プロボクシング協会の）今の理事は皆若いので、歴史を分かっていない。ボクシング界は、あの人たち（引用者注：ヤクザ）に何

（260）無記名一九四九b：二八

（261）暴力団排除条例とは二〇一〇年前後に全国で施行された条例であり、暴力団との交際や事業などを全面的に禁止するものである。これにより暴力団員は、口座開設や融資、保険契約、住宅の賃貸契約などから締め出されることになった。

（262）日本ボクシングコミッション二〇一四

十年と世話になってきたんだ。チケットの販売なんかで。なのにいきなり暴力団とつき合うなでしょ。それはやっぱり申し訳ない。(263)

ここで木村はヤクザとボクシングの歴史的なつながりを肯定的に捉え、ヤクザに対する恩義を表明している。本書は木村の認識の是非を問うものではないが、木村が述べるボクシング業界とヤクザとの深い関係性は、本節の議論とも一致する。

なるほど本節でみてきた事例は、一般的な意味で健全とはいえないだろう。また近代スポーツとして制度化されたボクシングを想定する限り、無視されがちな事例でもある。しかし不良、愚連隊、ヤクザは、戦前からずっとボクシングに関わってきた。彼等はそれぞれの思惑や価値観からボクシングに惹きつけられ、会場に足を運んだり、ジムで練習したりした。またジム経営や興行に関わり、判定に介入し、選手の支援などもおこなってきた。彼等は「正史」から外れたところで、ボクシングのローカル化を媒介してきたと考えるべきだろう。これらは歴史的な事実であり、現在の視点から一面的に批判することは無意味である。

(263) 森二〇一一：六四

4　日本におけるボクシングの自律化と「帝国の夢」

ここまでの議論を整理しておきたい。

一九二〇年代、ボクシングのローカル化は柔拳興行を通して進んだ。当時ボクシングに対する一般的な認知は高くなかったため、柔道を介してボクシングを紹介するという戦略がとられたのだ（二－１－２参照）。そして一九三〇年前後には、ボクサー同士の「純拳」試合が徐々に受け入れられるようになる。このような時代の流れと呼応するように、渡辺勇次郎は日倶を設立し純拳興行を打った（二－２－１参照）。そして日倶の文化は、日本のボクシングのメインカルチャーになっていった（二－２－２参照）。また一九二〇年代半ばからは、アマチュア・ボクシングの動きも活発になり、明治神宮競技大会への参加やオリンピックへの選手派遣が実現した（二－２－3参照）。

こうした流れと並行して、マスメディアを通してボクシングの紹介がなされた。さまざまな立場からボクシングに関する書籍が刊行され（二－３－１参照）、雑誌には記事が掲載された（二－３－３参照）。また一九二〇年代にはボクシングを扱ったアクション映画や試合の記録映像なども上映された（二－3－2参照）。特に映画は多くの若者を惹きつけ、学校を中心としたボクシングの同好会がつくられるきっかけになった。新聞紙上でもボクシングの紹介や専門的な議論がなされ（二－3－4参照）、ラジオではボクシング中継が始まった（二－3－5参照）。

一九三〇年代からはジムが乱立し、ボクシング興行も一般化した（三－1－1参照）。海外遠征や国際交流試合も盛んにおこなわれるようになった。これらの体験は日本人ボクサーが「東洋」や「世界」との関係から自身の立ち位置を考えるきっかけになった（三－1－2参照）。またアマチュア・ボクシングは自分たちの実践の「純粋性」を強調し、プロとの差異化をはかった（三－1－3参照）。

当時のボクシング興行はさほど割の良いビジネスではなかったが、商人、学生、会社員などをはじめとするファンが試合に熱狂した（三－2－2参照）。ファンたちはボクシングの苛烈な競技性や魅力的な物語に惹きつけられ、ぶつかり合う肉体に美を感じた（三－2－3参照）。そして多くのローカル・チャンピオンが生まれ、彼等を中心とした興行は、場合によっては数万人の観客を集めるほどの規模になった。

またボクシングには不良、愚連隊、ヤクザなども関わった（三―3参照）。彼等は独自の価値観でボクシングを高く評価した。そしてそれぞれの思惑から、興行やジム経営、選手の支援、各種交渉などをおこなった。ボクシング関係者もまた、戦後までヤクザたちと密接な関係を保った。

以上の点をふまえれば、特に一九三〇年代以降、ボクシングは徐々に自律化していったといえる。ここでいう自律化とは、特に方法論の確立と市場の自給自足化が進むことを意味する[264]。自律化が進むと、ボクシングを学ぶために渡米したり、洋書を読んだり、記録映画を観たりしなくても、近くのジムに通えば事足りるようになる。そして以前のように海外を唯一の参照点とする姿勢は薄れ、もっぱら既存の国内の実践に目が向くようになる。たとえば国内のライバル選手に勝つために練習することや、他のジムよりも大きな興行を打つことが、海外のボクシングを咀嚼することよりも優先されるようになる。

ゆえに自律化は、自閉化につながる場合もある[265]。参照点が国内に向かうことで、海外の標準的なありかたを参照しないという態度が可能になるからだ。結果、標準的なありかたから大きく外れた異形の実践が生まれる場合がある。次章で検討する戦中の特殊なボクシングは、そうした異形の実践の典型である。

（264）木本二〇〇九：終章。同書では日本のラップ・ミュージックを事例に、外来文化のローカル化とその先にある自律化を論じている。

（265）同

さて、ボクシングが自律化へと向から少し前から、日本の近代化も新たな段階に入っていた。日清戦争と日露戦争に勝利し、東南アジアに覇権を拡げる帝国主義国家として歩み出したのだ。

当時の日本人は基本的には帝国主義的な拡大路線を支持したものの、自国が帝国になっていく過程を無邪気に喜んでいたわけでもなかった。歌人の石川啄木がいう「時代閉塞」の兆候が各所に現れていた。(266) アメリカの歴史学者、マリウス・ジャンセンは、この時期の日本人の心性を次のように整理する。

二十世紀初頭の一〇年間は帝国日本における態度形成上決定的な年月だった。明るい進歩の夢は消え去りつつあった。西洋との完全提携という理想は、人命と財貨の莫大な消費によって達成されはしたが、それとて移民制限と、来るべき人種戦争への警告を世界からもたらしたにすぎず、国際社会における友好関係はけっしてあてにはならないことが日本人に示されたのであった。ひろまってゆくペシミズムと疑惑の態度は、知識人がもっとも複雑な、もっとも興味深いかたちで抱いていたものであることはたしかだが、さりとてそれはけっして知識人に限られていたわけでもなかった。(267)

(266) 石川一九八〇
(267) Jansen 一九六五＝一九六八：八三

ジャンセンの指摘する「帝国日本」の「ペシミズムと疑惑の態度」は、三国干渉[268]に象徴される欧米のしたたかな外交政策に対する落胆や怒りであり、また欧米と日本の間を行き来するという近代化の有り様に付き物の混乱が、帝国主義との出会いを経て増幅されたことを示している。対外的な拡大路線を取りつつも、かつてのような未来に対する素朴な期待は失われ、漠然とした心の隙間が生まれていた。

ジャンセンの指摘を裏付けるように、詩人の萩原朔太郎は、西洋に対する純粋なまなざしが失われた後の心情を次のように表現している。

> かつて「西洋の図」を心に描き、海の向うに蜃気楼のユートピアを夢見て居た時、僕等の胸は希望に充ち、青春の熱意に充ち溢れて居た。だがその蜃気楼が幻滅した今、僕等の住むべき真の家郷は、世界の隅々を探し廻って、結局やはり祖国の日本より外にはない。しかもその家郷には幻滅した西洋の図が、その拙劣な模写のかたちで、汽車を走らし、電車を走らし、至る所に俗悪なビルディングを建立して居るのである。僕等は一切の物を喪失した。[269]

（268）三国干渉とは日清戦争後の一八九五年（明治二八年）に締結された下関条約に対するロシア、ドイツ、フランスの干渉を指す。結果、日本は遼東半島の返還に応じざるを得なくなり、国内では「臥薪嘗胆」の合言葉とともに欧米列強に対する怒りが噴出した。

（269）萩原一九六〇：四七八

西洋と日本を行ったり来たりするうちに、自らを見失った日本の状況がうかがえる。かつての「ユートピア」は「蜃気楼」であった。そして近代化によって得られたかに見える一見華やかな諸々は、近代化を否定するための足場である「真の家郷」さえも「喪失」させていた。萩原の絶望感が漂う記述である。

またこの時期について、政治学者の橋川文三は次のように述べる。

> 何かが、この時期に巨大なかげりのようなものとして日本人の心の上を横切り、それ以前とは異なった精神状態に日本人をひき入れたのではないだろうかという印象を私はいだいている。精神的な大亀裂《シズム》に似たものがあったのではないか、そしてそれ以来、日本人はそのことに気づかないまま、不思議な欲望に次々と操られ始めたのではないだろうかというような感想である。(270)

橋川はまず、この時期に顕在化していた日本の近代化に付随した諸問題、たとえば政治や外交の諸問題、労働問題、貧富の格差、価値観のゆらぎなどを認めている。そのうえで、それらを背景として明確に説明されるものでは

(270) 橋川二〇一三：八二

なしに、もっと漠然とした、それゆえに根深い精神的な変化を大亀裂（シズム）という概念で捉えようとしている。(271)

これらの議論を発展的に解釈すれば、近代化における諸問題と「ペシミズムと疑惑の態度」や「喪失」、そして「大亀裂」は、いずれかが原因でいずれかが結果であるといった単純なかたちではなく、互いに絡み合いながら明治末期以降の日本(人)を囚えていったと考えられる。つまり当時の日本(人)は明治以降の近代化に疲弊し、複合的な要因によってある種のアノミー状態にあったと約言できる。

こうしたアノミー状態を解消したいという意識的・無意識的な欲望は、欧米列強を凌駕する独自の帝国を立ち上げようとする動きとして現れた。(272) その際、日本の優位性や独自性の源泉が日本的なものに求められ、天皇の権威があらためて強調された。明治初期からの「古代化」志向(273)が、アノミー状態のなかで捻じれつつ先鋭化していったのだ。

本書では、天皇を中心とした独自の帝国を立ち上げようとするこうした志向を「帝国の夢」と呼びたい。それは近代を母胎としながらも近代を否定し、かわりに前近代（古代）を志向する点に特徴がある。特に日露戦争後より、「帝国の夢」にもとづく多様な行動が、軍事行動、言説の生産、テロなどの

(271) 同：八三

(272) 同時期におこった社会主義運動や新宗教の勃興なども、別の方向からアノミーの解消を目指していたと解釈できる。

(273) 富永 一九九〇：三八九

それぞれ異なった次元でみられるようになった[274]。

たとえば軍部による一九一〇年（明治四三年）の韓国併合[275]や、その後の満州進出に象徴される拡大路線は、軍事的な次元における「帝国の夢」の追求といえる。すなわち覇権の拡大である。また明治期から昭和初期の右翼思想家たちの言論実践[276]は、言説の生産という次元における「帝国の夢」の表現として理解できる。すなわち神話の創造である。さらに一九三二年（昭和七年）の血盟団事件[277]や五・一五事件[278]、一九三六年（昭和一一年）の二・二六事件[279]などの急進的なテロは、「帝国の夢」の阻害要因を排除しようとする行動といえる。すなわち「内憂」の解消である。これらはいずれも異なった、場合によっては互いに矛盾する行動であるが、「帝国の夢」を追求するという本質的な志向は共通していた。

もちろん実際に行動をおこした人々は限られる。ただ個々の行動の背景にあった「帝国の夢」は、基本的には明治期以降の「古代化」志向という一般的傾向を発展させたものであった。政治学者の丸山真男がいうように、急進的に見える行動ですら「軍部及び官僚という既存の国家機構の内部において、政治力を主たる推進力として進行した[280]」。当時の日本において、「帝国の夢」はそれほど突飛なものとは思われなかったはずだ。

（274）「帝国の夢」という考え方は、異なってはいるものの共通する部分を持った多様な営為を統合的に論じた橋川文三の「昭和超国家主義の諸相」や『昭和維新試論』の視座に想を得ている（橋川 一九六四a-二〇一三）。ただし明治期と大正・昭和期の右翼思想の非連続性を強調する橋川の視点は、必ずしも受け継いでいない。本書ではむしろ明治期からみられた「古代化」志向の捻じれた先鋭化として「帝国の夢」を捉えており、連続性に注目している。その点では丸山真男（二〇一五）の視点に近い。

（275）韓国併合とは、日露戦争後の一九〇四年（明治三七年）から進められた韓国の植民地化を指す。一九〇四年（明治三七年）の第一次、一九〇五年（明治三八年）の第二次、一九〇七年（明治四〇年）の第三次日韓協約を経て、一九〇九年（明治四二年）に伊藤博文がハルピンで暗殺されたことをきっかけに併合を強行し、一九一〇年（明治四三年）に朝鮮総督府が置かれた。

（276）ここでは国家主義、超国家主義、国粋主義、民族主義、農本主義などにルーツを持つ多様な思想を包括的に捉えるための便宜的な呼称として右翼思想という言葉を用いている。

それゆえ軍事行動、言説の生産、テロなどの個々の行動によって「帝国の夢」はじわじわと社会に浸潤し、世論の支持を得ていった。たとえば満州における日本の軍事行動は、新聞紙上で「日本軍の強くて正しいことを徹底的に知らしめよ」と賛美された(281)。また五・一五事件では、テロ事件であるにもかかわらず犯人たちの助命嘆願運動が起こり、一〇〇万通の嘆願書が陸軍と海軍に提出された(282)。当時の歌謡曲〝五・一五事件　昭和維新行進曲 陸軍の歌〟のなかでも、犯人たちが憂国の勇士として賛美された。

結果、「帝国の夢」は、急進的な行動の原動力のみならず、昭和初期の有力な時代精神のひとつになっていった(283)。そのことを示すように、日中戦争直前の一九三七年（昭和一二年）に文部省が学校・官庁向けに配布した啓蒙書、『国体の本義』の冒頭には次のような一節がある。

> 久しく個人主義の下にその社会・国家を発達せしめた欧米が、今日の行詰りを如何に打開するのかの問題は暫く措き、我が国に関する限り、真に我が国独自の立場に還り、万古不易の国体を闡明し、一切の追随を排して、よく本来の姿を現前せしめ、而も固陋を棄てて益々欧米文化の摂取醇化に努め、本を立てて末を生かし、聡明にして宏量なる新日本を建設すべきで

(277) 血盟団とは、僧侶で右翼活動家の井上日召を指導者とし「一人一殺」を唱えたテロ集団である。一九三二年（昭和七年）、血盟団員が前蔵相の井上準之助、三井合名理事長の団琢磨が血盟団員に暗殺されており、これらを総称して血盟団事件と呼ぶ。

(278) 五・一五事件は、青年将校を中心とする一団が首相官邸を襲撃して犬養毅首相を射殺し、他にも東京各所の施設などを襲ったテロ事件である。青年将校たちに対しては同情的な世論も多く、それを受けて量刑はかなり軽いものになった。

(279) 二・二六事件は陸軍皇道派の青年将校たちが起こしたクーデター事件である。蔵相の高橋是清、内大臣斎藤実、教育総監渡辺錠太郎らが殺害された。昭和天皇の意向や海軍の圧力を受けて陸軍が鎮圧に乗り出し、クーデターはすぐに終結した。反乱を指導した青年将校や、彼らに思想的な影響を与えた北一輝、西田税らが死刑となった。

(280) 丸山二〇一五：八三

(281) 『東京朝日新聞』一九三一年九月二〇日夕刊

(282) 関東朝日新聞社編一九三三：四一九

ある。[284]

ここでは欧米的なものを採り入れながらも、[285] 他の追随を許さない独自性を持った日本の伝統に回帰することが志向されている。同書が示す日本は「万世一系の天皇皇祖の神勅を奉じて永遠にこれを統治し給ふ」国家であり[286]、天皇の存在が独自性の源泉とされている。

『国体の本義』は「帝国の夢」の最終的な目標を示している。それは天皇の司る「国体」、すなわち欧米を凌駕する「真の近代国家」としての日本の姿を完全なかたちで現出させ、その威光を世界に示すことである。日本の近代化――もしくはその「超克」[287]――は、「国体」の「真姿顕現」によって完成する。これは当時の政治家や官僚、軍人、テロリストから市井の人々に至るまで、広く共有された感覚であった。

日本（人）にとっての「帝国の夢」は悲願であったが、他国からは支持されなかった。たとえば太平洋戦争期には、「帝国の夢」にもとづいて「八紘一宇」[288]、「大東亜共栄圏」[289]といったスローガンが唱えられた。それらはトランスローカル、グローバル、もしくはユニバーサルな世界を志向していたが、結局はローカルな文脈にとどまった。他国からすれば、神格化された天皇に

（283）たとえば丸山真男は二・二六事件から終戦までを戦前の「ファシズム運動」の「完成期」とし、「ファシズム思想」が現実の国家機構と一体化したと捉えている（丸山二〇一五：五七）。本書における「帝国の夢」と丸山のいう「ファシズム思想」は完全に重なる概念ではないが、時代精神の方向性をめぐる議論としては共通する。

（284）文部省編纂 一九三七：六

（285）こうしたわずかに残る欧米へのまなざしは太平洋戦争前後には霧消し、「敵性語」を排除するような排外的な実践を生み出していく。ボクシングもその影響を受けた（四・3・2参照）。

（286）同：九

（287）ここでは一九四二年（昭和一七年）に、雑誌『文学界』が企画した「近代の超克」特集と、その一環で開催された哲学者や文学者による座談会、さらにそれに関連する言論活動や思想を念頭に置いている。詳しくは河上他、竹内（一九七九）を参照のこと。

（288）「八紘一宇」とは全世界をひとつの屋根（＝神格化された天皇）の家にするという発想である。宗教家の田中智学が『日本書紀』をふまえて創り出した言葉であるとされる。

は実感がわかず、日本が東南アジアや世界の盟主となることにも違和感があったからだ。簡単にいえば「帝国の夢」は独善的であるために他国からは支持されず、自閉化していったのだ。

そして次章でみていくように、ボクシングも自閉化する「帝国の夢」に巻き込まれ、太平洋戦争期には攻撃偏重の特異なボクシングが出現した。モダン文化としての匂いは薄まり、かわりに「武士道」を加味した特殊なボクシングがもてはやされた。

戦中のボクシングは世界の標準的なボクシングのスタイルからはかけ離れており、さらには日倶以来のボクシングのスタイルとも異なっていた。しかし日中戦争から太平洋戦争へと至る時局を背景に、異形のボクシングは熱狂的に支持された。

そして異形のボクシングの象徴でもあったピストン堀口は、ボクサーという枠を超えて、時代を代表する有名人となっていった。それは優れたアスリートが、「帝国の夢」と同期してしまう過程でもあった。次章ではそうした戦中の状況をみていく。

（289）「大東亜共栄圏」とは東南アジアの国々が共存共栄する圏域を意味し、その建設が太平洋戦争の目的とされた。

第四章　戦中のボクシング

1　ボクサーとしてのピストン堀口

日本が国際社会での孤立を深め、日中戦争から太平洋戦争へと突入していく時代、ボクシング界の中心にいたのは、ピストン堀口であった。日仏対抗戦で名をあげた堀口は（三－1－2参照）、「武士道としてのボクシング」の体現者として、また比類なきファイターとして一九三〇年代から一九四〇年代を駆け抜けた（図4－1参照）。

ピストン堀口こと堀口恒男は、一九一四年（大正三年）、栃木県真岡市に警察署長の長男として生まれた。渡辺勇次郎も通った真岡中学校では柔道に打ち込んだ。卒業後一九三二年（昭和七年）に上京し、日倶に入門する。同年

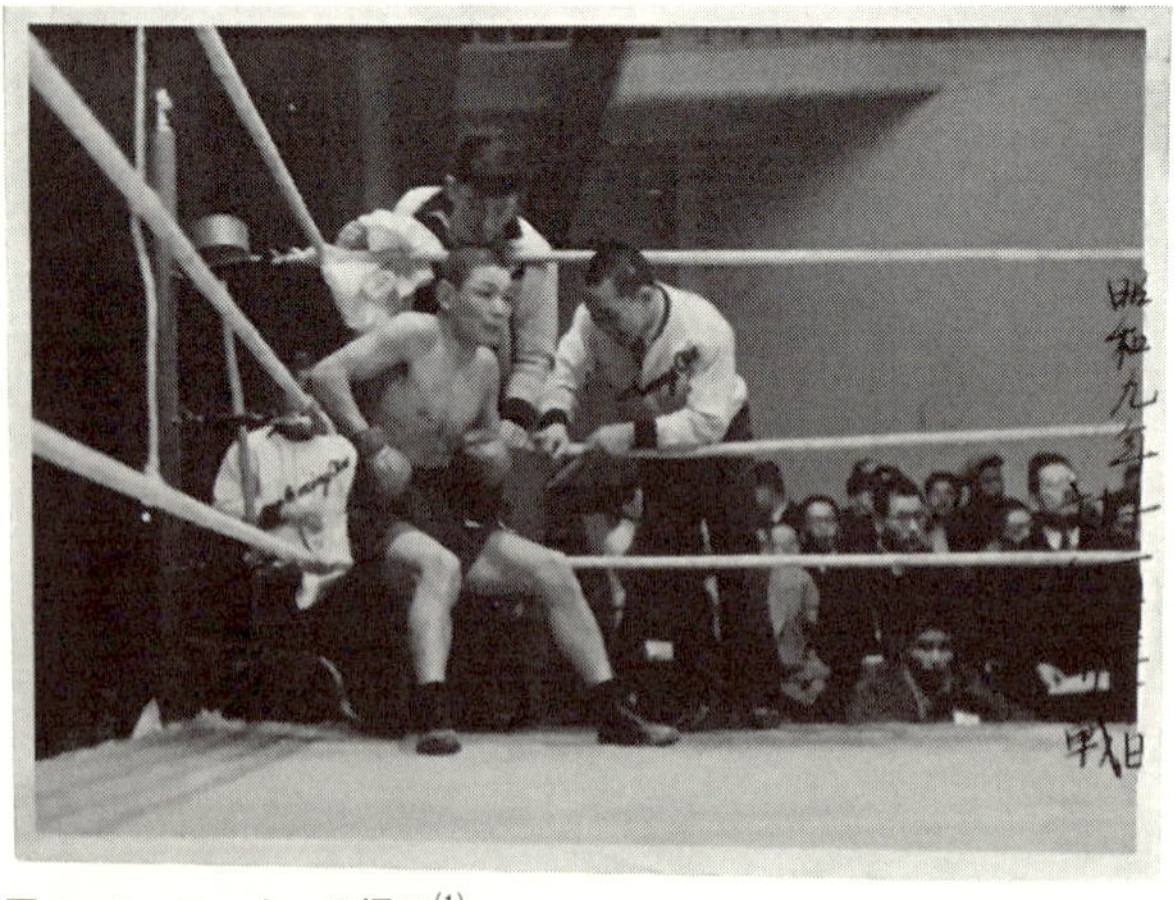

図4－1　コーナーの堀口[1]

（1）アルバム

アマチュア・デビューしてからは一〇戦九勝（六K・O）一敗[2]、翌年プロ・デビューしてからは五つの引き分けを挟んで四七連勝という驚異的な記録を残している。[3]

図4－2　『リングの王者』の広告[7]

特に日仏対抗戦から始まった海外の強豪との対決（三－1－2参照）、たとえばヤング・トミー[4]、ジョー・イーグル[5]、徐廷権、玄海男[6]などとの激闘は、堀口の人気を大いに高めた。ヤング・トミー、ジョー・イーグルはフィリピン出身、徐廷権、玄海男は朝鮮半島出身である。堀口は彼等に競り勝ったことで、「東洋」や「世界」に通用する選手として人気を得ていった。

堀口は無尽蔵なスタミナを

(2) 山本 一九八八a：四七

(3) ピストン堀口道場 二〇一〇

(4) ヤング・トミーは（Tommy Young）はフィリピンのバンタム級の強豪である。当時の世界ランキング一位であった（山本 一九八八a：八六・九一）。

(5) ジョー・イーグル（Eagle, Joe）はフィリピンのフェザー級の強豪である。攻守のバランスにたけたハードパンチャーであったという（山本 一九八八a：一三五・一三八）。

(6) 玄海男は済州島出身で帝拳所属のバンタム級日本チャンピオンである。フィリピンで世界的強豪、スター・フリスコを破って名を上げ、アメリカにも呼ばれた（ボクシング・マガジン編集部編 二〇〇四：二五九）。

(7) スクラップ・ブック第四集

図4-3　人気者番付(10)

誇り、左右のボディ・フックを連打する姿がピストンのようであることから、ピストン堀口の名前で知られるようになった。公式の生涯戦績は一七六戦一三八勝（八二K・O）二四敗一四分であるが、(8) 草試合にも数多く出場している。一九三五年（昭和一〇年）には日活のボクシング映画『リングの王者』にも主演し主題歌を歌っている（図4-2参照）。

全盛期のファイトマネーは一試合三〇〇〇円ともいわれ、(9) 雑誌の人気者番付でも、大蔵大臣として多くの業績を残した高橋是清の次にランクされている（図4-3参照）。堀口は人気ボクサーというより、時代を代表する有名人であった（図4-4参照）。

以下では、新聞や雑誌の記事などに加え、ピストン堀口が残した日記とスクラップ・ブック、ノートをもとに議論を進めていく。堀口は一九五〇年（昭

(8) ピストン堀口道場二〇一〇
(9) ただしファイトマネーが常にきちんと支払われていたわけではないようだ。そもそも堀口はファイトマネーの分配に対する不満から日倶を出たが（二-2-2参照）、以降の不二拳時代にも、ファイトマネーが満足に支払われず苛立ちをつのらせることがあった（日記 一九三八年一一月四日、一九三九年八月九日）。
(10) 実業之日本社編 一九三五
(11) アルバム
(12) 評伝では山本（一九八八a）、山崎（一九九四）、小説では寺内（一九七六）、吉村（一九七四）、色川（一九八九）、マンガでは梶原・影丸（一九九二）などがある。

和二五年）二月二四日深夜、茅ケ崎市の馬入鉄橋付近で列車にはねられ、三六歳の若さで亡くなっている。没後に評伝や小説、マンガなどが刊行されたが[12]、堀口の「肉声」に最も近いものは自身の日記やノートであると考えられる。本節では堀口の声をたどることで、非凡なアスリートの姿を捉えたい。

1　異形のスタイル

ピストン堀口のファイト・スタイルは異形のものである。堀口の代名詞ともなったピストン戦法は、簡単にいえばボディ・フックとショート・ストレートの連打である。堀口は攻撃をもらいながらも積極的に相手との距離を詰めてボディを中心に連打した。通常、ボディを打つ場合はクラウチング（前傾姿勢）になることが多いが、堀口は時にアップライト（後傾姿勢）でもボディを連打した（図4－5参照）。

図4－4　ベーブ・ルースと堀口[11]

相手の攻撃をもらっても意に介さず前に出たことから、堀口のスタイルはディフェンスを度外視した技術的後退と捉えられることもあった。ある程度相手に打たれることを前提としたピストン戦法は、少なくとも「打たせずに打つ」ことを理想とする近代ボクシングのセオリーからは外れていた。

ピストン戦法が特殊であることは、堀口本人も自覚していた。堀口は大衆誌『キング』に寄稿した自伝小説のなかで、ピストン戦法を初めて披露したときのことを次のように表現している。

僕は、最近岡本師範（引用者注：日倶トレーナーの岡本不二）によって訓練された腹の連打でシャニムに攻めたてた。すると見物人がゲラゲラと笑いだした。「リングの道化者！」という叫びも聞えた。それを聞いた僕は、内心「うまい事を云やがる」と感心した。それほど僕の戦法は奇抜で、スタイルも道化ていたのであろう。だが、道化者だっていい、あくまで攻撃的に進んで正しく勝ちさえすればいいんだ。(14)

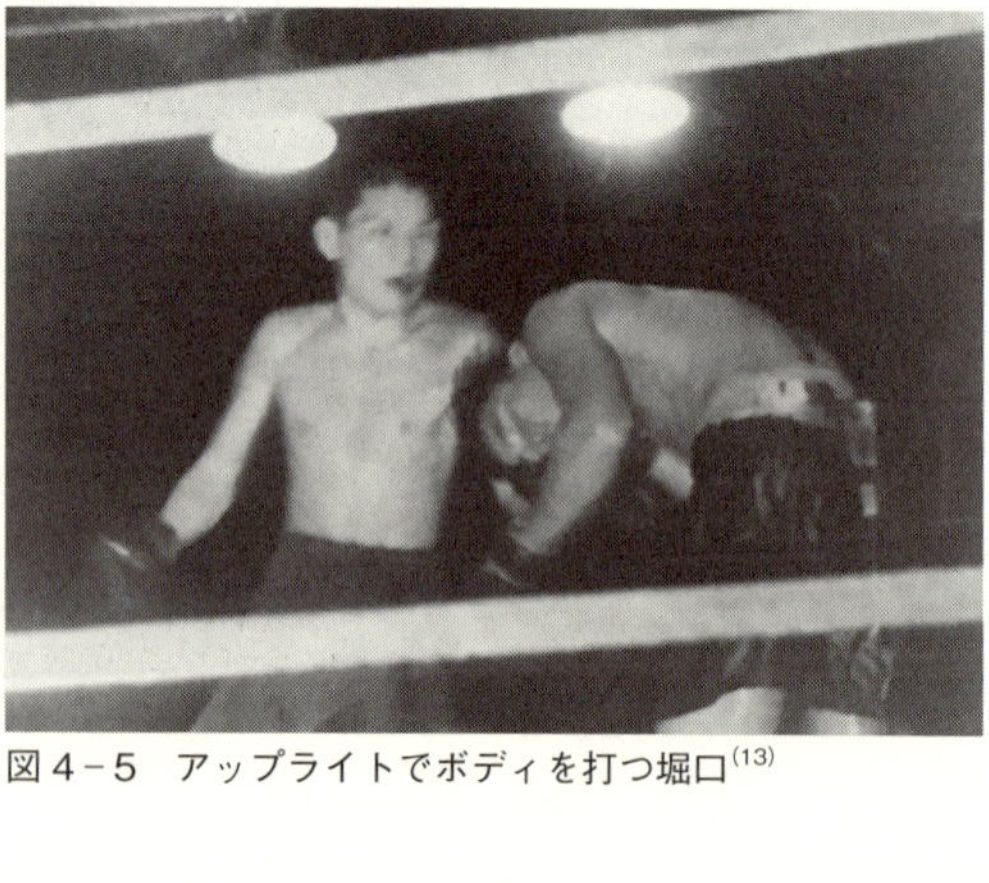

図４−５　アップライトでボディを打つ堀口(13)

(13) アルバム。クラウチングでボディを打つと、相手の体勢などが完全には把握できなくなる。昌信氏は、父が相手の動きを確認するためにアップライトでボディを打ったと推測している（二〇一八年三月一九日におこなったインタビュー）。

(14) 堀口 一九三四：二〇五

ピストン戦法は「訓練された」ものである一方、観客からは「奇抜」で「道化者」とすら捉えられることを堀口は認識している。それは「攻撃的」に試合を進めて勝利するための独自の戦法であった。

そもそもピストン戦法は、堀口にしかできない唯一無二の戦い方であった。ピストン戦法が人気になると真似する者は現れたが、自分のものにできた選手はいなかった。堀口がピストン戦法をものにした要因は大きく二つある。ひとつは堀口の心臓の強さと無尽蔵のスタミナである。ピストン戦法は、岡本不二がオリンピックに出場した際に目にした外国人選手のボディ連打に想を得たものである。(15) 岡本はトレーナーとしてボディ連打をさまざまな選手に教えた。一般的な選手は二ラウンド程度しか連打が続かなかったが、堀口は一〇分間ミット打ちを続けても息切れしなかったという。(16) 心臓の強さと豊富なスタミナはピストン戦法を可能にする重要な要素であった。(17)

またピストン戦法が可能な距離まで相手に近づこうとすれば、通常は近づく前に相手に打たれる。そのため距離を詰める際には、相手の反応を上回るスピードで近づくか、フェイントやフットワークで攪乱するか、ディフェンスを固めてボディワークを使って潜り込むといった戦略が必要になる。堀口は必ずしもそうした技術に長けていたわけではなかった。

(15) 山本一九八八a：四五‐四六
(16) ピストン堀口道場二〇一〇
(17) ただし堀口は常に全力でラッシュをしていたわけではなく、パンチに強弱をつけていた（渡辺、堀口一九三四：一一六‐一一七）。これはスタミナがセーブできるだけではなく、相手が反応しづらくなるという効果も持つ。ボクシングでは身体の筋肉を固めて受け止めるブロックというディフェンス手法がとられる場合がある。しかしパンチの強弱をつけられると、筋肉を緩めている際に強打を効かされることがある。パンチの強弱はピストン戦法が多くのK・Oを生んだ理由のひとつであると考えられる。

ではなぜ堀口は相手に接近できたのか。それがピストン戦法を可能にしたもうひとつの要素、打たれ強さである。堀口は首が太く顎が強かった。柔道部時代、五〇キロの土のうを首から下げて道場を歩き回る訓練をしていたため首が強化されたという[18]。堀口のような身体の持ち主は、顎を打たれても通常より衝撃を受けにくい[19]。

また堀口は「鉄甲頭」、すなわち強靭な頭蓋骨の持ち主だった[20]。対戦相手が堀口の頭を打つと「右手の人さし指と中指の関節を完全に挫いた」ほどであった[21]。こうした首から上の身体的強さゆえに、堀口はパンチをもらっても倒れることなく相手に近づけた。

堀口の異形のスタイルは、当時から賛否両論をもって受け取られた。下田辰雄は堀口のスタイルを好意的に捉え「連打戦法と執拗なる肉迫力と耐久力はファンの拳闘観を一新せしめた」と評している[22]。また荻野貞行はピストン戦法を「他に類例のない戦法」であるとし[23]、それを可能にする「天性になる全く尽きる所を知らないスタミナを蔵する体軀と執拗なファイティング・スピリット」を高く評価する[24]。しかし堀口のテクニックとスピードに関してはあまり評価していない[25]。臼田金太郎も同様に、堀口の「たゆまざる闘志と体力に脅威を感ずるだけで技術としては学ぶべき何も無い」と述べている[26]。

(18) 山本一九八八a：二三三・二三四。
(19) 顎を打つことで衝撃が脳に伝わって脳震盪を引き起こす、というのがボクシングにおけるダウンのメカニズムである。つまり顎は急所であるため、ボクシングの基本的なフォームでは、身体を半身にして利き手を顎の横においてガードする。しかし堀口は首が太く、顎を打たれても振動が脳まで伝わりにくかったので、打たれてもほとんど倒れなかった。
(20) 『読売新聞』一九三六年七月三日
(21) 同
(22) 『読売新聞』一九三三年一二月二八日
(23) 荻野一九三三：一一六
(24) 荻野一九三四b：八二
(25) 同
(26) 臼田一九三三：二三二

いずれの評も堀口のスタミナと闘争心を高く評価する一方で、荻野と臼田は堀口のテクニックをあまり評価していない。すでにボクシングの自律化がある程度進んだ時期にあって、堀口のファイト・スタイルは技術的後退と考えられたことがわかる。

堀口のテクニックは海外でも酷評された。一九三六年（昭和一一年）にハワイで試合をした際も、現地の新聞で堀口のスタイルはボクシングではないとまでいわれた。[27] 実際にハワイで堀口の試合を見ていた後の名トレーナー、エディ・タウンゼント[28]も「ピストンは下手だった」と回想している。[29]

こうした酷評にもかかわらず、堀口はプロ・デビュー以降も四七連勝の快進撃を記録し、絶大な人気を誇った。ピストン戦法はボクシングのセオリーから外れていたが、勝利を重ねていたことからは、必ずしも間違っていなかったといえる。見方をかえれば堀口の身体的な特性は、既存のボクシングのセオリーでは捉えられないほど突出していたということだ。少なくとも堀口の強さには、一般的な技術論の枠では捉えきれない規格外の部分があったと考えられる。

昌信氏は、ピストン戦法の意味について次のように述べる。

(27) 山本 一九八八a：一一六‐一三〇
(28) エディ・タウンゼント(Townsend, Edward) はハワイ生まれのトレーナーである。プロレスラー、力道山の招きで来日して以降、日本各地のジムでトレーナーとして活躍し、六人の世界チャンピオンを育てあげた。死後も「エディ・タウンゼントを偲ぶ会」が結成され、毎年優れたトレーナーに「エディ・タウンゼント賞」を授与している。
(29) 山本 一九八八b：一〇

ピストンは下手だといわれるけど、そんなことはないと思いますね。勝っているわけですから。（ピストン戦法で）ラッシュするのも、相手との距離をつぶすことでパンチがクリーンヒットしないという効果もあるわけです。野球でいう球がつまった状態ですね。だから（距離を詰めることで）攻撃が防御になるわけです。(30)

ここで昌信氏はピストン戦法の効果に言及している。積極的に距離を詰めることは、それなりに打たれるにせよ、相手のパンチが最大の威力を発揮する位置をずらすことにつながり、結果的にディフェンスにもなるという。昌信氏の発言からは、ピストン戦法は必ずしも技術的後退ではなく、堀口本人にとっては打たれ強さなどの身体的な特徴を活かした合理的な戦略でもあったということがうかがえる。

しかしピストン戦法に対する先の酷評は、そうした戦略的な意味が必ずしも理解されなかったということを示している。ピストン戦法は技術論の文脈を離れ、むしろ後述する「武士道」を体現するスタイルとして人々を惹きつけた（四‐3参照）。

堀口がラッシュを始めると、会場に詰めかけた観客は「ワッショイ、ワッ

(30) 二〇一八年二月二一日におこなったインタビュー

ショイ」という大合唱で応援した。以前から日本のファンはファイターを好む傾向にあった（三－2－3参照）。そのため打たれても、打たれても距離を詰めてラッシュする堀口は、競技性という点では異端であっても、ファンに好まれるファイターの要素を十分すぎるほど持っていた。

堀口自身もファイターを好むファンの心理をよく理解していた。一九三六年（昭和一一年）にハワイで試合をした際、堀口は観客の反応を分析して次のように記している。

外国と日本ではファンの見方がちがうのだ。日本ではただ強いだけでは人気は出ない。出ても持続することは出来ない。しかし、こちらでは、ただ強ければそれでいいんだ。Very strong! 無茶苦茶に強ければそれでいいんだ。それから捨身の戦法をあまりよろこばぬ様だ。目に見えたテクニック――そして All round fight よりも round ごとに調子をかえること即ち、アグレッシブとディフェンシブと両方しっかりしなければ感心せぬ様だ。[31]

ここではハワイのファンがテクニックに裏付けられた「強さ」を歓迎する一方で、日本のファンはそうではないことが述べられている。文脈からは前

(31) 日記一九三六年二月一二日

述のファイターを好む傾向が念頭にあることがうかがえる。実際、日記の他の箇所では「日本のファンはやっぱりボクサーよりもファイターを好むらしいなァ」という記述もある。[32]

これらのことから、堀口はプロとしてファイターを演じ、観客を喜ばせることを意識していたと考えられる。堀口は岡本不二からストレートも伝授されており、[33]距離を取って戦うこともできた。[34]しかしそれではファンは喜ばない。昌信氏は「父が拳闘家として名を成すには、攻撃に集中するしかないと考えたのでは」と推測する。[35]攻守のバランスを考えるような「普通」の戦い方では、プロとして人気が得られないと堀口自身が考えたということである。昌信氏の推測にしたがえば、ピストン戦法自体がファン・サービスとしての意味を持っていたと考えることができる。

同時に堀口は、ピストン戦法の弱点についても冷静に分析している。日記には次のような記述がある。

> 僕の今までのピストン戦法も弱い者を相手にして居る時にはいいが、強い者スタミナのある者に対しては、それほど効果的とは思われぬ。理想かも知らぬが、ハードパンチがほしい。[36]

(32) 日記一九三八年一一月八日
(33) 山本一九八八a：四六
(34) たとえば一九三六年（昭和一一年）の不二拳主催興行における高田幸一との一〇回戦では、堀口はいつものインファイトに左右のストレートを織り交ぜながら戦い、五回T・K・O勝ちをおさめている（『読売新聞』一九三六年六月二六日）。
(35) 二〇一六年九月三日におこなったインタビュー

(36) 日記一九三六年一月三一日

堀口は一発のパンチで試合を終わらせられるような、いわゆるハードパンチャーではなかった。[37] 日記にも「パンチがほしい。胸のスク様なパンチが」という記述があり、[38] パンチ力が課題であると自覚していたことがわかる。堀口が築いたK・Oの山の多くは、連打によるものだった。堀口はピストン戦法の限界を冷静に見ており、そのことは次項で述べる不安にもつながっていたと考えられる。

2　堀口の不安とモチベーションの低下

いくら打たれ強いとはいえ、堀口も不死身ではない。堀口はしばしば怪我や病気に見舞われた。日倶に入門した一九三二年（昭和七年）には、鼻を痛めてオリンピックの予選を棄権し、[39] 脚気にもかかった。[40] 一九三三年（昭和八年）にはヤング・トミー戦で鼻骨を割っている。[41] 一九三四年（昭和九年）には風邪をこじらせて入院し一月近くブランクをつくった。[42] 年末には瞼の傷が癒えないまま小池実勝との「血の一〇回戦」をこなした（三－2－3参照）。また一九三七年（昭和一二年）には一月のジョー・イーグル戦で痛めた脇腹の怪我が長引き、[43] 年末には膿胸にかかって三カ月間入院している。[44] その後も体調

(37) ただし不二拳で堀口とスパーリングしていた青木敏郎は、堀口の左ストレートは強烈で打たれると「痺れるような痛み」だったと回想する（山本 一九八八a：一七二）。また慶應義塾大学の大沢太郎は、出稽古で堀口のボディ・フックを喰い「一瞬脇腹から背に鉄棒ででもぶち抜れた（ママ）かと思う衝撃」を受けてダウンしたという（慶應義塾体育会ボクシング部　一九七六：一〇九）。こうした証言からは、堀口のパンチ力がなかったとは必ずしもいえないことがわかる。

(38) 日記一九三五年二月二八日

(39) 日記一九三二年五月三〇日

(40) 日記一九三二年八月六日

(41)『戦いのあと』一九三三年一一月二六日

(42) 山本一九八八a：九三－九四

(43) 日記一九三七年四月一日

(44) 日記一九三八年三月三日、『戦いのあと』一九三八年三月三日

不良が続き、半年の間「稽古を全然して居ない」状態になった。[45] 膿胸の後遺症のため、徴兵検査も丙種になっている(四-2-1参照)。

それでも堀口はハイペースで試合をこなした。一九三三年(昭和八年)は一五試合、一九三四年(昭和九年)は一四試合、一九三五年(昭和一〇年)は八試合、一九三六年(昭和一一年)には二七試合をこなしている。[46] これは試合間隔が短かった当時としても、ハイペースである。また堀口は記録が残らない草試合も数多くこなした。「頼まれると断れない性格だった」と昌信氏は述べる。[47]

堀口は満身創痍でリングに上がり続けていたが、試合前には「精神的のなやみ、苦痛」を感じることもあったようだ。[48] たとえば一九三六年(昭和一一年)にハワイでフィリピンの強豪、ヤング・ギルドと試合をする前日には、次のように記している。

いくらさとった様でも、やはり小人の悲しさ、試合のことが心配になる(中略)今までにも、色々の人が来て、やれギルドは強いの、タフだの、よくムカッて来るだの、スピードがあるだの、どこからでも手が出るだの――そしてその度にビクビクさせられる。[49]

(45) 日記一九三八年五月一七日

(46) 『戦いのあと』

(47) 二〇一六年九月三日におこなったインタビュー

(48) 日記一九三六年一月二九日

(49) 日記一九三六年二月六日

試合前のボクサーがナーバスになることは珍しくないが、堀口も同様であったようだ。ヤング・ギルドとの試合は引き分けになったが、試合後の日記には次のように記されている。

口の中も大分切った。試合最中に、面倒臭くなって、マウスピースをほうり出してやったのが悪かった（中略）少しも防御をせずにどんどん向かって行ったので大分なぐられてしまった。頭が痛む。口のなかが痛い。顔も——小便をしたらまた血ニョウだ。俺の体が一体もつだろうか？　何時まで、ボクサーとしての生命がつづくのだろうか⁉　今の俺にとって一番の不安だ。今、不具者にでもなったら、一体俺はどうなるんだ。俺の前途は——(50)

強豪相手に「マウスピースをほうり出し」、「少しも防御をせずにどんどん向かって行った」という信じがたい記述が目を引く。そのため堀口は、少なからぬダメージを負い、身体に不安を感じている。「俺の体はどこまで続くのだろう」といった記述は、日記の他の箇所にも見つけられる。(51)打たれる試

(50) 日記一九三六年二月七日

(51) 日記一九三六年二月二日

合をハイペースでこなす日常は、前途が絶たれる可能性を常に意識するような不安定なものであった。

また堀口は、常に選手としてのモチベーションを保てていたわけではない。一九三七年（昭和一二年）の日記には次のような記述がある。

今から五年前の今日から拳闘を始めたのだ（中略）しかし今は五年前の様に自分の希望にむかってひたむきにマイ進して行く、あの熱がなくなってしまった様だ。[52]

この記述からは堀口が選手としてのモチベーションを失いつつあることがわかる。堀口はこの年のはじめに徐廷権との試合前にもかかわらず風邪をひき、それでも家族と映画を観に行っている。[53] 自分でも「一寸ゆるみすぎたかな」と記しているが、[54] プロとしてあまり褒められた態度ではない。

また同年三月には、不摂生からウェルター級の体重になってしまい、減量にも苦労している。[55] 九月には「意思の薄弱なために、またまた無為な一ヵ月をおくってしまった」ことを悔やんでいる。[56] モチベーションの低下は明らかである。

(52) 日記一九三七年三月一六日
(53) 日記一九三七年一月二日
(54) 同
(55) 日記一九三七年三月一七日
(56) 日記一九三七年九月三〇日

堀口のみならず、ボクサーが常に緊張感を保ち、日常生活での節制を続けることは容易ではない。特に人気が出れば、支援者との会食や酒席などの誘惑の機会も増える。堀口はさほど酒が強くなかったものの、大の甘党だったようだ。(57)日記でもケーキを土産に帰宅する記述が頻繁に出てくる。体重を維持するのも容易ではなかったと考えられる。

3 堀口と「武士道としてのボクシング」

堀口は心身に不安を抱えながら満身創痍でリングに上がり、時にはモチベーションの維持にも苦労していた。それでも昌信氏の指摘する「頼まれると断れない性格」や、ファンに対する責任感が堀口を突き動かしていたのだろう。

しかしそれだけで戦い続けられるのだろうか。昌信氏は、父の苛烈なボクシングを下支えする「哲学」に言及する。

> 父は(日記にあるような)不安を感じていたと思います。それを乗り越えて戦うためには、「哲学」が必要だったんだと思います。でも(事故死したので)確立には至らなかった。(58)

(57) 山本一九八八a：一二三

(58) 二〇一六年九月三日におこなったインタビュー

ここで昌信氏が述べる「哲学」とは、恐怖や不安を克服し、モチベーションを保ってリングで戦うために必要な思想、精神などを意味する。

堀口の「哲学」は「武士道」と強く結びついていた。前述のように、桜田孝治郎、岡野波山、川島清らの著書や（二－3－1参照）、アマ連会長の堀内文次郎（二－2－3参照）、帝拳会長の田辺宗英にも（三－1参照）、「武士道としてのボクシング」という発想がみられた。堀口もその延長線に位置する。

ここで当時の「武士道」について考えたおきたい。大雑把にいえば「武士道」とは、武家社会の倫理規範などを明治期以降に再構成して生み出された近代の思想である。著書、『武士道』を記した教育者で思想家の新渡戸稲造が有名であるが、他にも多くの論者が明治期から昭和期にかけて「武士道」に関する言説を生産した。

武士がいなくなった時代において、「武士道」は伝統的な価値観を内包する一種の道徳律として捉えられたが、しばしば戦争と結びつけられた。たとえば国家主義者で哲学者の井上哲次郎は、一九一二年（大正一年）に『国民道徳概論』を刊行し、「武士道」の骨子を「忠君愛国」に求めたうえで[59]、日清戦争、日露戦争における日本の勝利が「日本民族」の「利器」である「武

(59) 井上一九一二：一七二

士道」のおかげだと主張した[60]。

これは「帝国の夢」をめぐる言説の生産であるといえる。「八紘一宇」、「大東亜共栄圏」などのスローガンと同様、「武士道」というローカルな思想は、ここではグローバルな普遍性を持つものとされている。井上は後述する『戦陣訓』の作成にも関わっており（四－3－4参照）、彼の「武士道」観は戦前の社会で強い影響力を持った。

戦争を念頭に置いた井上の議論をより一般化すれば、「武士道」はグローバルな文脈において日本人の独自性や優位性を主張するための根拠として捉えられる。いかにも日本的で伝統的な雰囲気すら感じられる「武士道」は、特に戦中期には「帝国の夢」を神話的に補強する素材として利用されていった。

また「武士道」は外来スポーツのローカル化過程にもしばしば関わっていた。外来スポーツには当初から欧米文化が内包されているため、ローカル化を進めるなかでは必然的に内包された欧米文化と向き合うことになる。しかしむき出しの欧米文化は消化しきれないので、日本の文脈に即した何らかの仲介が求められる。そこに「武士道」が入り込むのだ。

たとえばアメリカ由来のベースボールは、エリート意識と国家主義を基調とする旧制高校の文化に仲介されることで、「武士道野球」というローカル・

(60) 同：一九八－一九九

バリエーションとなった。[61]「武士道野球」はベースボールと異なり、勝利至上主義や精神主義、集団主義に特徴づけられたという。[62]現在の日本の野球は「武士道野球」に比べればベースボールに近いが、高校野球における精神主義には「武士道野球」の残滓がみられる。

ボクシングの場合は、「武士道」に仲介されることでローカル化が真正な方向に進むと考えられた。つまり技術を身につけるだけではなく、ボクシングに日本独自の精神的支柱を加えることで、日本のボクシングが欧米のそれを超えるということである。

たとえば帝拳会長の田辺宗英は「外国の拳闘に日本精神を注入加味し、世界の拳闘界に向かって覇を争わん」と述べている。[63]「武士道」を介してローカル化した日本のボクシングは、やがてグローバルな舞台で覇権を握ることが期待されている。愛国社の同人でもあった田辺の国粋主義的思想を反映したこの言葉は、「帝国の夢」のボクシング的な現れといえるだろう。

堀口は「武士道精神にもとづく拳闘家」を目指すと日記に記し、[64]また新聞のインタビューでも「日本拳闘はどうしても武士道に立脚したものでなければ」ならないと答えている。[65]堀口もまた田辺らと同じ「武士道としてのボクシング」の系譜上に位置するといえる。

(61) 有山一九九七：二二・三二
(62) 同：二六・二九
(63) 田辺一九二八：七七
(64) 日記一九三四年一月一日
(65) 『読売新聞』一九三四年五月二一日

ただし「武士道としてのボクシング」を提唱した先人たちは選手ではなかった。堀口が先人たちと異なるのは、ボクシングのローカル化の方向性に対する意識のみならず、自身のボクサーとしての戦いを下支えし、不安の解消やモチベーションの維持に寄与する実践的な「哲学」として「武士道」を意識した点である。

堀口の考える「武士道」の骨子は、武人同士の果し合いのようにどちらかが倒れるまで戦うことにあった。[66] そして堀口にとってボクシングは、自分の理想と近い競技であった。

堀口は中学時代に初めて目にしたボクシングの試合で「理屈抜きで倒れて後も尚已まず」といった風の無名ボクサーの奮闘に感銘を受けたという。[67] その経験は堀口が柔道からボクシングに転向する一因になった。[68] 柔道よりもボクシングのほうが自身の「武士道」に近いと感じられたためである。堀口は柔道を評して、次のように述べている。

（引用者注：柔道では）ほんのはずみで投げられても、審判が「一本！」といえば、それで勝負が決まってしまい、いくら自分に闘志があって、やりたいと思ってもコソコソと引きさがらなければならないという、真の闘

(66) 山本一九八八a：三八。こうした認識は、後述する美しい死の匂いとも結びついていたと考えられる（四‐3‐4参照）。

(67)『読売新聞』一九四一年三月二〇日

(68) 同

志に燃ゆるたたかいでなく、ただ単なる、技術、テクニックの競い合いにすぎぬということです。(69)

堀口にとっては審判の判定で勝敗が決まる柔道よりも、K・Oで勝敗が決まるボクシングのほうが「真の闘志」を反映しており、自分が考える「武士道」に近いものであった。堀口は「判定の勝は引分、引分は敗け、KOとTKO丈けが真の勝利」であるとも述べており(70)、昔の武人のようにどちらかが倒れるまで戦うことに対するこだわりは強かった。

ただし堀口にとって「武士道」は必ずしも馴染み深いものではなく、道を示してくれる師もいなかった。日倶に入門して間もない一九三二年(昭和七年)の日記には「昔の武道の達人のような人が好きだ。あの神秘的な精神がたまらなく好きだ」という記述がある。(71)ここで堀口は「達人」が「神秘的」であるとしているが、裏を返せばそれだけ漠然とした縁遠い存在であったということだ。

そのため堀口は、主に書籍を通して自分なりの「武士道」観を固めていった。一九三〇年代には、吉川英治の『宮本武蔵』や富田常雄の『姿三四郎』などの大衆小説が流行し、「武道のイデオロギーの大衆化」が進んでいた。(72)

(69) 堀口一九四九:三三‐三四

(70) 『都新聞』一九四〇年二月二三日

(71) 日記一九三二年八月二八日

(72) 井上二〇〇四:一五五

幼少期から講談本を好んでいた堀口も、[73]『宮本武蔵』の愛読者だった。堀口は「何か得るところあらん」という意識で『宮本武蔵』を読み、[74]気に入った箇所をノートに書き写してもいた（図4－6参照）。

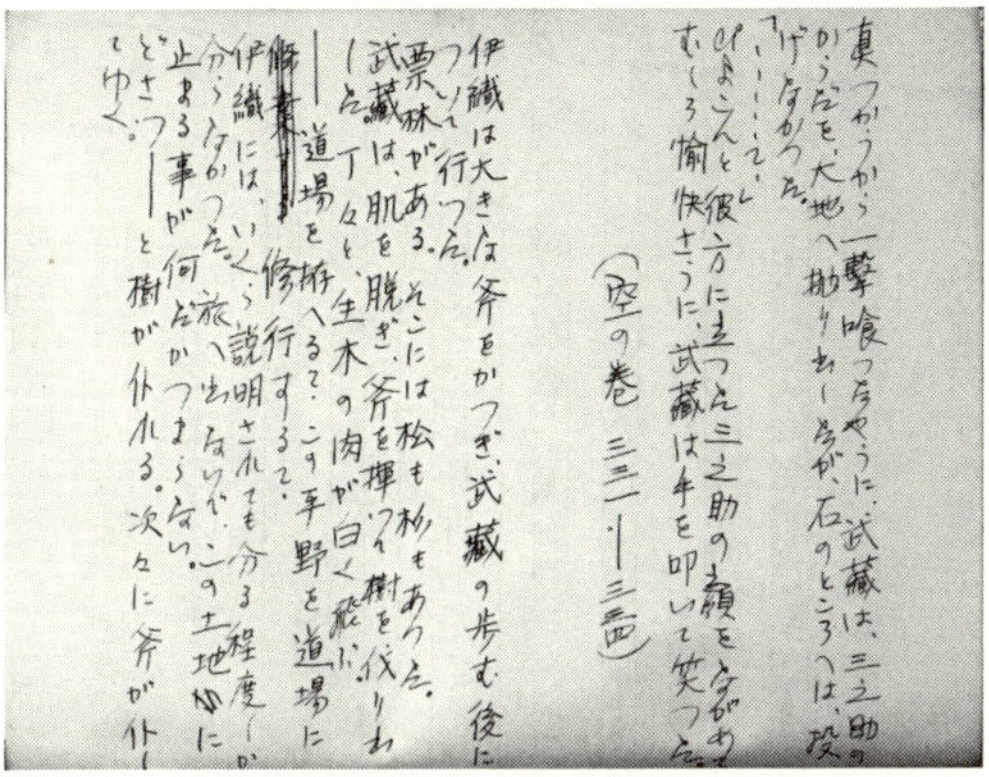

図4－6　堀口が『宮本武蔵』を書き写したノート

前述の「昔の武道の達人」の「神秘的な精神」に憧れるという記述も、[75]どちらかといえば大衆小説的な「達人」に対する無邪気な思慕を感じさせる。また「僕の拳闘修行上得るところがありそう」という思いから、山岡鉄舟[76]に関する本も自ら購入している。[77]さらに堀口は、剣術家・空手家の小西康裕[78]や忍術家の藤田西湖[79]らに教えを乞い、ボクシングに応用できる技術の習得を目指した。[80]小西の道場では二刀流を学び、空手の手法で拳を鍛錬した[81]（図4－7参照）。

堀口の関心は精神面の修養にも

(73) 堀口一九四九：三二

(74) 日記一九三七年八月一日

(75) 日記一九三二年八月二八日

(76) 山岡鉄舟は武芸に通じた幕末・明治の思想家である。千葉周作に剣を学び、維新後は静岡藩権大参事、茨城県参事、明治天皇の侍従などを務めた。一八八〇年（明治一三年）に一刀正伝無刀流をたてた（『日本人名大辞典』＝JapanKnowledge Lib）。

(77) 日記一九三八年二月七日

(78) 小西康裕は剣術家・空手家である。船越義珍、本部朝基から空手を学んだ。戦後は『剣道入門』（一九五四年）、『空手道入門』（一九五八年）などの著書を記している。空手団体の設立にも力を注いだ。

(79) 藤田西湖は甲賀流忍術の忍術家である。戦中は陸軍中野学校の設立にも協力した。藤田が所有していた二〇〇〇点以上の武術・忍術の本は、小田原市立図書館の「藤田西湖文庫」で管理されている。

(80) 山本一九八八a：九五

(81) 同

向かい、試合前に香を焚いて精神を集中させていた。[83] 仏教誌『大法輪』を読んで禅に興味を持ち、「沢木老師[84]の弟子にでもなるか!?」と日記に記してもいる。[85]

こうした一連の行動は、いずれも不安を克服しモチベーションを保つために、堀口が創り上げようとした「哲学」の一端を示すものである。それは通俗的な和風趣味の枠を出ていないようにもみえるかもしれない。しかし堀口の「哲学」はあくまでも実践的なものであり、思想体系としての精緻さよりもボクシングにおける実用性が優先されたはずである。また事故死という結末がなければ、昌信氏が考えるように、自身の「哲学」をより深めていた可能性もある。

堀口は『都新聞』紙上で自身の「哲学」にもとづくジムの構想を語っている。堀口の理想が詳細に述べられているので、少し長くなるが以下に引用する。

図４－７　堀口と小西康裕[82]

（82）アルバム
（83）『読売新聞』一九三四年五月一二日
（84）曹洞宗の僧侶、沢木興道のことである。沢木は寺を持たず「宿なし興道」と呼ばれた。道場を移動叢林と称し参禅を指導した（『日本人名大辞典』= JapanKnowledge Lib）。
（85）日記一九四一年九月二日

内弟子は全て無月謝で募集しても無条件にグローブをはめさせるのではなく、先ず厳格な口頭試問を道場主堀口自ら行い専ら入門希望者の心構えを試問、真に拳闘家として起つだけの気概を認め、純真な考えを持って居ればパスさせて、第二の実地試験を行う。

此処でグローブをはめさせ実地にピストンパンチをお見舞いして「闘志」を検査する。身体の均整、天分は勿論だが、それより試験の重点はピストンパンチを何処まで耐え得るかの精神力の強、弱にある。

以上二つの試験をパスした者十人を第一期生として内弟子に採用する。年齢は十六、七歳が最も適当。内弟子にして半年は絶対に試合に出さずひたすら厳格な訓練をする。一月位の短期養成で試合へ出され未熟の為に一度のリングで身体を壊し、或いは基礎訓練なく、幸運の勝利を得た為慢心して邪道に入る等の従来の欠点を排除する為である。

内弟子生活は朝六時起床、午前中ランニング、縄跳び、午後学課、夜六時から実地鍛錬、同十時就寝の日課を厳重に行わせ、堀口自身も内弟子と起居を共にして鍛錬する。技術の養成と共に日本古来の美点たる「礼」と「敬虔」の念を養う為に道場に神を祀り、道場の出入毎に道場神へ礼を行

> わせる。午後の学課には甲賀流忍術家藤田晴湖《ママ》氏、剣道空手教士小西安弘《ママ》氏、怪頭力元祖雷光兼光氏、小林大乗医学博士等の講演が予定されてる。
>
> 半年後リンク《ママ》に登り、ファイトマネーを獲得出来る様になった弟子に対してはその半分を与え残り半分は道場積立金として、之を基本に第二期、第三期生と次々に養成して行く予定である。
>
> 尚、他に純然たるアマチュアの体位向上を目的とする弟子も募集、この方は月謝をとり、年齢には制限を設けず、拳闘の楽《ママ》さを伝授する。(86)

堀口はボクシングの技術以上に、「口頭試問」や「学課」、「道場神」を祀るといった姿勢に象徴される精神面の修養を重視している。こうした志向は、ボクシングを下支えする「哲学」を求めていた堀口ならではのものであるといえる。戦前戦後を通して、このような「哲学」を前面に打ち出したジムはまれであろう。おそらくは小西康裕の道場に通った経験などから、伝統的な武道の道場とボクシング・ジムを合体させようとしたのだと思われる。堀口の理想主義的な志向を感じさせる。またファイトマネーの取り分を明確にしている点は、日倶や不二拳での苦い経験が反映されているのだろう。

堀口の「武士道としてのボクシング」という考え方は、あるいは国粋主義

(86)『都新聞』一九四〇年二月二一日。原文には句点がなく、改行もされていない。ここでは読みやすくするために句点を追加し、内容をふまえて改行してある。

的にみえるかもしれない。しかし結局のところ、それは自分なりのボクシングを追求するための実践的かつ私的な「哲学」であり、さほど政治的な背景を持つものではなかったと考えられる。堀口は「帝国の夢」の影響を多少は受けただろうが、多くの市井の人々と同様、その実現をはかって自ら積極的に行動したわけではなかった。昌信氏は次のように述べる。

父はあまり（政治的な）色のついた考え方はしない、気の良い人でしたね。まわりと同じような、あの頃の一般的なものの考え方をしていたと思いますよ。家でもそういう話（国粋主義的な話）はしなかったですね。[87]

昌信氏の言葉からは、日々試合をこなし、家族を思い、社会に対する関心はあっても、特別に何かをするわけではない堀口の姿が浮かんでくる。堀口の「哲学」にも国粋主義的な鋭さというよりは、昌信氏が「あの頃の一般的なものの考え方」と評する健全な凡庸さが感じられる。[88]

しかし堀口のような有名人であれば、本人の意思がどうであっても、私的な次元で話が終わるはずもなかった。戦争が深まるにつれて、堀口の志向やファイトスタイルは、後述するスポーツへの批判、武道への接近という当時

（87）二〇一七年一〇月九におこなったインタビュー

（88）堀口の日記には「帝国の夢」を連想させるようなイデオロギー、たとえば「国体」や天皇についての直接的な言及はほとんど見出せない。また堀口は家庭では自分のことを「パパ」、妻のことを「ママ」と呼んでおり、レコードや映画、洋食などのモダン文化的なものも好んでいた。さらに戦後もプロモーターとしていち早くGHQと交渉している。筆者も堀口が国粋主義者であるという印象は受けなかった。

のスポーツ界における一大潮流や時代精神を象徴するものになっていった。そのなかではピストン戦法も私的な戦略という文脈にとどまらず、「武士道」を体現するものと捉えられていった(四 - 3 - 1、四 - 3 - 4参照)。

2 戦争とピストン堀口

堀口は徴兵検査を受けたが、病気のせいで丙種になった。丙種とはほぼ徴兵されない区分である。そのため堀口は太平洋戦争の最中にも慰問巡業や外地遠征をおこなっている。当時の選手の多くが徴兵されていることを考えると、堀口は例外的であった。

以下では、戦中における堀口の慰問巡業と外地遠征を取り上げる。そうした活動については、これまであまり議論されてこなかった。おそらく競技的にはさほどみるところがないからだろう。しかし慰問巡業や外地遠征は、スポーツと戦争の関係、とりわけ戦時下のアスリートがいかなる環境で生き、競技を続けていたのかを考察するうえで重要な事例である。

戦中の日本におけるスポーツは、しばしば「報国」の実践として捉えられた。堀口の慰問巡業も「拳闘報国」の一環としてなされた。

「報国」とは戦時下で「ありとあらゆる活動と組み合わされてもっとも頻繁に使われた言葉」であった[89]。たとえばボランティアで出征者の写真を撮影して家族に渡す行為が「写真報国」[90]、「国民精神総動員」に寄与する短歌が「短歌報国」と称された[91]。ボクシング興行が「体育報国」を標榜したこともあった（図4‐8参照）。

こうした事例からは、必ずしも一貫性や共通性がない雑多な営為が、「報国」の名のもとに語られたことがわかる。なかには純粋に「報国」を志向している場合もあるだろうが、実情は銃後の人々が自分の仕事などを時局にあわせて正当化する際に用いた言葉であるといえる。自分の営為が結果的に「報国」になっていると主張することで、批判を回避する意味合いが強かったと考えられる。いわば「帝国の夢」に寄与していることのアリバイづくりである。

以下では堀口が志向した「拳闘報国」の内実をみていく。また同時期の外地遠征にも目を向ける。

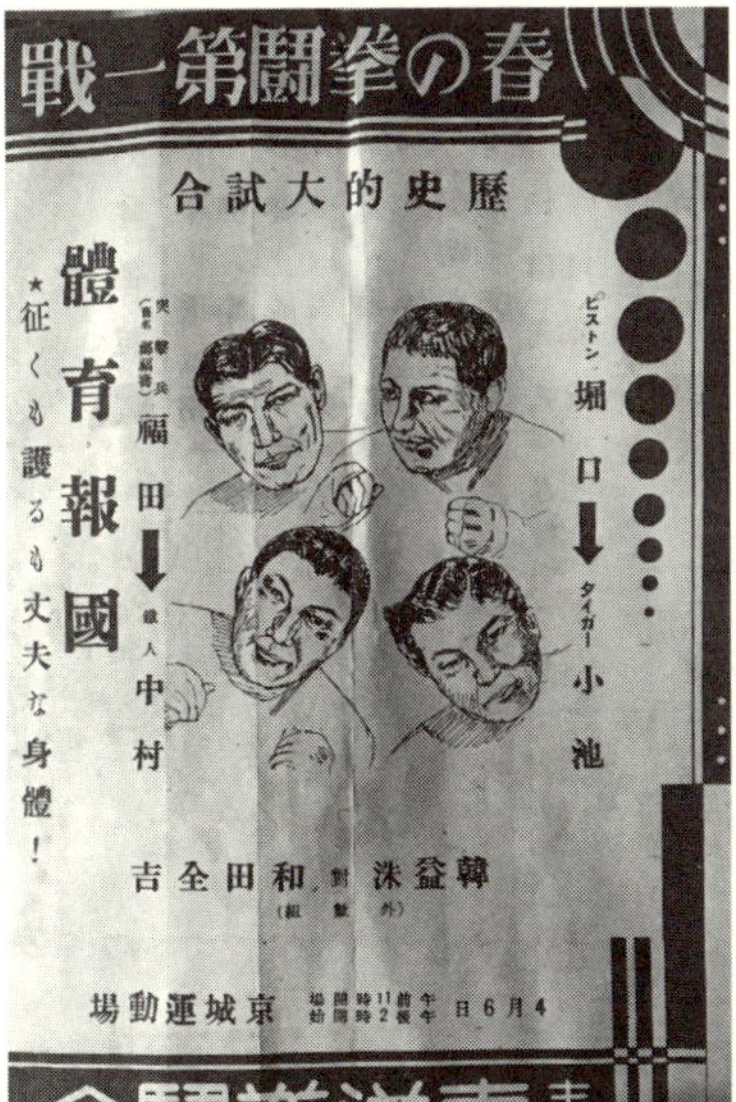

図4‐8　「体育報国」を標榜する興行[92]

(89) Dower 一九九九＝二〇〇一：三四〇
(90) 愛知県教育会編 一九四〇：一八・一九
(91) 斎藤 一九四〇：七〇
(92) スクラップ・ブック第八集

1　丙種と「拳闘報国」

前述のように堀口はしばしば病気や故障に見舞われた。特に一九三七年（昭和一二年）の年末には膿胸にかかって三カ月入院した。翌年五月、堀口は故郷の真岡で徴兵検査を受けるが、病気の影響で丙種になっている。検査の日、堀口は次のように日記に記している。

検査の結果は残念ながら丙種だった。なんとも申訳ない次第だ。この上はひたすら拳闘報国を目指して努力しようと思う。戦地に行ったつもりで、真剣に努力しよう。(93)

堀口は丙種であることを不名誉と感じ、そのために「拳闘報国」を目指している。これは当時の若者の心情としては珍しいものではないだろう。しかし実際はもう少し複雑な心境だったようだ。この日の日記の欄外には、小さい字で加筆がなされている。そこには次のような記述がある。

今日でこれから先の俺の一生もほぼ決定するのだ。俺の真の意味におけ

(93) 日記一九三八年五月三一日

る生死を決定する日だ。徴兵司令官の前に坐った時には、あやしくも心がおののいた。この時の気持、これほどの気持ち、なんと云いあらわしていいか、その言葉を知らぬ。「君は丙種だ」と云われた時、「申訳ありません」と一人でに頭が下った。今日、甲種になれば立派な軍人としてお国の為につくせる。しかし俺の大好きな生命とも云える拳闘とは永久にお別れだ。本当に今日、俺の運命を決定する日だった。あの時司令官の「甲」か「丙」かのたった一言のちがいによって――(94)

ここでは「立派な軍人」になることが「拳闘とは永久にお別れ」すること、すなわち戦闘によって死ぬことであると捉えられている。しかし結果的に丙種になったことで、その可能性はなくなった。あからさまに喜んではいないものの、「本当に今日、俺の運命を決定する日だった」という言葉からは、ある種の安堵感が感じられる。軍人になれなかった後ろめたさと、ボクシングを続けながら生きていけるという密やかな喜びがないまぜとなっていたことだろう。

以降の堀口は、不二拳の後輩である葛西憲栄などが入営していくのを見送りながら(95)、日記にあるような「拳闘報国」を志す。堀口の「拳闘報国」とは、

(94) 日記一九三八年五月三一日

(95) 日記一九三八年一二月二四日

具体的には献金試合や慰問巡業に参加することであった。日記には慰問に関する次のような記述がある。

衛生病院に慰問に行く。長野先生――衛生病院付軍医少尉と云うのか――に連れられて各病棟を回って歩く。皆ほとんど元気だ。遊び回って居る。若い女性の慰問者が沢山来て居た。傷病兵達が、写真を撮らせてくれ、サインをしてくれと大変だった。僕はなにしろ丙種だから、彼等の前では大きな顔は出来ない訳だ。(96)

堀口の人気ぶりがうかがえる記述である。当時、傷病兵は「白衣の勇士」と称され、一般的にも尊敬されていた。そのため堀口は、有名人ではあるものの丙種であるため、「勇士」たちより下の立場にあると考えている。
当時の慰問は舞踊や歌、漫才が中心であったため、(97) ボクシングは物珍しさからも人気があったようだ。(98) 堀口の慰問先は内地の病院が中心であったが、一九三九年(昭和一四年)には、外地にも赴いている(巻末表4－1参照)。これは後述する遠征旅行のなかでおこなわれた。
慰問先では頻繁に試合をおこなっている。特に一九三九年(昭和一四年)

(96) 日記 一九三八年六月二日

(97) 戦中の主な慰問の内容は「日本舞踊、新舞踊、奇術、漫談、唄、琵琶、漫才、民謡、里謡、浪曲」や「珍芸、曲芸など」であったとされる(押田二〇一六:二六八)。朝日新聞社と吉本興業の協同で実施された慰問団、「わらわし隊」の活動については早坂(二〇〇八)に詳しい。
(98) 日記 一九三八年八月一九日
(99) スクラップブック第九集

の四月一八日、一九日は昼夜の二部の試合を二日連続でこなすという異常なスケジュールになっている。対戦相手は石田一男、楠本芳保、葛西憲栄など不二拳の後輩も多い。ジムをあげて慰問試合をおこなっていたことがわかる。図4-9は一九四三年（昭和一八年）に埼玉県の白子陸軍病院で開催された慰問試合のプログラムである。

挨拶と基本動作説明の後、四回戦二試合、六回戦二試合、メインの一〇回戦一試合という構成で、ボリューム的には通常の興行の縮小版といえる。また慰問試合以外でも、通常の興行に傷病兵が招待されるようなケースもあった（図4-10参照）。

慰問巡業なども基本的には無給であるため、通常の興行の合間におこなわれている。堀口は慰問試合に関しても勝敗の記録をつけており、日記などにも筋書きがあったことを匂わせる記述はない。ただ過密スケジュールからも、常に通常の試合と同様であ

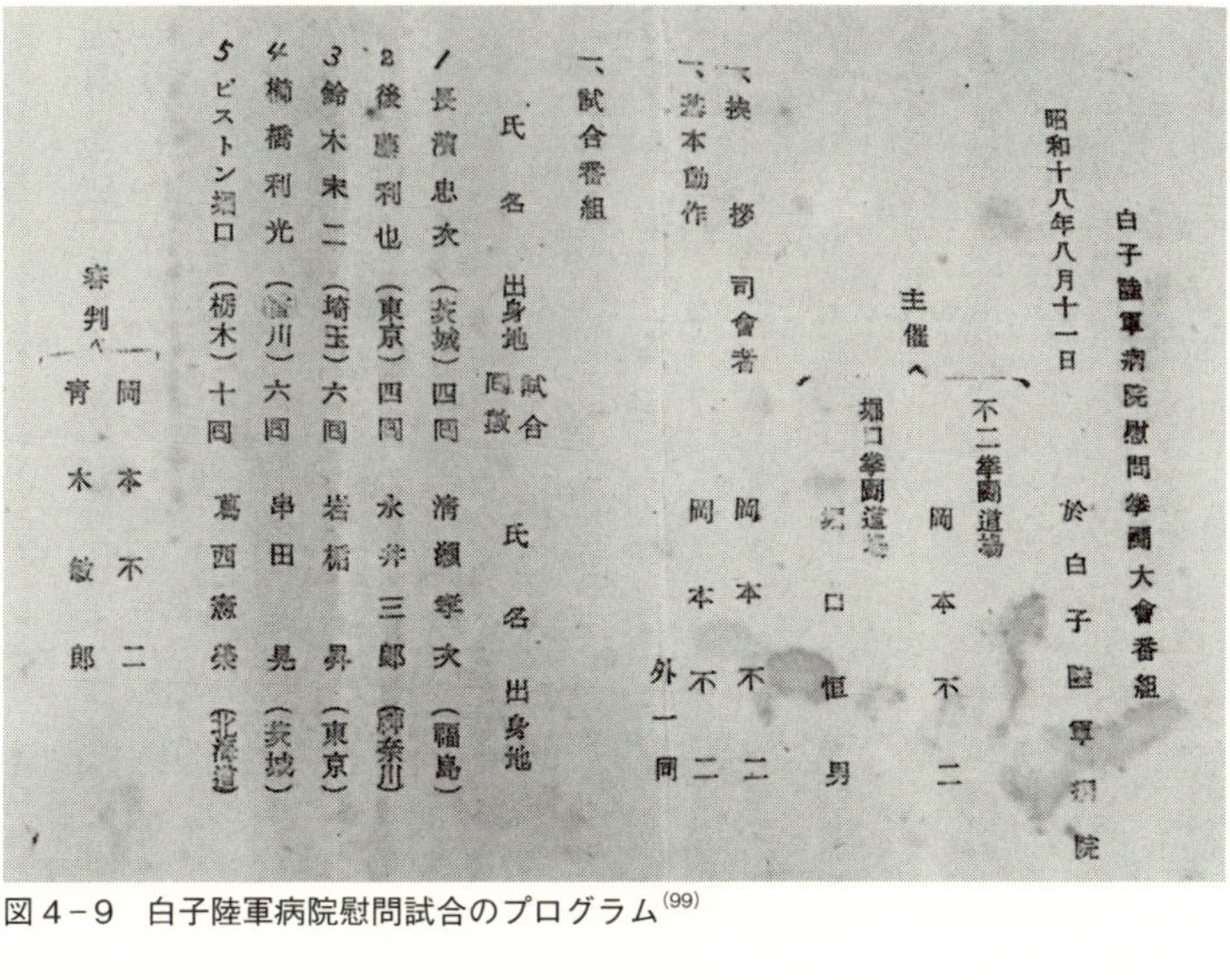
白子陸軍病院慰問拳鬪大會番組
於白子陸軍病院
昭和十八年八月十一日
主催（不二拳鬪道場　岡本不二
堀口拳鬪道場　堀口恒男）
一、挨拶　司會者　岡本不二
一、基本動作　岡本不二　外一同
一、試合番組
氏名　出身地　試合回數　氏名　出身地
1 長濱忠次（茨城）四回　清瀬幸次（福島）
2 後藤利也（東京）四回　永井三郎（神奈川）
3 鈴木末二（埼玉）六回　岩橋昇（東京）
4 楠橋利光（[illegible]川）六回　串田晃（茨城）
5 ピストン堀口（栃木）十回　葛西憲榮（北海道）
審判（岡本不二
青木敏郎）

図4-9　白子陸軍病院慰問試合のプログラム[99]

ったとは考えにくい。おそらくはエキシビション的な色彩もあったと考えられる。ハイペースで通常の興行と慰問巡業に出続け、さらに観客が求めるままにファイターを演じ続けたことで、堀口は徐々に全盛期の輝きを失い、選手としては下降線をたどりつつあった。それでも堀口の名声は絶大であり、戦中も外地遠征をおこなうなど、精力的に活動した。

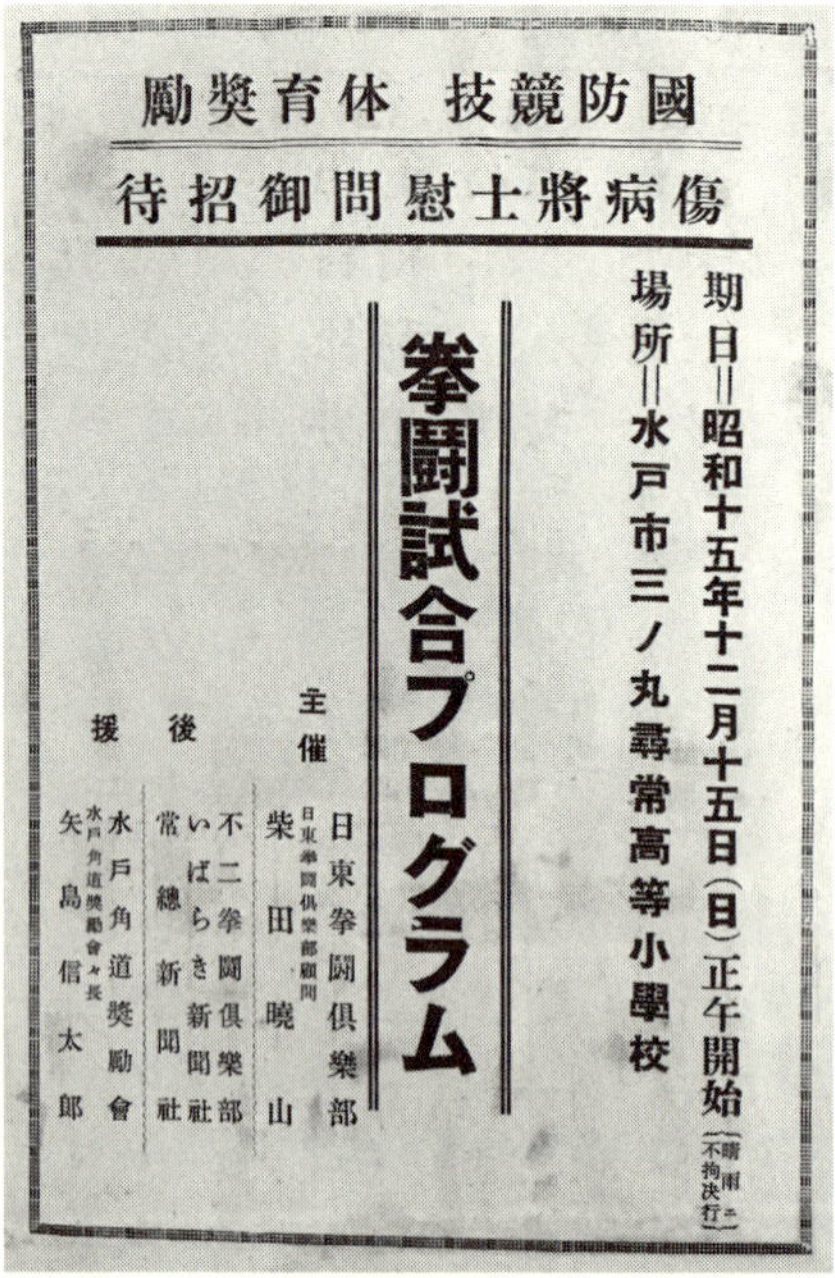
國防競技　体育奬勵
傷病將士慰問御招待
期日＝昭和十五年十二月十五日(日)正午開始(晴雨ニ不拘決行)
場所＝水戸市三ノ丸尋常高等小學校
拳闘試合プログラム
主催　日東拳闘倶樂部
日東拳闘倶樂部顧問　柴田曉山
後援　不二拳闘倶樂部
いばらき新聞社
常總新聞社
水戸角道奬勵會
水戸角道奬勵會々長　矢島信太郎

図4−10　傷病兵慰問興行のプログラム(100)

2　外地遠征

一九三〇年代後半から一九四〇年代にかけて、堀口は外地での巡業をおこなっている。日中戦争から太平洋戦争へと至る混迷の時代であったが、各地で興行がおこなわれていた。巻末表4−2は堀口の外地での巡業先をまとめたものである。満州の地図をみると、特に大きな都市を中心にまわっていることがわかる（図4−11参照）。

堀口が赴いた大連、撫順、新京、奉天、ハルピンなどは開発の進んだ大都

(100)　スクラップ・ブック第七集

図4－11　満州国全図[101]

（101）朝日新聞社編　一九三三：二

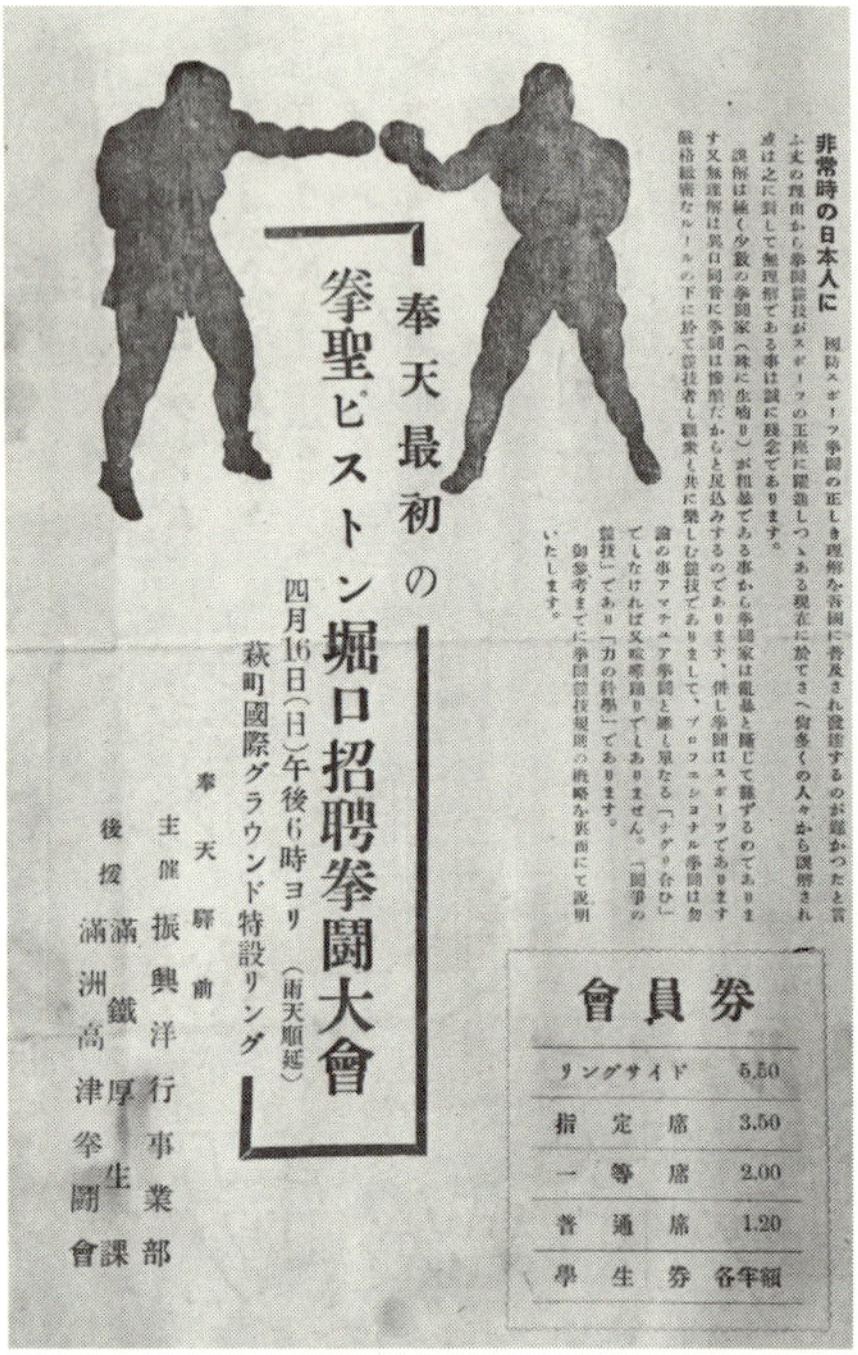

図4－12　奉天の興行プログラム[104]

市であり、ホテルやデパートはもとより盛り場なども数多く存在した[102]。特に二日連続の興行がおこなわれている大連は「東京の延長」と言われるくらい栄えていた[103]。図4－12、4－13、4－14は外地での興行のプログラムである。

現地の新聞社やジム、同好会などが興行に関わっていることがわかる。奉天の興行には満鉄厚生課が関わっている。また大連の興行を主催しているのは山口組であり、彼等が外地の興行にも関わっていたことがわかる。当時は

（102）南満州鉄道 一九二九、朝倉、古川 一九三二

（103）朝倉、古川 一九三二：三

（104）スクラップ・ブック第六集

軍属として働くヤクザも少なからずおり、(106) 外地もヤクザの「シノギ」の場であったようだ。

当時はテレビのない時代であり、堀口に関する情報は、記録映画とラジオ中継、白黒写真、活字のみだった。つまり堀口を実際に目にしたことのある人は限られ、名声のみが知れ渡っている状況であった。だからこそ眼前で動いている堀口を観るという経験は、特に外地の人々にとっては得難いもので

図４－13　ハルピンの興行プログラム(105)

(105) 同

(106) たとえば後年、住吉会の最高顧問を務めた浜本政吉は、戦中に中国大陸で憲兵隊の民間特務工作員として働いていたという（山平二〇〇三）。

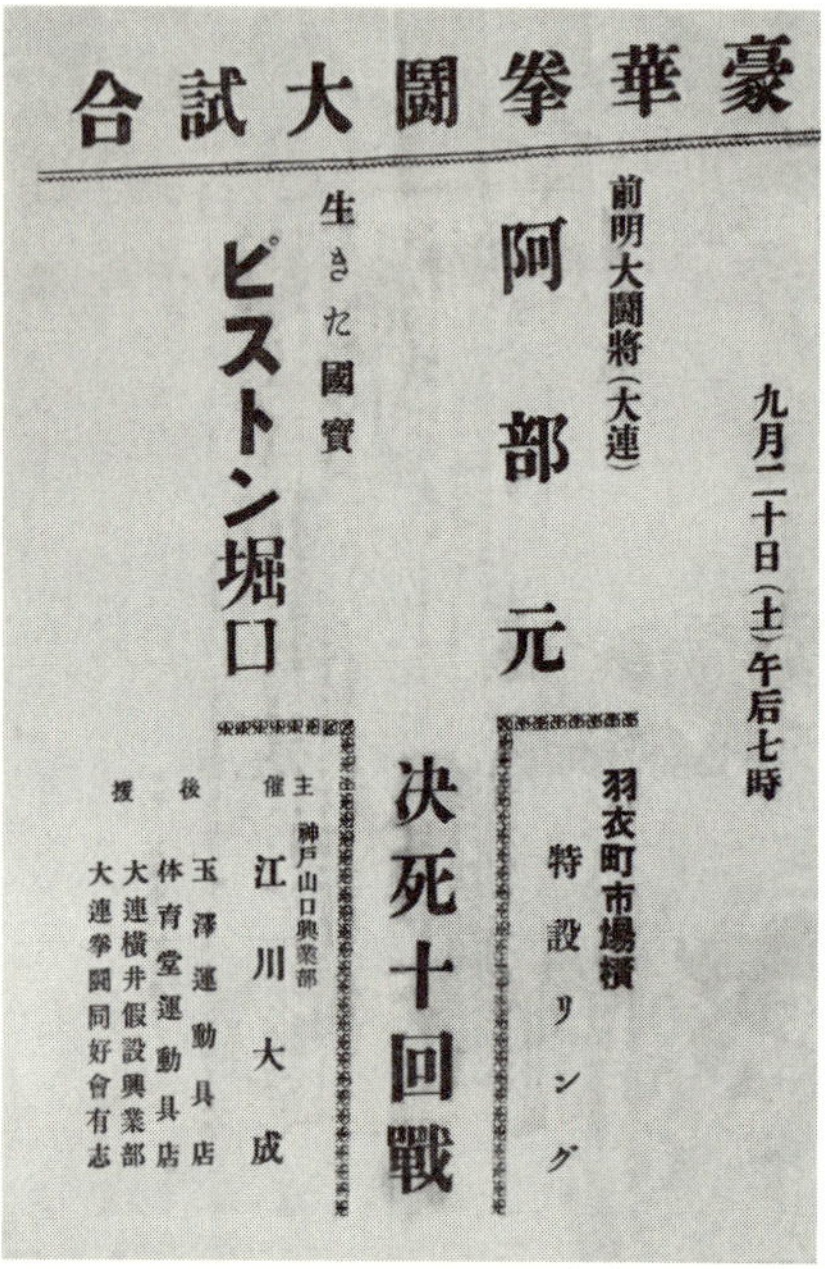

図4－14　大連の興行プログラム[107]

あったはずだ。

たとえば大連の興行プログラムには、堀口を形容する「生きた国宝」という派手な文句が躍っている。外地巡業は地域の力を結集した地方興行などと同じく（二－3－4参照）、ピストン堀口という有名人を迎えた一大イベントであったと考えられる。

（107）同

3　戦中のボクシング

前節では戦中の堀口の活動をみた。本節では少し視点を広げ、当時のボクシング界がいかなる状況にあったのかを考えていきたい。そのうえで堀口という存在を「帝国の夢」が膨張していく当時の社会に位置づけたい。

まず当時の社会の状況を簡単に確認しておこう。日本では一九三〇年代に入ると軍部の台頭が目立つようになった。中国大陸では一九三一年（昭和六年）の柳条湖事件をきっかけに満州事変が始まり、関東軍はわずかな期間で満州全土を制圧した。そして翌一九三二年（昭和七年）には溥儀を傀儡とする満州国の設立が宣言された。

こうした拡大路線の影響で、日本は国際社会における孤立を深めていった。中国国内では抗日運動が高まり、一九三二年（昭和七年）の第一次、一九三七年（昭和一二年）の第二次上海事変が起きた。国際連盟でも日本の行動は非難され、日本軍の撤退を求める決議案が採択された。そのため一九三三年（昭和八年）、日本は国際連盟を脱退した。

現在、日本の拡大路線はネガティブな評価を受けることが一般的である。

しかし当時の国内世論は拡大路線を支持した。連盟脱退を称える歌謡曲、〝連盟よさらば〟がコロムビアからリリースされ、新聞各紙は柳条湖事件以降の日本軍の行動を賛美し続けた。そして政府の不拡大・協調外交路線は世論の支持を失った[108]。「帝国の夢」が徐々に膨張し、日本が太平洋戦争へと突き進んでいく流れは、軍部の強権のみならず、世論の圧倒的な支持をもとに加速していったのである。

さらに一九三七年（昭和一二年）に日中戦争が始まると、国内の戦時体制も強まっていく。政府・軍部は国民精神総動員運動を起こし、「国体観念の国民への浸透と軍国主義・国家主義の鼓吹」に努めた[109]。翌一九三八年（昭和一三年）には国家総動員法が施行され、社会全体が戦時体制に変化することを求められた。「帝国の夢」は、ゆっくりと悪夢に変わりつつあった。

そして一九四一年（昭和一六年）一二月、日本は真珠湾攻撃を実行し、太平洋戦争が始まった。当初は連戦連勝を重ね、約半年で東南アジアのほぼ全域を制圧した。日本は「大東亜共栄圏」の建設を標榜したが、シンガポールやフィリピンでは抗日運動が巻き起こっていた。

その後、連合国の巻き返しと共に、戦局は急激に悪化していく。一九四二年（昭和一七年）のミッドウェー海戦[110]、ガダルカナル戦[111]、一九四四年（昭和

（108）佐藤、五味、高埜、鳥海編二〇〇八：四四一

（109）同：四五三

（110）ミッドウェー海戦とは、日本海軍のミッドウェー攻略が暗号解読によってアメリカ軍に筒抜けになり、またさまざまな作戦上の錯誤のために大惨敗を喫した戦いである。太平洋における日本の制海権と制空権が失われるきっかけになった（戸部、寺本、鎌田、杉之尾、村井、野中一九九一：七〇-一〇六）。

（111）ガダルカナルの戦いとは、日本の補給線の先端であったガダルカナル島をアメリカ軍に攻められ、多大な犠牲をはらって撤退を余儀なくされた戦いである。兵站の不備も深刻だった。三万二〇〇〇人の将兵が投入され、一万二五〇〇人余が戦死した。死因の多くが飢餓や病気であった（同：一〇七-一四〇）。

一九年）のインパール作戦(112)などでは、前線の兵たちは果敢に戦ったものの、悲惨極まりない敗北を重ねた。

連敗の原因として、連合国との物量の差などに加え、「皇軍」の組織的な問題が指摘できる。たとえば陸軍は当初から次のような問題を抱えていたとされる。

陸軍は、ヨーロッパから官僚制という高度に合理的・階層的組織を借用したが、それは官僚制組織が本来持っているメリットを十分に機能させる形で導入されていなかった（中略）日本軍のそれ（引用者注：官僚制組織）は官僚制と集団主義が奇妙に入り混じった組織であった(113)。

ここでは明治期における中途半端な官僚制の導入によって生じた組織の問題が指摘されている。「皇軍」に関しては他にもさまざまな組織的問題があったとされる(114)。つまり「皇軍」は欧米と日本の間を行ったり来たりする日本の近代化を反映しており（二－1参照）、そこに起因する組織的な問題を多く抱えていた。そして特に太平洋戦争期には、組織的な問題を解決しないまま、戦略的な誤りを繰り返していった(115)。

（112）インパール作戦とは、ビルマ防衛を目的とした作戦であったが、そもそも「軍事戦略的に見て、その必要性と可能性すら疑わしい」ものであり（同：一七五）、組織の不備と作戦の失敗が重なった結果、大敗北を喫した。投入された一〇万人の兵力のうち、最終的には戦死者三万人、傷病のために後送された者二万人、残存兵力の半分も病気にかかり、しかもビルマ防衛自体も破綻した（同：一四一）。

（113）同：三九四

（114）同：二六五－三三九

（115）同

　戦時色が強くなるにつれて、国内ではスポーツに対する外圧が強まった。(116) 既存の競技のありかたは否定され、スポーツは多かれ少なかれ軍事教練化していった。それはいわば「帝国の夢」のスポーツ的な現れであった。

　ボクシング業界は国防献金試合などを開催して軍部に協力したが、定着していたボクシングのルールも大きく捻じ曲げられた。そして太平洋戦争末期にはボクシング興行自体が中止された。プロ、アマを問わず多くの選手や関係者が徴兵、徴用され、空襲によってジムは焼かれた。ボクシングのなかに戦争が入り込んだ。

　他方、戦争のなかにもボクシングが入り込んだ。もともとボクシングに興味を示していた軍部は、戦争をボクシングの比喩で語った。また「戦時型」の心身を養成するための体操にもボクシングが採り入れられた。ボクシングの苛烈な競技性は好意的に再解釈され、戦争という目的に向けられた。

　さらに、特異なボクシング・サブカルチャー(117)も顕在化していた。欧米を凌駕する独自の近代国家としての日本の威光を世界に示すためには、ボクシングも独自である必要があった。そして一定のかたちでボクシングの自律化が進んでいたからこそ、参照点を国内に閉じることが可能になり（三－4参照）、ボクシングが「帝国の夢」に巻き込まれる余地が生まれた。

（116）戦前・戦中のスポーツに関しては、坂上康博（一九九八）、坂上康博、高岡裕之（二〇〇九）、高嶋航（二〇一二、二〇一五）、佐々木浩雄（二〇一六）など一定の議論の蓄積がある。それらは本書の論議とも関わる部分が少なくないものの、紙幅の都合上、詳しく検討することができない。本書の議論と既存の戦前・戦中のスポーツに関する議論の接続は、別稿にゆずりたい。

（117）ここでいうボクシング・サブカルチャーとは、ボクシング文化のなかにありつつも、メインカルチャーとは異なった特殊な文化を指す。ボクシング・サブカルチャーという用語は、池本（二〇一四：五四六）に想を得ている。

戦中の特異なボクシング・サブカルチャーとは、極端なファイター偏重傾向である。時代は堀口と呼応した。異形のものであったはずの堀口のファイト・スタイルは、戦中のボクシング・サブカルチャーの象徴になっていった。ピストン戦法は堀口にとっては合理的な意味を持つものだったが（四－1－1参照）、そうした点は必ずしも理解されず、時局に即した「武士道」的なスタイルとして抽象化された。堀口は技術を模倣されるような具体的な次元においてではなく、不屈の攻撃性のような抽象的な次元において日本のボクシングの真正性を示す存在だった。堀口の内弟子であった八重樫脇二は、次のように述べる。

ボクシングに対する見方が今とはまったく違ったんです。戦時色が強まるにつれ、私たちボクサーはボクシングの技術より試合に対する姿勢、武士道的な精神を求められました。ガードはおかまいなし、打たれても前へ出る玉砕戦法に観客も熱狂した。その頂点にピストンがいたんです。（118）

観客は技術的な問題ゆえの被弾を「敢闘精神」ともてはやし、選手たちもディフェンスやフットワークの重要性を過小評価した。戦中のリングには、

（118）城島二〇〇三：九〇－九一

堀口のフォロワーたちがディフェンスを度外視して打ち合うという特殊な世界があった。フォロワーたちにはピストン戦法の裏付けとなった体力や打たれ強さが欠けていたことを考えれば、その有り様はもはや悲惨である。戦略的な意味を欠いた亜流のピストン戦法は、かつてのベアナックル時代のようなディフェンスを度外視して頑強さを競い合う前近代的なスタイルとなって立ち現れた。戦中の日本のボクシングは、標準的な近代ボクシングを念頭に置くなら、退化とも先祖返りともとれる様相を呈した。

　戦中から戦後にかけて日本のボクシングを目にした外国人、たとえば白井義男を指導したカーン博士や（第五章参照）、白井と世界タイトルを争ったダド・マリノのマネージャー、サム一之瀬などは、日本の選手がファイターに偏りすぎているという印象を持ったという。[119] そもそもピストン戦法がハワイで酷評されたことを思い出すなら（四-1-1参照）、極端なファイター偏重傾向は日本に特有のサブカルチャーであったといえる。そして特異なサブカルチャーは、戦時色が強まるなかで再生産されていった。

　さらに戦時下で膨張していく「帝国の夢」は、ピストン堀口のファイト・スタイルと結びつくことで一種独特な物語を生み出した。それが堀口と「皇軍」の物語である。リングの上で奮闘する堀口は、理想的な「皇軍」のイメ

（119）山本一九八四：一七七

ージと重ねられ、人々を熱狂させた。「武士道としてのボクシング」という堀口の志向も（四－1－3参照）、物語を下支えした。人々は堀口の活躍に「帝国の夢」を投影したのだ。

以下ではまず戦時下におけるスポーツ全般に対する圧力をみていく。次にボクシングに入り込む戦争と、戦争に入り込むボクシングの実情を確認する。そして人々を熱狂させたピストン堀口と「皇軍」の物語の意味を考えていく。

1 スポーツの変質

戦時下では、あらゆる物事が戦争に寄与することが求められた。スポーツも例外ではなかった。一九四一年（昭和一六年）に刊行された『国防国家の綱領』には次のような記述がある。

かくて政治も外交も経済も科学も思想も家庭生活も映画も音楽もスポーツも、戦争に従属し、国防に基づいて存在せねばならず、国民は一個人としてではなく、国家とともにあり、国家の胎盤の中で永久に生きてゆくべきものだとされるのである。(120)

（120）企画院研究会編 一九四一：二三

日常のあらゆる営みが全体主義、戦時体制に巻き込まれたことがよくわかる。そのなかでは既存のスポーツのありかたも批判されるようになった。たとえば軍医中将の小泉親彦(121)は、「国民体位」(122)の向上を志向するなかでスポーツ批判を繰り広げた。小泉は第九回青年団長講習会の講演で次のように述べている。

又一般社会では体格向上、精神作興ということに意気込みまして盛に「スポーツ」を推励したりするけれども、それはその実、選手養成に過ぎないのであることは、諸君御承知の通りであります。我国に於きまする運動体育、殊に「スポーツ」は、後から日本が立ったので所謂後進国でありますので、外国を真似ると云うことも已むを得ないが、その結果どうなって居るかと云うと、唯「フォーム」、形を習うことと、時間を争うことだけに陥ったのであります（中略）私をして言わしむれば、現今の「スポーツ」は無意味の体力消耗をやって居るとしか認められないのであります。(123)

小泉は今までの日本のスポーツが「無意味の体力消耗」になっていると批判する。小泉にとっては、スポーツが軍人の養成につながらないということ

（121）小泉親彦は「国民体位」の向上をはかるために「衛生省」を設立することを主張した軍医である（高岡 二〇〇九：二〇五）。これが第一次近衛内閣による厚生省設立につながり（同：二〇四）、小泉は一九四一年（昭和一六年）七月に厚生大臣に就任している（同：二二九）。戦後はGHQの取り調べ直前に割腹自殺を遂げた（『朝日新聞』一九四五年九月一五日、窪田 二〇〇二）。

（122）小泉のいう「国民体位」の向上とは、帝国軍人として国家に奉仕できる頑強な身体を養成することを意味する（高岡 二〇〇九：二〇五）。小泉は戦中もラジオで「戦争に勝ち抜く為には国民の一人一人が剛健であらねば」ならないと主張している（小泉 一九四三：九七）。小泉にとって健康は戦争と結びつけられていた。

（123）小泉 一九三七：六二〇

が大きな問題であったのだ。[124]

スポーツは「帝国の夢」に寄与しなければならなかった。こうした意識は、講演を聞いていた青年団——当時は地方スポーツ界の基盤でもあった——にもある程度共有されていた。実際に大日本青年団は、一九三九年（昭和一四年）の神宮大会参加種目から陸上競技を廃し、代わりに以下で述べる国防競技を実施しようとしている。[125]

小泉の主張に代表されるスポーツ批判が吹き荒れるなかで、「楽んで《ママ》国防能力を増強する」ためにつくられたのが国防競技である。[126] 国防競技とは軍事教練とスポーツを融合したもので、第一〇回明治神宮競技大会より採用された（図4-15参照）。

国防競技は、現在でいえばバイアスロンのような競技に似ているようにもみえる。しかしそれは「国防能力を増強する」という特殊な目的が設定されている点において、一般的なスポーツと明確に異なる。

前述のように、あらゆるスポーツの実践は、特にアマチュアにおいては、仮構されたルールに基づく自己目的的な営為である。速く走ること、遠くまで砲丸を投げること、ゴールにボールを蹴りこむことに実利的な意味はない（第一章参照）。つまりスポーツはすること自体が目的なのであり、記録を残

（124）高岡二〇〇九：二〇五
（125）同：二一七
（126）中沢一九四三：三

図4－15　国防競技の様子(127)

したり体力がついたりするのは二次的なことである。

しかし国防競技の背景にあるのは、スポーツを「国防能力を増強する」という特殊な目的のための手段として捉えるという発想である。これは現在では異様であるものの、戦争に寄与しないということが許されない時代では、

（127）厚生省編　一九四〇、巻頭写真

当たり前の発想だった。

スポーツを取り巻く過酷な状況は、一九四〇年（昭和一五年）に大日本体育協会が出した以下の声明からも読み取れる。大日本体育協会は、明治神宮競技大会を主催しアマチュア・スポーツを統括していた団体であるが、多くの幹部が大政翼賛会に属していた。(128)

一：英米流の自由主義的或いは享楽主義的スポーツ観を徹底的に排撃、スポーツは個人的な趣味娯楽の域を脱して鍛錬に重点をおき心身両力の完全なる調和向上、敢闘精神、剛健にして規律ある気風の滋養を期し体力国策への積極的協力をなす

二：体協の統制する各種競技団体はスポーツ即鍛錬の観念に立脚して青少年の心身体力錬成を期しスポーツを人的資源拡充の重要手段として高度国防国家建設の推進に協力する

三：従来行われていた選手観の是正、選手とはスポーツによって錬成された多数青少年の代表者であるという観念を明確にする、即ち選手は

（128）高岡二〇〇九：二二〇

多数の優秀性を代表し、同時に選手によって多数の質的水準の向上に努めるという大ピラミッド主義を標榜する

四：競技の記録に対する誤った観念を是正、記録とは運動能力の標準を示すものであり鍛錬の成果測定の尺度であり鍛錬に目標を賦与するものであるとの観念を確立し個人の優秀記録よりも多数の平均記録を重視する

五：見るスポーツから実践するスポーツへの転換、観覧の対象としてのスポーツは職業スポーツに任せて関与せず、いわゆるアマチュア・スポーツは実践を本領として、競技会、各種試合における選手の行脚は観衆を啓発激励するように仕向け、競技場は単なる競技を行うのみではなく観衆も含めて大衆の啓蒙、教育の道場たることを期する(129)

ここからは個人の記録を重視する欧米的なスポーツから、国家に奉仕する軍人を養成する全体主義的な日本のスポーツへと転換を図るべきという姿勢が読み取れる。これは当時のスポーツの目指すべき方向性、すなわちスポー

（129）『読売新聞』一九四〇年八月二八日

ツと「帝国の夢」との望ましい関係を示す公的な指標であった。

また「英米流」のスポーツに対する批判は、そのまま日本の武道への接近につながった。スポーツ社会学者の坂上康博は、武道が戦争という「対外的な危機のもとでナショナリズムを強化する手段として脚光を浴び」たことを指摘している。(130) また社会学者の井上俊、西山哲郎は次のように述べる。

スポーツ・体育をめぐる当時の議論のなかでは、自由主義・個人主義に基礎をおく「外来スポーツ」と日本精神を体現する「在来の武道」という対比が強調され、前者を後者によって「日本主義」化すべきであるとする議論が主流を占めていた。(131)

「反スポーツ=親武道」の潮流は、当時のスポーツの真正性を示すものだった。堀口の「武士道としてのボクシング」という考え方や(四‐1‐3参照)、極端なファイター偏重のサブカルチャーは(四‐3参照)、部分的にはこうした潮流を反映したとも考えられる。あるいはボクシングの真正性を主張するためのアリバイとして、戦略的に「武道」イメージを借りたのかもしれない。いずれにせよボクシングを含めたスポーツは、必ずしも本意ではない変化を

(130) 坂上二〇〇九:二四八

(131) 井上、西山 一九九六:一三五

余儀なくされた。

2　ボクシングに入り込む戦争

ボクシング界は軍部に対して協力的であった。たとえば一九三〇年代の後半からたびたび「国防献金試合」が開催された。(132) 献金試合に参加する選手の多くは無報酬で、興行の利益は軍部に寄付された。

また一九三九年（昭和一四年）には、アマチュア拳闘連盟が満州への慰問遠征をおこなっている。(133) 一カ月間の遠征では「皇軍慰問大会」三回をはじめ、大連、新京で各二回、奉天、ハルピンで各一回の試合がおこなわれたという。(134) なかなかの強行軍である。前述のようにピストン堀口をはじめとするプロ選手も、内外で慰問巡業をおこなった（四-2-1、四-2-2参照）。

太平洋戦争開戦後も献金試合は続いた。特に一九四二年（昭和一七年）には、東京拳闘連合会主催でピストン堀口、笹崎儀、金剛勇、高津五郎らの人気選手を総動員した「米英撃滅国防献金拳闘試合」が国技館で開催された。(135) 図4-16、4-17は、そのプログラムである。この興行にも選手たちは無報酬で出場し、(138) 経費を差し引いた利益の一万円は等分されて陸軍と海軍に寄付された。(139) 同様の献金試合は翌一九四三年（昭和一八年）にも大日本拳闘協会主催で開

(132)『読売新聞』一九三七年七月二四夕刊、一九三七年八月一八日

(133)『読売新聞』一九三九年七月二三日、『東京朝日新聞』一九三九年七月二三日

(134) 同

(135) 郡司一九七六：一八〇-一八一

(136) スクラップ・ブック第九集

(137) 同

(138)『読売新聞』一九四二年四月二四日

(139)『読売新聞』一九四二年五月八日

催され、同額が陸海軍に寄付されている。(140)

こうした協力にもかかわらず、ボクシング界に対する介入は強まった。郡司信夫は次のように回想する。

> 官僚は、軍の威をかりて、料金のことにまで口を出した。堀口対玄の試合ではリングサイドで七円とった。市原将次は、警視庁にさっそくよびだされて、「歌舞伎が、うつくしい衣装をつけ、大道具小道具を備えて見せるのに、入場料は三円五〇銭である。裸でやる拳闘がその倍をとるとはなにごとであるか」と、しかられた。(141)

警視庁のいい分が無理解ないいがかりであることはあきらかである。しかし平時ならばいいがかりで済む

時。昭和十七年五月三日（日曜日）午前十一時開場　正午開始
所。兩國國技舘
英・米撃滅！
國防獻金豪華拳鬪試合番組
會員券（入場税免除）
五、〇〇（賛助席）
四、〇〇（指定席）
三、〇〇（二階席）
二、〇〇（三階席）
一、〇〇（四階席）
前賣所
銀座　プレイガイド　栗本運動具店　拳鬪ガゼット社
櫻灘　小針運動具店
神田　三省堂
淺草橋　啓明社
兩國　兩國堂蓄音器店　相撲茶屋
主催　東京拳鬪聯合會
電話銀座二、三八八番
京橋區銀座西六ノ五

図4－16　米英撃滅国防献金拳闘試合プログラム(136)

（140）『読売新聞』一九四三年六月八日夕刊
（141）郡司 一九七六：

ものも、戦時下では正当な「指導」になりかねない。事実、当時のボクシングはファイター偏重のサブカルチャーを内包するのみならず、外部からの圧力によって軍事教練のように変質していった。

たとえばアマチュア・ボクシングでは、ルール自体が次のように歪められた。

ゲートルを巻いた学生服の両選手は、リング上であいさつを交わしたあと、リングを降りて、往復二百メートルを走る。再びリングに上がってセコンドの差し出す木銃を構えて、「やぁ、やぁ、やぁっ」と刺突の型三回、そこではじめてグローブをつけて試合という次第。(142)

前述の国防競技に象徴される思想がボクシングを浸食する様子がうかがえる。こうした事態に反発した慶應義塾大学のボクシング部は、「アマスポーツ

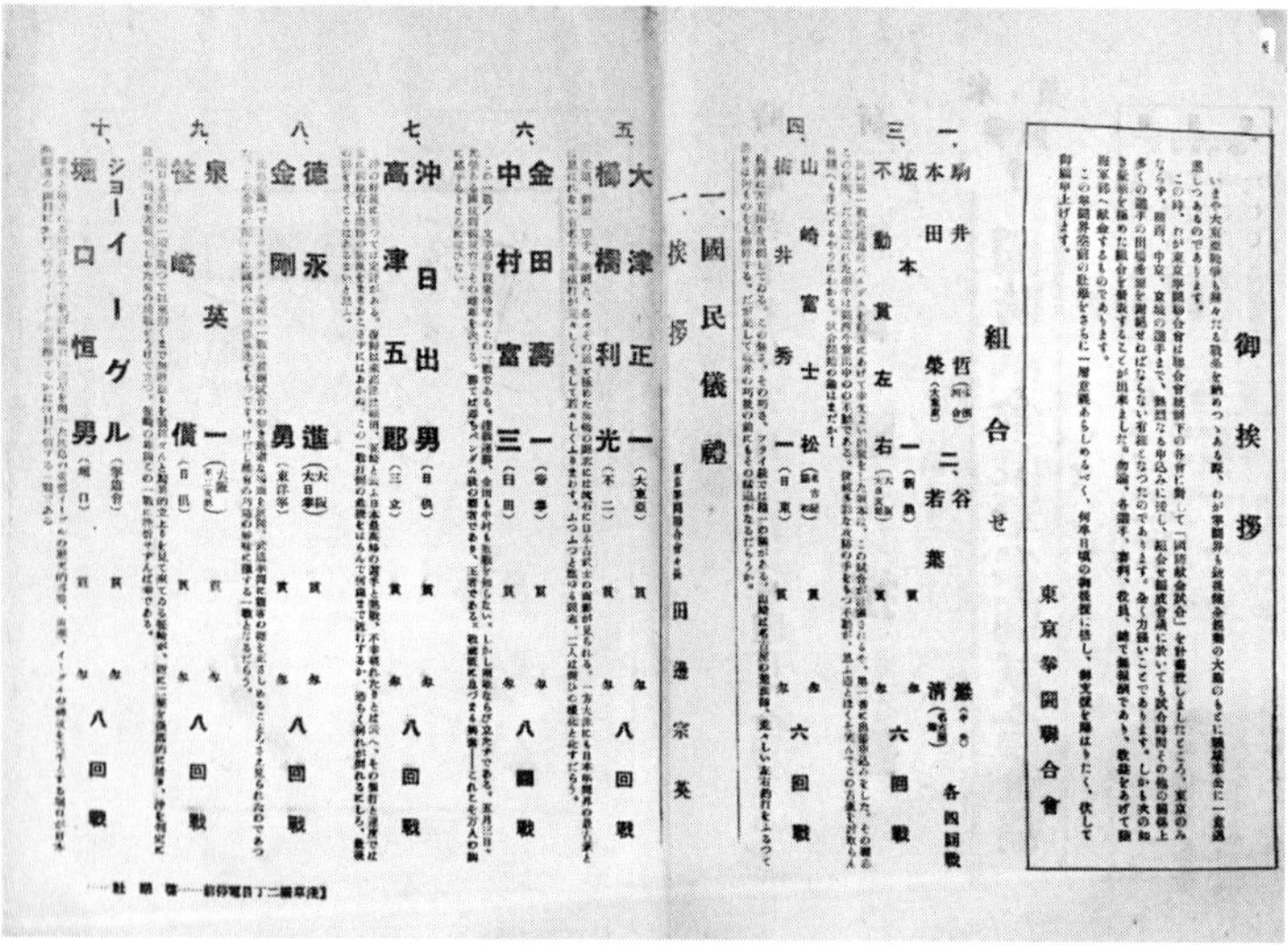

図4－17　同試合組み合わせ(137)

の純粋性がふみにじられた」として、一九四三年（昭和一八年）にアマ連を脱退している。[143] 当時としては挑戦的な行動であったが、ボクシングのルールが歪められることに対する強い抵抗感があったと考えられる。

プロ・ボクシングも同様に圧力を受けた。郡司信夫は次のように述べる。

> またスポーツにもかかわらず、裸でやることは、非常の場合に役だたずとなし、銃剣術のように、ズボンの上にゲートルを巻いて試合したこともあった。軍部の一部には、「実戦にラウンドはない」と称し、フィニッシュ・ファイトを強要するものまででたが、さすがにこれだけは拒否して受けつけなかった。もちろん用語も、外語が禁ぜられて、グロッギーが混迷状態とか、ゴングが時鐘、カウントが審呼、ダウンが被倒、ストレートは直打、フックは鈎打、アッパーカットは突上げなどと、一般大衆化された言葉まで、わざわざ改悪した用語をつかった。ウェートはポンド制を廃止、フライは十二貫級というぐあいに表現した。[144]

このように戦争は、ボクシングを侵食した。ボクシングに対する外圧に合理的な意味を見出すことは難しい。たとえば選手が巻かされたゲートルは、

（142）慶應義塾体育会ボクシング部 一九七六：五九
（143）同
（144）郡司 一九七六：一七八。外来語の排除は、他のスポーツなどにもみられる当時の一般的な傾向である。

障害物から足を保護し、血流を促進して長時間歩けるようにするための装備である。リング上のボクサーが巻かされている時点で、陳腐な戦時色の演出に過ぎない。しかし、それすらも戦時下においては正当な「指導」であった。

こうした逆風のなかでもボクシング興行は続けられていたが、一九四〇年（昭和一五年）、大阪でボクシング興行を禁止する布令が出された。(145) そのため以降の関西の興行は、甲子園球場や西宮球場のある兵庫県でおこなわれるようになった。(146) また東京でも空襲が始まったため、一九四四年（昭和一九年）三月の興行が最後になった。(147) アマチュアは一九四二年（昭和一七年）一〇月に明治神宮外苑相撲上で開催された「拳闘祭」を最後に、活動を休止した。(148)

一九四四年（昭和一九年）、大日本拳闘協会の解散に際して、専務理事の本田明は次のような談話を発表したという。

（引用者注：解散の理由は）現下慰安ヲ提供シテ生産増強ニ寄与スル事ヨリ一歩進ンデ、吾々ノ持ッテイル多数ノ逞シキ青年ヲアゲテ生産陣ニ直接挺身セシメル事ノ方ガヨリ急務デアル事ヲ自覚シタカラデアリマス。(149)

戦争が激化するなか、選手たちは本来の仕事をすることよりも「生産増強」

（145）郡司 一九七六：一七四
（146）同
（147）同：一八六・一八七
（148）社団法人日本アマチュア・ボクシング連盟「五〇年史」編集委員会 一九八〇：五七
（149）郡司 一九七六：一八八

に「挺身」させられるような事態に陥った。帝拳は強制疎開のためにジムを取り壊し、日倶、拳道会のジムは空襲で焼失した。(150) 軍需工場の下請けに転換するジムもあった。(151) ボクシングに入り込んだ戦争は、最後にはボクシングそのものを打ち倒した。

3　戦争に入り込むボクシング

戦時下では、前項でみたのとは逆の現象、すなわちボクシングが戦争に入り込むような現象もおこっていた。

軍人たちは早くからボクシングに関心を示していた。渡辺勇次郎は一九二三年（大正一二年）に陸軍戸山学校に招かれてボクシングの実演をしている。(152) これは戸山学校の教官である三田村正之助大尉が日倶を見学した際に、「倒而尚不已（たおれてなおやまず）」という日倶のスローガンを気に入ったことがきっかけになっているという。(153) さらに一九二五年（大正一四年）にアメリカ大使館付の武官、N・ウォーレンジェ・クレア大尉は、戸山学校でボクシングを教授し、謝礼に銘刀正宗を贈られている。(154) 戸山学校では希望者に対してボクシングが教えられることもあったという。(155) 正課でないとはいえ、ボクシングが軍人を養成するうえで有益であると考えられていたことが

(150) 同
(151) 同
(152)『東京朝日新聞』一九二三年二月一〇日
(153) 同、高嶋二〇一五：一〇四
(154)『萬朝報』一九二四年九月三日、『東京朝日新聞』一九二五年一二月一日夕刊、高嶋二〇一五：一〇四
(155) 中桶一九四〇：三四六

わかる。

また時代が太平洋戦争へと進むなかで、戦争の比喩としてボクシングを用いる言説が登場した。たとえば一九三四年（昭和九年）に陸軍省が出版したプロパガンダ本、『思想戦経済戦』には「思想の拳闘」と題した章があり、そのなかには次のような記述がある。

堂々と正義の腰を据え皇道の足を踏ん張って身構えている日本は、インチキな手は最も用いない。試合はだから派手ではないが決して汚い事はしない（中略）しかしこちらが如何に立派な態度でいても、先方（引用者注：欧米）がいつまでもインチキをしてくるので実は日本選手も少々根まけがしているのであって、いよいよとなれば最後の奥の手断固たるアッパーカットを喰わせる決心でいるのである。(156)

ここでは陸軍省が外交や戦争をボクシングにたとえ、国際社会における日本の正当性や戦争の可能性を主張している。一般人向けの比喩であるとはいえ、太平洋戦争に踏み切ったその後の歴史的な流れとも符合する内容である。

また満州国外交部の三浦武美は、太平洋戦争をボクシングの試合にたとえ、

(156) 陸軍省つはもの編輯部編一九三四：二四－二五

真珠湾攻撃から序盤にかけての「皇軍」の連戦連勝を「第一ラウンドで敵を鮮やかにノックダウンした」と表現している。[157]さらに太平洋戦争は「拳闘式」なので、気を抜かずに以降の「ラウンド」、すなわち継続する戦争に対して備えることが重要であると主張している。[158]

これらの言説では、戦争の「意義」や戦争に対する「心構え」を啓蒙しようとするなかで、ボクシングが比喩として用いられている。ボクシングがそれだけ大衆的であると考えられたために比喩として用いられたのだろう。もしくは抽象的な類推として、競技における闘争と、戦争における戦闘に共通性が見出されたのかもしれない。

さらに戦争に入り込むボクシングは、拳闘体操に具現化する。戦中に創始された拳闘体操は、準備運動、主運動、整理運動の三部から構成され、主運動にボクシングの動きが採り入れられている。巻末表４－３は拳闘体操主運動の内容と注意点をまとめたものである。

拳闘体操では身体の回転によってパンチに体重を乗せる技術や、脱力してスピードをあげながらインパクトの瞬間に拳に力を集中させる技術がふまえられている。これらはボクシングの基本技術であり、拳闘体操がシャドウ・ボクシングやボクササイズ[159]に近い本格的な内容であることがわかる。

（１５７）三浦　一九四三：八三－八四

（１５８）同

（１５９）ボクササイズとはボクシングの動きを基にしたフィットネス目的の体操で、現在では多くのボクシング・ジムが一般会員向けにおこなっている。

拳闘体操の創始に関わった東京府体育課の木本順司は、拳闘体操が従来の体操のような「平和時に於て楽しまるべき体操」と異なり、「国家の要求する戦時型の健全な心身」を養成するものであると述べている。(160)また同じく創始に関わった神奈川県体育主事の保坂周助によると、拳闘体操は「拳闘独特ノ旺盛ナル攻撃精神ヲ滋養シ併セテ体力ヲ練リ一撃必倒ノ戦闘力ヲ強化スル」という目的のもとに創られたという。(161)

拳闘体操の背景にある考え方は、戸山学校におけるボクシングへの関心を一般化させたものと理解することができる。拳闘体操創始者たちは、ボクシングの苛烈さが戦時に適した人材の養成に応用できると考えた。パンチを「対手」に打ち込む動きを含む拳闘体操は、従来の「国民体位」向上のイデオロギーを一歩進めたものであるといえる。すなわち拳闘体操は、国家に勤労奉仕できる強い心身を養成するという体操としての現実的な目的のみならず、理念的には「攻撃精神」、「体力」、「一撃必倒ノ戦闘力」を持ったボクサーのような軍人を養成するための体操なのである。

以上のような事例は、戦争にボクシングが入り込んだことを示す。「国家の側で許容した暴力」としてのボクシングは、形を変えながら「国家によって独占された暴力(162)」の領域へと滲み出していた。

(160) 木本 一九四一：七七

(161) 同：七八

(162) Weber 一九七一＝一九八〇：九。

4　ピストン堀口と「皇軍」の物語

ボクシングに戦争が入り込み、戦争にボクシングが入り込む。戦争とボクシングは互いに強く結びついていた。そして両者の結びつきを象徴するのがピストン堀口だった。

作家の寺内大吉は、堀口に対する観客の「ワッショイ、ワッショイ」という声援が、「ファシズムを象徴する掛け声」に感じられたと述べている。[163]また評論家の山本茂は、戦争と堀口のファイト・スタイルを結びつけて、次のように表現する。

大和魂という空無な精神主義の中に堀口をおくと、そのノーガードで打ちかかる無謀なボクシングが見事にマッチしていたのだ。ピストン堀口の存在はすでにスポーツの枠を越え時代に深く象嵌されていたのである。[164]

寺内や山本が示唆するように、ファンの大合唱や異形のファイト・スタイルは、ボクシングの枠を越えた大きな物語を感じさせた。

堀口の物語とは連戦連勝の英雄譚であり、国内外の強豪と死闘を繰り広げ

(163) 寺内一九九三：五五

(164) 山本一九八八a：六八

る冒険譚であったが、そのいずれにも「帝国の夢」が投影されていた。「武士道としてのボクシング」を標榜し（四－１－３参照）、リングのうえで攻撃的に戦う堀口の姿は、「皇軍」の理想的な姿を連想させるものだった。

そもそも「皇軍」とはどのような軍隊なのだろうか。前述のように「皇軍」は組織的な問題を抱えているが（四－３参照）、他には神格化された天皇によって統率されるという点に大きな特徴がある。たとえば一八八二年（明治一五年）に明治天皇が下賜した『軍人勅諭』には次のような一節がある。

> 我国の稜威振るわざることあらば汝等能く朕と其憂を共にせよ。我武維揚がりて其栄を輝かさば朕は汝等と其誉を偕にすべし。汝等皆其職を守り朕と一心になりて力を国家の保護に尽さば我国の蒼生は永く太平の福を受け我国の威烈は大に世界の光華ともなりぬべし。[165]

つまり天皇と軍は、国家が栄えている時もそうでない時も一心同体であり、軍人が任務を通して天皇とひとつになることで国家が繁栄するということである。橋川文三が指摘するように、「皇軍」は「通常の政治的制度ではなく、天皇の統帥大権に直属するそれ自体非世俗的な戦士集団」であった。[166]「皇軍」

（165）秋月一八八八：五

（166）橋川一九六四ａ：四五

とは天皇の権威に基づくスピリチュアルな性格を持った特殊な軍隊であった。『軍人勅諭』が示したこのような「皇軍」の姿は、大正、昭和と受け継がれながら、一九四一年（昭和一六年）に陸軍省が制定した『戦陣訓』へとつながっていく。『戦陣訓』は『軍人勅諭』を下敷きに「皇軍」の理想像を説くものであるが、攻撃的な姿勢を明示している点で『軍人勅諭』と大きく異なっている。『戦陣訓』は特に戦中期の「皇軍」の精神を顕著に示しているといえる。

たとえば『軍人勅諭』では、武勇は重要だが「血気にはやり粗暴の振舞などせんは武勇とは謂い難し」とあり、軍人は「常に能く義理を弁え能く胆力を練り思慮を尽くして事を謀るべし」とされる。(167) すなわち武力は思慮深く抑制的に用いるべきであるというのが『軍人勅諭』の基本的な姿勢である。

これに対して『戦陣訓』では「苟《いやしく》も皇軍に抗する敵あらば、烈々たる武威を振い断固之を撃砕すべし」と記されている。(168)「皇軍」に逆らうような不敬な敵は、徹底的に打ち倒せということである。両者のトーンはあきらかに異なる。

また攻撃に関して『戦陣訓』には次のような一節がある。

(167) 秋月一八八八：八
(168) 井上、中村一九四一：五

凡《およ》そ戦闘は勇猛果敢、常に攻撃精神を以て一貫すべし。攻撃に方りては果断積極機先を制し、剛胆不屈、敵を粉砕せずんば已《や》まざるべし。(169)

ここでは先手を取って攻撃を仕掛け、相手を倒すまでは攻撃を止めないという執拗な姿勢が示されている。

『戦陣訓』にみられるこうした攻撃偏重主義は、戦中期の「皇軍」を特徴づける性格であり同時に、堀口のファイト・スタイルとも見事に呼応する。堀口自身も『戦陣訓』は「敢闘魂」を物語るものであり、「競技する者の鑑」であると高く評価している。(170)「判定の勝は引分、引分は敗け、KOとTKO丈けが真の勝利」(171)といった勇ましい発言を繰り返した堀口は、ボクサーである以上に「皇軍」的であった。

堀口自身も試合で勝つための攻撃的な心構えを自己分析した日記のなかで「皇軍」に触れている。

今日の試合(引用者注:菊地五郎との試合)で体験したが、結局、戦いは攻撃だ。勝つためには、攻めて攻めて、攻めぬかなければ駄目だ。丁度、支那攻略の皇軍の様に――(172)

(169) 同:七 - 八

(170)『読売新聞』一九四一年三月二〇日

(171)『都新聞』一九四〇年二月二三日

(172) 日記一九三八年一一月八日

この記述からは、堀口が自分自身と「皇軍」を重ねていたことがわかる。あるいは「皇軍」のようにありたいと望んだのかもしれない。徴兵検査で丙種となった堀口からすれば、「皇軍」は手の届かない存在であり、憧れや負い目の対象でもあったと考えられるからだ（四‐2‐1参照）。

さらに堀口と「皇軍」は死生観の面でもつながっていた。身を棄てて、いずれかが倒れるまで戦うことを理想としていた堀口の姿勢は（四‐1‐3参照）、「皇軍」における生を軽視する傾向と呼応するものだった。もしくは、話を先取りすれば、身を棄てる志向そのものが「皇軍」の価値観にとどまらない一般的な感覚として伸張しており、堀口もボクサーという立場においてその影響を受けていた。

話を進めるにあたり、まずは「皇軍」の死生観に目を向けたい。一般論として「皇軍」は生を軽視しており、その傾向はすでに明治期の『軍人勅諭』にあらわれている。すなわち「義は山嶺よりも重く、死は鴻毛よりも軽しと覚悟せよ」といった姿勢である(173)。そうした姿勢は『戦陣訓』にも受け継がれた。『戦陣訓』では「陣地は死すとも敵に委すこと勿れ」(174)や、「生死を超越して一意任務の完遂に邁進すべし」(175)、「生きて虜囚の辱を受けず」(176)などの記述に

（173）秋月一八八八：六。井上哲次郎によると、こうした考え方は生の軽視ではなく、忠義のために「生命を大変に重ん」じ、生命を「最も役に立つようにせんとする」ものであるとされる（井上一九一三：八一）。しかし本書は、井上の議論の前提となる「生は忠義のために役立てられるべきである」という価値観を共有していないので、生の軽視と捉えている。
（174）井上、中村一九四一：五
（175）同：一三
（176）同

生の軽視傾向が現れている。特に「生きて虜囚の辱を受けず」の一節は、捕虜になるくらいなら自決せよと解釈されたことで知られる。

通常、軍隊において死は損失であり、避けるべきリスクであるとされる。しかし現実的には戦死のリスクをゼロにすることはできない。そのため多くの軍隊において戦死者は英雄視され、丁重に弔意を示される。(177) それにより戦死は意味のあることと捉えられ、危険な戦闘に身を投じる動機づけがなされるからだ。これは日本に限らず多くの国々の軍隊にみられる普遍的な組織運営のシステムである。(178)

「皇軍」はこのシステムを飛躍させ、死を忠節の最大限の表現として捉えた。これは近代的な軍隊の姿勢としては極めて特殊であり、(179) むしろ「殉死」に象徴されるような前近代的な忠節の観念との結びつきを感じさせる。

死を忠節の表現とする傾向は、『戦陣訓』の「身心一切の力を尽くし、従容として悠久の大義に生くることを悦びとすべし」(180) という一節に顕著にあらわれている。これは単に命を賭けて任務を全うせよということではない。戦闘による死は、日本の底流にある時空間を超越した観念、すなわち天皇によって象徴され過去現在未来のあらゆる日本人がつらなる美しい観念との悦ばしい一体化であり、究極的な目的ですらあるということである。(181) 死は硬く冷

(177) 日本の場合は、非業の死を遂げた高潔な将校や、命と引き換えに戦果をもたらした勇猛な軍人が「軍神」としてあがめられた(山室一九九九)。

(178) 関連する議論として、マックス・ヴェーバーは戦争において死が「意味深い、聖なる出来事の一つ」に高められることを政治と宗教の関係から論じている(Weber 1920＝1972:120-121)。このヴェーバーの視点は、後述する橋川文三の議論にも影響を与えていると考えられる。

(179) こうした特徴は、不幸にも前述の「皇軍」の組織的不備をうめあわせるためにも機能した。つまり兵士が身を捨てて戦うことで、作戦の立案や実施、修正に関わる稚拙で非合理的な組織文化や、兵站の不備などの組織的な問題をうめあわせるということである。結果として多大な犠牲が生じたが、それすらも忠節の表現として正当化され、組織の問題は改善される機会を失った。特にガダルカナル戦やインパール作戦においては、そうした傾向が顕著である。

(180) 井上、中村 一九四一:一三

たい世界ではなく、柔らかく温かい世界として示された。

このような死生観はあまりに抽象的すぎる。また実際には、軍人の多くは天皇や国家のためではなく、部隊の仲間や家族のために戦っていたとされる。(182) 皆が「悠久の大義」を真に受けたとは考えにくい。

しかし戦局が好転する見込みもなく、捕虜になる可能性も否定されたとすれば、人は死の意義や死の先にある世界に希望を持つしかなくなる。そうしたとき、仲間や家族、郷土を含みこんだ観念としての「悠久の大義」は、自分の死を意味づけてくれるささやかな装置として、倒錯的な魅力をたたえていたのではないか。せめて自分の死が意味のあるものであってほしい、死の先の世界が安らかなものであってほしいと願うのは、死に直面しながらまだ生きている者の祈りであろう。

学徒出陣で中国大陸に渡り、一九三八年（昭和一三年）に二五歳で戦病死した松永茂雄の詠んだ詩には、次のような一節がある。

美しい虚構
それは恐ろしい虚構を忘れるためにか
それならば私もまた虚構の中に沈黙を守ろうか(183)

（181）井上哲次郎、中山久四郎らによるこの箇所の解説には次のように記されている。
「小我を殺して大我を活かし、一身は死しても、一国は生長永続し、しかも一身が一国の生長発展、永続に貢献することの偉大なことを思えば、死もまた楽しく死んで生きるの観念はいよいよ明確となるであろう」（井上、中山 一九四二：一八九）。生の軽視傾向が美化されていく状況がうかがえる。

（182）河野 二〇〇一：三章、一ノ瀬 二〇〇九

（183）日本戦没学生記念会編 二〇〇三：二〇

松永は逃れられない死を前にしたとき、虚構とわかっていてもそれにすがらざるをえないという絶望的な状況をニヒリスティックに表現している。松永のようなニヒリズムの自覚的な表現は稀有な例かもしれないが、彼が「美しい虚構」と表現したものに対する感覚それ自体は、多くの出征者が共有していたのではないだろうか。すなわち美しい死[184]を人生の目的とするような感覚である。

生が美しい死に向けた過程であるという感覚は、軍人のみならず銃後の人々にも共有された。あるいは銃後のほうが、現実の戦闘に身を晒していないぶん、観念としての美しい死を原理主義的に純化していく傾向は強かったともいえる[185]。「皇軍」の価値観は伸張し、徐々に一般化していた。

橋川文三の日本浪曼派[186]に関する議論は、美しい死を志向する「皇軍」の価値観が伸張していたことの傍証になると思われる。橋川は「私たちがひたすらに〈死〉を思った時代」の意味を捉えようとするなかで[187]、日本浪曼派の中心人物である保田與重郎を次のように評している。

(引用者注：保田は)いわば人間にとってもっとも耐えがたい時代を生き

(184)ここでいう美しい死という表現は、日本浪曼派に関する橋川の議論に加えて、二・二六事件で刑死した西田税の病床手記、「無眼私論」における次の一節に想を得ている。「吾人は美しき死を求めんがためにはすべてを犠牲にするの意気なかるべからず。然り美しき死は人生究竟の理想なればなり」(西田 一九二二：六八)。
西田の思想は必ずしも一般性の高いものではないが、彼が理想視した「美しき死」は、戦中の有力な価値観のひとつと少なからず重なるというのが本書の立場である。

るもののために、あたかも殉教者の力に類推しうるものとして、現実と歴史を成立せしめる根源的実在としての「美」を説いたわけである。かれの「国粋主義」が「ウルトラ・ナショナリズム」というよりも、むしろ「耽美的パトリオティズム」と呼ぶにふさわしいのは、そのためである（188）。

橋川の「耽美的パトリオティズム」という表現は、保田や日本浪曼派の本質が「美」にあることを明確に示している。美しい死に向けられた生——橋川は「私たちの心せわしい支度」と表現している（189）——を通して表現される精神は、「悠久の大義」と同型である。

橋川は日本浪曼派の読者層が「都市インテリゲンチャ」のみならず、「徴用者、少年工、運転手といった」多様な市井の人々であったと推測している（190）。そして橋川の他所の議論をふまえれば、「耽美的パトリオティズム」はナショナリズムによって利用された（191）。つまり「悠久の大義」や「美」といった抽象的な観念は、当時のナショナリズムの本流とも地続きであった。いいかたをかえれば、国家の覇権をめぐる近代的なイデオロギーと、美しい死をめぐる前近代的な観念が混ざり合ったものが、日本的なナショナリズムの現れであったのだ。

（185）戦中に少年時代をおくった三島由紀夫は、当時の自分が抱いていた死に対する感覚を次のように表現している。

「空襲を人一倍おそれているくせに、同時に私は何か甘い期待で死を待ちかねてもいた。たびたび言うように、私には未来が重荷なのであった（中略）戦争中の流行であった死の教養に私は官能的に共鳴していた」（三島二〇〇〇：二六八）。

戦中の三島が——あるいは三島の最期を思うなら戦後においても——美しい死に囚われていたことがわかる。それは空襲による死のような現実のものではなく、舞台装置を通して現実化する観念としての死であった。

（186）日本浪曼派は神保光太郎、亀井勝一郎、中島栄次郎、中谷孝雄、緒方隆士、保田與重郎らを主要メンバーとする戦中に活躍した「特異なウルトラ・ナショナリストの文学グループ」である（橋川一九九八：九）。

（187）橋川一九九八：一九三

（188）同：一一五

（189）橋川一九九八：二九三

（190）同：二九一

かくして「耽美的パトリオティズム」は美しい死の匂いとなって、文学的な小域にとどまらない広がりを持った。美しい死の匂いは堅牢なイデオロギーなどではないが、だからこそ根深く、内地から戦線の端に至るまでをやんわりと覆っていたと考えられる。それはいわば自閉化した「帝国の夢」に付きまとう甘美な腐臭であった。

ボクシング界、そして堀口も、美しい死の匂いのなかにいた。極端なファイター偏重のサブカルチャーが影響力を増すなか、堀口は相手か自分のどちらかが倒れるまで戦うことを志向し（四‐1‐3参照）、インタビューでも「いつでもただ死あるのみです。生きて試合場を下りないという覚悟で敵に向かいます」と述べていた。[192]前述のように『戦陣訓』にもシンパシーを示していた。必ずしも国粋主義者とはいえない堀口でも（四‐1‐3参照）、多少は美しい死の匂いに呑まれていたと考えられる。昌信氏がいうように、堀口は「あの頃の一般的なものの考え方」をしただろうが、美しい死を志向する「皇軍」の価値観が伸張していた以上、ボクサーという立場においてそれを表現しようとすることは自然なことであったはずだ。

また観客からみても、打たれても、打たれても、血にまみれて前進を続ける堀口は、生を軽視して美しい死に向かって突き進む「皇軍」そのものだっ

（191）橋川はナショナリズムが世論、教育、文学作品、新聞雑誌、唱歌、史跡などを通して教え込まれる人為的なものであるのに対し、パトリオティズムは人間の成長そのものとともに自然に形成される、伝統的で根源的な感情として捉えている（橋川二〇〇一：序章）。さらに橋川はナショナリズムとパトリオティズムは時に矛盾するものの、「故郷を護れ」といったスローガンにみられるように、ナショナリズムがパトリオティズムを利用することを指摘している（同）。

（192）荻野、下田、中村、名取、鈴木、ゴラ、堀口 一九三五：三七二

た。そうした堀口の姿勢は、当時の人々にある種の啓示を与えた。作家の色川武大は、堀口を通して自分の将来を次のように思い描いたという。

私は子供心に、日本の軍隊は一種のファイターだと理解していた。周辺の大人たち、つまり学校教師や父兄たちが、大和魂、精神力、というような言葉ではやしたてていたからだ（中略）私たちはファイター予備軍なのだった。ピストン堀口のつぶれた鼻や三角に変形した眼やカリフラワーのような耳に、私たちは自身の未来を見た。(193)

ここで色川は、自身も将来その一員となるはずの「皇軍」と堀口の類似性を感じ取っている。試合のなかで変形した堀口の顔は「大和魂」の象徴であり、自分も将来は堀口のようなファイターにならなければいけないという暗示を含んでいた。「皇軍」を体現する堀口は、ボクシング・サブカルチャーの頂点というだけではなく、日本人のロール・モデルですらあった。

堀口の異形のファイト・スタイルやそれを下支えする「哲学」は、ファイターを演じようとした本人の望み通り、もしくはその意思を大きく超えて時局と共鳴し、人々を熱狂させる物語へと昇華された。果敢な攻撃性は「皇軍」

(193) 色川 一九八九：二四四

の勇猛さを、被弾をものともしない戦いぶりは美しい死に向かって突き進む時代精神を体現した。

さらに「皇軍」と異なるのは、堀口が勝ち続けたということだ。堀口は「転進」を繰り返す現実の「皇軍」を補完し、人々が夢見た「皇軍」のあるべき姿を体現してくれる存在だった。打たれても、打たれても、諦めずに前進し続ければ、相手はいつか崩れ落ちる。同様に今の厳しい状況を耐え忍べば、戦局はきっと好転する。堀口の英雄譚は戦時下における皆の夢が投影された勇ましくも儚い物語であった。

第五章　戦後のボクシング

1　復興とボクシング

一九四五年（昭和二〇年）、太平洋戦争は終結した。社会は疲弊しきっていたが、終戦はボクシングに対する逆風が終わるきっかけになった。在日朝鮮人が企画した一九四五年（昭和二〇年）一二月五日（西宮球場）と一二月二九日（国技館）の興行を皮切りに、徐々に興行がおこなわれるようになった。[1]

当時は国技館などの目ぼしい会場はGHQに接収され、[2]基本的には無料興行しかおこなえない状況にあった。[3]そこでピストン堀口はプロモーターとしてGHQと直接交渉し、一九四六年（昭和二一年）二月、「海外同胞援護基金募集」の名目で日比谷公会堂での有料興行を成功させた。[4]またその一カ月後、タイガー拳の文元春樹も「戦災孤児保護救済基金募集」の名目で後楽園スタジアムでの興行を打ち、[5]一万人の観衆を集めた。[6]

（1）郡司　一九七六：一九一－一九二
（2）当時、国技館はGHQに接収されて「メモリアル・ホール」と呼ばれていた。
（3）郡司　一九七六：一九一－一九五
（4）同：一九三－一九四
（5）『読売新聞』一九四六年三月一一日
（6）郡司　一九七六：一九五－一九六

ジムの設立、復活も少しずつ始まっていた。一九四六年七月に発刊された『拳闘ガゼット』誌では、中村正美の国民拳闘会（五－1－1参照）、西山文博のタイガー拳闘倶楽部、高津五郎の吉祥寺道場、梅野林の日倶支部、大岩達の静岡拳闘倶楽部などの設立や、第一拳と厚生拳の合併などがニュースとして取り上げられている。[7]

戦後期の人気選手は、堀口宏[8]、ベビー・ゴステロ、串田昇[9]、武藤鏡一[10]、白井義男、花田陽一郎[11]などである。堀口、ゴステロ、花田は、一九四七年（昭和二二年）に日本チャンピオンになっている。[12]

ただ出征先から帰還していない選手も多く、後進も十分に育っていなかったため、選手層は薄かった。共同通信の鮎沢周太は、興行がベテランのカード中心で新人が育っていないことを嘆いている。[13] また物資や食料の不足は深刻で、パンチが効かなくても栄養失調で倒れるような選手も少なくなかった。[14]

プロ興行の復活と同時期、アマチュア・ボクシングも再開されつつあった。一九四六年（昭和二一年）三月には全日本アマチュア拳闘連盟が発足し、六月には交流戦がおこなわれた。[15] また一一月には、第一回国民体育大会が京阪神地区で開催され、西宮球場の特設リングでボクシングの試合がおこなわれた。[16] さらに同月、国技館で学生対ＯＢの対抗戦を含む「拳闘カーニバル」が

（7） 無記名 一九四六a

（8） 堀口宏はピストン堀口の実弟で、バンタム級からフェザー級で活躍した。兄譲りのファイターで、戦後にバンタム級の日本チャンピオンにもなっている（郡司 一九七六：二二三-二二五）。

（9） 串田昇は「豆タンク」の異名をとるフライ級のブルファイターである（山本 一九八四：五五-五六）。身長は一五四センチと低かったが（同：九二）、それをものともせずに果敢に戦ったことで人気を得た。不二拳所属である。

（10） 武藤鏡一は戦中戦後と活躍したフライ級のファイターである（山本 一九八四：四六-四七）。拳道会でキャリアをスタートさせ、戦後は日拳ホールで指導者兼選手として活躍した（同）。可愛らしい顔立ちにもかかわらず攻撃的なボクシングで非常に人気があった。勝っても負けてもファンを惹きつける変則的なファイターだったという（同：四八）。

（11） 花田陽一郎は、巧みなフットワークから「今牛若」の異名を持つ帝拳所属のフライ級のボクサーである。フライ級でありながら、ライト級やミドル級の選手とも対戦経験がある。戦前に上海やマニラにも遠征している（郡司 一九七六：一四六-一四七）。

開催され、ＮＨＫでラジオ放送された。[17] 一九四六年（昭和二一年）はアマチュア・ボクシング復活の年であったといえる。

　ちなみにアマチュア・ボクシングの指導者たちは、一九四八年（昭和二三年）以降、警視庁からの依頼で講習会をおこなっている。[18] 護身術としての意義を買われてのことだった。柔道、剣道が復活したために一九五二年（昭和二七年）からは講習が中止されたが、[19] もし残っていればボクシングが警察官の正課になっていた可能性もある。

　また一九四六年（昭和二一年）には、日本拳闘株式会社が設立されている。[20] この会社は喫茶店、銀座グリルの長井金太郎が社長を務め、静田錦波、荻野貞行などの戦前から活動するボクシング関係者が役員として参加した。[21] 同社は築地東宝劇場を改装したジム兼小ホール、日拳ホールを擁し、興行も手掛けるボクシング・ビジネスの総合的な会社であった。[22] 同社はアメリカのようなマネージャー制度の確立を目指してもいた。[23] かつてＢＧジムで試みられつつも頓挫したマネージャー制が、再び企図されたことになる。

　同社は日本スポーツ株式会社と改称して増資を重ね、当時としては破格の一億四〇〇〇万円の資本金を有した。[24] これだけの増資が認められた背景には、ＧＨＱの参謀第二部（Ｇ‐２）に所属していたポール・ラッシュ[25]の尽力が

(12) 同：二〇九‐二一二
(13) 鮎沢一九四六
(14) 無記名一九四六b
(15) 同：二〇〇‐二〇一
(16) 社団法人日本アマチュア・ボクシング連盟「五〇年史」編集委員会一九八〇：五九
(17) 同
(18) 同：六二‐六三
(19) 同
(20) 郡司一九七六：一九七‐一九八、松永一九九二：一五七‐一五九
(21) 同
(22) 同
(23) 同
(24) 同
(25) ポール・ラッシュ（Rusch, Paul）は、戦前から立教大学の教授をつとめ、アメリカン・フットボールをはじめとする学生スポーツの普及に尽力した。戦中に強制送還されるも、戦後にＧＨＱの将校として再来日する。占領期が終わっても帰国せず、一九七九年（昭和五四年）に亡くなるまで一貫してスポーツを通した日米の交流に尽くした（井尻、白石一九九四）。

あったという。[26] そして同社は一九四九年（昭和二四年）九月、芝公園内に一万五〇〇〇人を収容する屋内競技場、東京スポーツセンターを建設するに至った（図5－1参照）。

しかし日本スポーツ株式会社は日活との合併を経て大きく変わってしまった。当初はスポーツと映画の一大興行会社をつくるという名目であったが、ほどなくしてボクシング色は一掃され、日拳ホールは閉鎖、センターはスケート場、アパートに転用された。[28] 日活の幹部に横滑りするはずだった日本スポーツの役員たちも社を追われた。[29] 日活社長の堀久作が日本スポーツの役員たちの横領の証拠をつかみ、それを材料に役員たちを脅迫したという指摘もある。[30]

日本スポーツは日活に乗っ取られたといってよいだろう。もし日本スポーツが存続していれば、日本のボクシング・ビジネスの一大拠点となった可能性は高い。またマネージャー制にもとづくジム文化も広がっていたかもしれ

図5－1　東京スポーツセンター設立の告知広告[27]

(26) 山本一九八四：一二二－一二三
(27)『ボクシング・ガゼット』一九四九年二五（七）
(28) 郡司一九七六：一九九
(29) 山本一九八四：一二六。なお『日活一〇〇年史』にもこの買収劇は記されているが、ボクシングに関する言及は一言もない。日活の意図は、増資によって得た資本を投資して「総合レジャー企業」を目指すというものだったようだ（日活株式会社二〇一四：六三）。

ない。しかしすべては後の祭りである。設立時から同社に関わっていた郡司信夫は、同社の顛末について長井金太郎と堀久作の責任を指摘しつつ、「ボクシングを愛さない人間がボクシング会社を経営した悲劇」であると評している。[31]

終戦は、マスメディアにも大きな変化をもたらした。一九四〇年代後半には出版ブームがおこった。ブームは一時的で一九五〇年代に入ると沈静化したものの、相当の点数の書籍、雑誌が刊行された（巻末図5－1参照）。一九四七年（昭和二二年）の雑誌七二四九点は現在に至るまでの最多点数であり、また一九四八年（昭和二三年）の書籍二万六〇六三点は一九七〇年代後半の水準である。かつてモダン文化の洗礼を受けた人々は、困窮した生活環境のなかでも活字に飢えていたのだ。

こうした出版ブームを受けて、ボクシングに関する記事も急増した。[32] また『拳闘ガゼット』や『拳闘』などのボクシング雑誌が復刊され、東京以外の地域でも『ノックアウト』、『男性美：月間拳闘読物雑誌』、『拳闘ファン』（いずれも関西圏）、『ニューサイド』（名古屋）などの専門誌が創刊された。

以下ではまず、戦後の本格的なボクシング復興の前段階の動きとして、青空ジム、草試合、慰問巡業を取り上げる。次に戦後のボクシングを象徴する

（30）山本一九八四：一二六、無記名一九四九c：三一

（31）郡司一九七六：二四五

（32）占領期（一九四五年～一九五二年）の日本の出版物の多くは、メリーランド大学の「プランゲ文庫」に所蔵されている。プランゲ文庫のデータベースである「二〇世紀メディア情報データベース」では「拳闘」の検索語で一八〇七件、「ボクシング」の検索語で一二〇〇件ヒットする（二〇一七年一月二四日閲覧）。

カーン博士と白井義男の出会いに言及する。

1　青空ジム、草試合、慰問巡業

戦後に東京で復活した最初のボクシング・ジムは、中村正美の国民拳闘会であった[33]。当時の新橋には、松田義一の関東松田組が手掛ける巨大闇市、新生マーケットがつくられており[34]、人通りが多く地の利があった（図5-2参照）。

戦後の一時期、国民拳闘会で練習していた白井義男は次のように回想する。

図5-2　新生マーケットの様子[35]

（引用者注：国民拳闘会の）道場はといえば、新橋駅に近い焼け跡に四角くロープを張っただけのものだが、もうストレートを「直打」、ダウンを「被倒」などといった変な日本語呼びする必要もない。ボクシングの道場が復活したと伝え聞いて、私もすぐに足を運んだが、復員帰りのボクサーが一人、二人と集まり、なかには懐かしい友達である武藤鏡一君たちの顔もあった[36]。

(33) 郡司一九七六：一九三。
(34) 猪野二〇〇五
(35) 共同通信社提供
(36) 白井一九八七：八〇

選手たちが終戦による解放感を味わっていることがうかがえる。確かに青空ジムという貧弱な環境であり、用具なども足りず、選手は食事にも事欠いていた。それでも「自由を得た喜び」は大きく、「それぞれが空きっ腹をかかえながら生き生きと殴り合っていた」という[37]。

当時は草試合が盛んにおこなわれた。草試合は非公式な試合の総称であり、記録には残らないが手早く金を稼ぐことができた。そのため戦後期は多くの有名ボクサーが草試合に参加していた。関西で発刊されていたボクシング専門誌、『男性美：月刊拳闘読物雑誌』には、次のような記事がある。

この頃、有名選手が新円稼ぎにクサに出ることが流行ってる。熱のない試合で、ＫＯなんて滅多にない。きまって判定ばかり（中略）ひどいのになると、既定の三分間より戦いを短くしてゴングを鳴らす[38]。

ここでは金を稼ぐために有名選手が無気力な草試合をおこなっていることが批判されている。同様に大阪拳闘会会長の島本禎一も、大阪朝日新聞社が朝日会館で開催した草試合を批判して、次のように述べている。

(37) 同：八〇 - 八一
(38) OSAKA 一九四七

全六回双方故意に力を抜いて打合って観衆を退屈がらした。この試合を中合せでないと言うなら双方共ボクシングを馬来ダンスと心得違いしているという他はない。(39)

島本は他の試合に関しても「見えすいた八百長」と切って捨てている。(40) 多くの草試合をこなしたピストン堀口にしても、草試合の記録は戦績ノートにつけていない。記録を残す意味もないと考えたのだろう。

確かに競技性という点では、草試合にみるべきところはないように思える。しかし草試合には通常のボクシングとは異なる独自の意味や作法、すなわちボクシング・サブカルチャーとしての側面があった。競技性にこだわるとその点を見逃してしまう。

たとえば前述の批判では、選手が力を加減していることが問題視されている。しかしそれはむしろ必然であった。草試合では連日試合が組まれることが多く、通常通りに戦っていたら身体が持たないからだ。草試合に参加していた白井義男は、次のように述べる。

(39) 島本一九四七

(40) 同

思いっきり殴り合い、なかには目の縁を黒く染める者もいれば、鼻血を出す者もいる。顔をはらし、肩で息をしているうちに、もう次の試合の幕開けである。限られたメンバーで、その中から怪我人が出れば、次の巡業にさしさわりが出てくる。「何とかしなければならない」。自然にそんな雰囲気が生まれてきたのも、まあ、当然の成り行きであった。食べるものもろくにない時代、こんな日々を重ねては、第一にからだがたまったものではない。最初は本気だったが、次第にそれぞれが要領を覚えてきた。しまいには相手のパンチが当たるか当たらないうちに、派手にダウンして、かえって拍手を浴びたりする者もいた。(41)

白井が言う「要領」とは、本来の競技性にもとづく攻防の技術ではなく、草試合に特化した力の抜き方などの特殊な技術である。また「パンチが当たるか当たらないうちに、派手にダウンして、かえって拍手を浴びたりする」という記述からは、観客が草試合のショー的な性格を理解したうえで愉しんでいることがうかがえる。

つまり草試合は、選手、観客双方の暗黙の了解のもとに成立していたショーであったと考えられる。確かに純粋な競技性を重視する人々は苦々しく思

(41) 白井一九八七：八六

ったろう。しかし皆が困窮していた戦後期にあって、選手にとっては草試合は生活の糧を得るか細い手段であり、観客にとってはささやかな娯楽だったのではないか。

草試合以外の非公式な試合として、当時は進駐軍の慰問巡業がおこなわれていた。松永喜久などもプロモーターとして活動していた(42)。松永によると、慰問巡業は次のようなかたちで進められたという。少し長くなるが引用したい。

約束の時間に日本スポーツに全員待機していると、進駐軍の大きな軍用トラックが迎えに来る。キャンバスの帆をかけた兵士輸送用のトラックだ。夏はいいが、冬はもちろんヒーターなどないので遠慮会釈ない隙間風の寒さに、皆で身を寄せ合って寒さを耐えたものだ。キャンプに着くと、早速リングの組立てから始まる。米兵と選手との共同作業である。どこのキャンプにも立派なリングが用意されていて作業は楽だった。兵隊たちはみんな親切で気安かった。そしてできるだけのことをしてくれた（中略）一事が万事その調子で、グローブは新品のバリバリ。手に巻くバンデージは真新しい包帯を、それこそ惜しげもなく提供してくれる。選手たちは古いも

(42) 松永は進駐軍慰問巡業を手掛けるにあたり、新橋の「井上スクール」という英会話教室に通っていたという（山本 一九八四：一一二）。この教室には白井義男なども通った（同）。

のを常に洗っては繰り返し使うといった具合なので、皆数組ずつ貰ってホクホク顔だ。試合が始めると若い兵隊たちが一生懸命セコンド役を務めてくれたりする。応援も賑やかで、さすがに目が高く、良い試合をする選手には惜しみない拍手を送ってくれる（中略）試合が終わると食堂で食事が出る。これがまた選手たちの楽しみの一つだった（中略）選手たちのギャラはＡＢＣの三クラスに格付けて外務省の渉外連絡事務所に請求し、ほぼ一カ月後に支払われるという仕組みだった。[43]

ここからは選手や関係者のみならず、観客である米兵も一緒になって慰問巡業をつくりあげている様がうかがえる。またギャラに加えて食事や用品もふんだんに提供されるという点は、物資の欠乏に泣いていた当時の日本人にとって、破格の条件に感じられたことだろう。

当時のキャンプは、多くの日本人にとって羨望の対象である「豊かなアメリカ」を間近に感じられる場所だった。松永もキャンプは「我々の生活とは天国と地獄の差」があったと述べている。[44]慰問巡業も草試合と同様に公的な記録には残らない。しかし食料や物資が提供される点には、大きな旨味があったことがわかる。

(43) 松永一九九二：一六〇 - 一六一

(44) 同：一六一。当時のオフリミット空間で働いていた日本人の従業員やミュージシャンにインタビューをおこなった音楽学者の東谷護も、同様の証言を数多く紹介している（東谷二〇〇五）。一般的に進駐軍慰問は旨味の多い仕事だったといえる。

当時はやっとボクシング興行が復活しつつあるという時代である。選手にとって最優先事項は、他の多くの日本人と同様、日々の糧であった。それゆえ彼等は体力やボクシング技術などの資本を活用し、草試合や慰問巡業に参加していった。

2 カーン博士と白井義男

戦後の日本のボクシングは、白井義男を出発点として語られることが多い。白井は日本初の世界チャンピオンになったためである。ただし白井を当時の日本人ボクサーの代表と捉えることは必ずしも適当ではない。白井の置かれていた環境は、他に類のない特殊なものであったからだ。

白井がボクシングを始めたのは戦前である。一九四三年（昭和一八年）、白井は佐藤東洋がトレーナーを務める御徒町の拳道会に入門した。(45) 入門一カ月弱で試合に出場し、K・O勝ちをおさめている。(46) その後、海軍整備兵として出征し、特攻機の整備をしながら終戦を迎える。(47) 戦後は興行や草試合などに出ていたものの、腰痛に悩まされ続け、十分に力を発揮できないでいた。そして友人でもある選手、武藤鏡一の紹介で日本拳闘株式会社のホールで練習をしていたとき、白井はカーン博士と出会う。

(45) 白井一九八七：五六
(46) 同：六六
(47) 同：七二 - 七六

カーン博士ことアルビン・R・カーンは、シカゴの裕福なユダヤ系の家庭に生まれ、一九二四年にイリノイ大学で生物学の博士号を取得している。(48) 貝類の研究を専門とし、GHQの天然資源局に配属されて日本近海の水産資源調査のため来日した。(49) たまたま立ち寄った日拳ホール（五-1参照）で白井を目にして天賦の才を感じたカーン博士は、(50) 以降トレーナー兼マネージャーとして無償で白井を鍛え上げ、世界タイトルを獲るまでに成長させた。また博士は白井の生活全般の面倒をみて、物資をふんだんに提供した。博士は白井が引退してからも帰国せず、白井の家族と共に終生日本で暮らした。

白井とカーン博士の関係は極めて特殊である。カーン博士の指導法については後述するが、そもそも博士は選手経験もトレーナーやマネージャーの経験もない、いわばボクシングに独自の造詣を持った素人であった。通常はそんな人間をプロ選手に関わらせることはない。また日本のジムではマネージャー制を採用していないため、部外者がトレーナーを務める機会はほぼない。カーン博士が白井のトレーナーになれたのは、二人の出会いが日拳ホールというほぼ唯一のマネージャー制の練習所であったことが大きい。(51)

さらに金銭面でも二人の関係は異例だった。通常トレーナーやマネージャーは選手のファイトマネーの一部を自分の取り分とするが、カーン博士は無

(48) 山本一九八四：三五〇

(49) 同：三五-三九

(50) 最初にカーン博士が白井に抱いた印象は、フライ級離れしたパンチ力があり、スピードがあり、パンチの「ナチュラル・タイミング」を持っているというものだった（カーン一九四九a：四二-四三）。

(51) 山本一九八四：九九

報酬だった。そのうえ博士は白井に日々の食料や服などをふんだんに提供し、極めつけは北区の滝野川に三〇〇坪の土地や家を買い与え、敷地内には白井専用のジムまでつくった[52]。家族的な関係の選手とトレーナーは珍しくはないが、カーン博士と白井のケースは度を越している。このような関係は世界的にも例がないだろう（図5－3参照）。

カーン博士と出会うまでの白井は、日本のボクシング文化によって育まれたボクサーであった。しかし、白井は博士の独自の指導を受けることで、世界チャンピオンへと飛躍した。白井は次のように述べている。

私とカーン博士のコンビについては、さまざまな見方がある。「博士がいなくても、白井はやれた」と、言ってくれる人もいるが、私は心底から「もし博士がいなければ、世界はおろか、日本チャンピオンにもなれなかったろう」と考えている[54]。

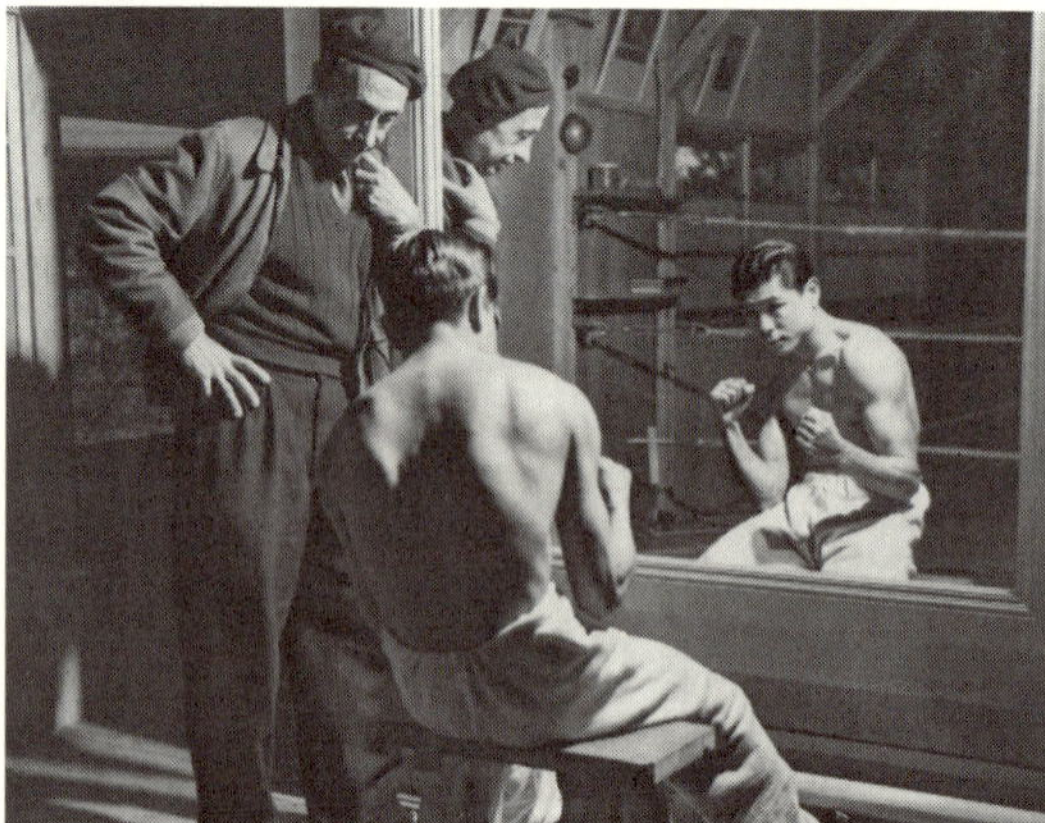

図5－3　白井義男とカーン博士[53]

(52) 山本一九八四：一一五－一二〇
(53) 読売新聞社提供
(54) 白井一九八七：一九六

この白井の言葉からは、カーン博士の与えてくれた環境や指導法が当時の日本において類をみない突出したものであり、同時に白井にマッチしていたことがうかがえる。

確かに白井義男は日本初の世界チャンピオンである。しかし白井は例外尽くしの特権的な環境のなかで、ボクサーとしてのキャリアを築いていった。白井のような環境でボクシングを続けた選手は、彼以前にも以後にも存在しない。白井はある意味で日本のボクシング文化と断絶しており、その断絶ゆえに世界チャンピオンになったといえるのである。

2　回帰、あるいは新しい時代

本節では、白井義男の活躍を中心に、戦後期のボクシングが戦中期からどのように変化していったのかをみていく。

戦中、異端であったはずのピストン堀口のボクシングは絶大な人気を博し、ディフェンスやフットワークの重要性を過小評価する特殊なボクシング・サブカルチャーが影響力を持った（四-3参照）。ボクシング・サブカルチャーの頂点に位置する堀口は、「皇軍」のイメージと重ねられながら、人々を熱狂させる物語を形成した（四－３－４参照）。

しかし敗戦によって堀口と「皇軍」の物語は効力を失った。人々が堀口の物語の背景にあった「帝国の夢」から徐々に覚めていったからだ。昭和天皇は玉音放送をおこない、ダグラス・マッカーサーと並んで写真に写った。「神州」は「不滅」ではなかった。最も強力な拠り所が足元から瓦解した。疲れ切って復員する「皇軍」にも、かつての勇猛果敢なイメージはなかった。「天皇の統帥大権に直属するそれ自体非世俗的な戦士集団」[55]は、もはや世俗的な敗残兵にすぎなかった。

堀口にも加齢と試合過多による衰えが目立つようになっていた。評論家やファンからもたびたび引退を勧められていた。[56]自身も一九四六年（昭和二一年）に引退を表明し、またすぐにカムバックを発表するなど迷走していた。

しかしいまだ堀口を頂点とする特殊なボクシング・サブカルチャーの残滓はそこかしこにあった。元東洋王者で名指導者として知られる米倉健司は、明治大学でアマチュア・ボクシングに打ち込んでいた一九五〇年代を振り返って次のように述べる。

> まだ日本では「ボクシングの試合で後ろに下がるのは卑怯者だ」と思わ

（55）橋川一九六四a：四五

（56）郡司一九七六：一九六

れていた頃の話だ。いわゆる〝肉を切らせて骨を切る〟タイプの玉砕戦法こそが最も勇敢な戦い方だった時代である。[57]

「玉砕戦法」が推奨されるという米倉の言葉からは、ディフェンスやフットワークの重要性が相変わらず過小評価されていたことがうかがえる。戦中の特殊なボクシング・サブカルチャーはまだ残存していた。

ただ極端なファイター偏重傾向に対する批判もなされるようになっていた。たとえば評論家の中村金雄は、次のように述べる。

（引用者注：プロ・ボクシングが興行性に重点を置いた結果）ボクシング本来の使命であるセルフデフェンスを忘れ、それに伴うべき防御の技術を等閑に附したまま今日に及んだため、プロフェショナルはもちろん、一般アマチュアーの分野もリングで徒らに勝負に拘泥した上、防御術を度外視し申分なくバーバリズムを発揮した末、互に血に染んでがむしゃらに相手を打ち倒すことが、ボクシングの真髄でもあるかの様な印象を一般に植え付けてしまった。[58]

（57）米倉一九九五：三〇‐三一

（58）中村一九四六

ここでは極端なファイター偏重のサブカルチャーが、ディフェンスを度外視する傾向につながっていることが批判されている。日倶での選手時代はカウンターの名手でテクニシャンとして知られた中村からすれば、ディフェンスを度外視した「バーバリズム」は、ボクシングの真正な有り様ではなかったということだろう。

また法政大学でアマチュア・ボクシング指導者として活躍した高比良靖男は、自身が主幹を務める『ボクシング・ダイジェスト』誌上で、次のようにピストン堀口を批判している。

彼（引用者注：ピストン堀口）の今日迄のファイトは殆どラフィングに近く何等科学的拳闘の線に沿っていないもので、彼に美しいボクシングの味が少しでもあったなら彼も世界選手権圏内に突入出来た事と思い、日本拳闘界の為に残念に思うものであります[59]。

高比良はピストン堀口のスタイルを粗く美しくないと批判しつつ、その対極に「科学的拳闘」を位置づけている。「科学的拳闘」の内実は必ずしも明確ではないが、同記事で堀口は、試合過多を避け、基本を大事にしながら、

（59）高比良一九四七：四

ディフェンスやフットワークに気を配るべきとされている。[60] 文脈から推測するに、高比良の「科学的拳闘」とは、コンディショニングに気を配り「打たせずに打つ」合理的なボクシングであると考えられる。

高比良や中村の志向は、カーン博士とも共通する部分が多い。博士が白井義男に伝授した「科学的ボクシング」も、大まかにいえば「打たせずに打つ」ことを徹底した合理的なスタイルであるからだ。

そして「科学的ボクシング」は、極端なファイター偏重サブカルチャーに対置され、新しい時代を象徴するものと捉えられた。読売新聞記者の山口幸一は新人選手が出始めていた一九四九年（昭和二四年）に次のように述べている。

戦争中の〝叩き合い〟から〝科学的〟へと日本ボクシング界は大きく転換する直前にある。堀口恒男、笹崎の時代はすでに去り、技の花田も消えんとし、文元、ゴステロが足踏みしつつあるときすでにペナントの大半は新人選手によって書き替えられた。[61]

ここではファイター偏重のサブカルチャーが「科学的」なボクシングに、

（60）同：五

（61）『読売新聞』一九四九年四月九日

また古参が新人に取って代わられつつあるということが述べられている。山口は白井義男にも触れ、「今後の日本のボクシング・テクニックのあり方は彼によって示された」と高く評価している。(62)

こうした言説は、新しい時代の到来を告げるように読めるかもしれない。しかし前述のとおり、そもそも近代ボクシングは「打たせずに打つ」ことを理想としてきた。日倶創立者の渡辺勇次郎も、ボクシングは「最も科学的な運動競技」であるという立場だった。(63) 日倶初期メンバーで、戦前のボクシング界に強い影響力を持った荻野貞行もアウトボクサーだった。堀口のトレーナーを務めた岡本不二もテクニシャンとして知られた。ファンがファイターを好む傾向はあったが、大正から昭和初期のボクサーは基本的に「打たせずに打つ」ことを目指してきた。だからこそ極端なファイター偏重傾向はサブカルチャーだったのだ。

だとすれば中村や高比良、山口が示すボクシングの有り様は、過去への回帰でもある。すなわち極端なファイター偏重傾向が顕著になる以前の日本のボクシングへの回帰である。ただし戦後の「科学的ボクシング」、とりわけカーン博士によって示されたそれは、斬新な練習や技術の方法論を含んでいた。ゆえに過去に回帰しながらも、そこに新しい技術を加味していくのが戦

(62) 同

(63) 渡辺一九二二b:七二

後の流れであったと考えられる。

このように戦後期には、ボクシング界もまた「帝国の夢」の呪縛から解き放たれつつあった。戦争が遠くなるにつれて白井は目指すべき未来と、堀口は忘れるべき過去と考えられるようになっていった。

以下ではまず、白井義男の世界戦に向けた経緯を述べ、そのうえで世界戦の意味について考える。そして白井のボクシングを特徴づける「科学的ボクシング」の内実をみていく。そのうえで新しい時代における白井の物語を検討したい。

1　白井義男の世界戦

カーン博士と出会ってからの白井義男は、破竹の快進撃を続ける。一九四八年（昭和二三年）には、矢島栄次郎（共栄）、串田昇（不二拳）を破り、翌一九四九年（昭和二四年）には花田陽一郎（帝拳）を破り、フライ級の日本タイトルを獲得している。さらに同年に日本スポーツセンターのコケラ落としで、日本拳闘協会の代表として日本ボクシング連盟代表の武藤鏡一と戦い、勝利している。[64] 年末にはバンタム級の堀口宏（堀口）に挑戦してバンタム級の日本タイトルまで獲得している。フライ級からバンタム級の強豪を軒

（64）当時、日本のボクシング団体は日本拳闘協会と日本ボクシング連盟の二つに分裂していた。この興行は東京スポーツセンターの設立にあわせて毎日新聞社が企画したもので、両団体の手打ちも兼ねていた（山本一九八四：一二三）。

並み倒したことで、白井の敵は国内にはほぼいなくなっていた。

国内を制覇した白井が目指す先は世界になったが、自動的にタイトル戦が組めるわけではない。通常、世界チャンピオンに挑戦するには、世界ランカーを倒してランキング入りし、さらに数戦を重ねて挑戦できるランキングの上位まで登ることが前提条件になる。そこで初めてチャンピオンと対戦交渉できるわけだが、相手が対戦を拒否したり、ファイトマネーの折り合いがつかなったりすれば試合は組めない。マネージャーのタフな交渉力が要求される局面である。また世界戦にはそれを正式に認定するコミッションが必要になるが、当時の日本にコミッションがなかった(65)。

つまり白井が世界挑戦するには、いくつもの障害を乗り越える必要があった。カーン博士はマネージャーとして奔走した。博士は当時のフライ級世界チャンピオン、ダド・マリノ(66)のマネージャーであったサム一ノ瀬(67)と交渉した。毎日新聞社の伊集院浩(68)などの尽力もあった。そして興行に関しては、明治座社長の新田新作(69)と後楽園スタジアムの田辺宗英が資金面を含めて支援することになった(70)。

結果、一九五一年(昭和二六年)五月二一日に東京でのノンタイトル戦が決まった。ノンタイトル戦とはいえ、世界チャンピオンが日本で試合をおこ

(65) 山本一九八四:一五八

(66) ダド・マリノ(Marino, Dado)はハワイのフィリピン系ボクサーである。アマチュア・ボクシングからキャリアをスタートさせ、一九四〇年(昭和一五年)の日布対抗戦では日本を訪れて試合をしている(社団法人日本アマチュアボクシング連盟『50年史』編集委員会一九八〇:二四三-二四四)。一九四一年にプロ転向したものの戦中は海兵隊の一員として従軍した。一九五〇年に三三歳で世界フライ級チャンピオンになった(山本一九八四:一七二-一七四)。

(67) サム一ノ瀬はハワイ生まれの日系二世である。貧農の家庭に育った一ノ瀬は、一九三〇年代からボクシングに関わり始めた(山本一九八四:一五四-一五八)。当時はハワイで自らのジムを持つ傍ら、ダド・マリノのマネージャーを務めていた(同)。

(68) 伊集院浩は毎日新聞社の運動部記者で、サム一ノ瀬との交渉や国内の受け入れ態勢の整備に尽力した(山本一九八四:一六八-一七〇)。

(69) 新田新作は、戦後、新田建設を設立し、さらに明治座を復興して社長になった。また力道山のタニマチとして、日本のプロレスの黎明期を支えた(『日本人名大辞典』= JapanKnowledge Lib)。

なうということは、業界内でも大きな驚きをもって受け取られた[71]。

試合は白井の苦戦が予想された。新聞には「マリノの実力は四、五回までに白井に決定的加撃を与えるであろう[72]」、「彼（引用者注：ダド・マリノ）の方がずっと役者はうわてで、どうも白井には勝ち味がない[73]」、「マリノがテクニック、パンチ経験と全部門に勝っている[74]」といった悲観的な予想が並んだ。

試合を前に、白井、マリノをはじめとする関係者は銀座でパレードをおこない、多くの人が沿道に押し寄せた[75]。チケットにはプレミアが付き、会場の後楽園球場特設リングには二万五〇〇〇人の観客が集まった[76]。結果は白井の判定負けであったが、むしろ予想外の健闘が称えられた。試合の実現に奔走した毎日新聞社の伊集院浩は、試合翌日の記事で次のように記している。

> ともかく日米のナンバーワンが秘術をつくしての攻防戦は場内を埋めつくした観衆をして十分にボクシングの醍醐味をたんのうせしめた[77]。

白井の予想外の健闘は、興行の成功と相まってボクシングの復興を印象づけた。この試合はある意味で、一九三三年（昭和八年）に開催された日仏対抗戦と似ている。日仏対抗戦ではピストン堀口が強豪エミール・プラドネル

(70) 山本一九八四：一七〇
(71) 同：一七一・一七二
(72) 『読売新聞』一九五一年五月一六日夕刊
(73) 『朝日新聞』一九五一年五月一九日
(74) 同
(75) 郡司一九五一：四・五
(76) 山本一九八四：一八二・一八三
(77) 『毎日新聞』一九五一年五月二二日

と引き分けたことで、人々は日本のボクシングが世界に通用するレベルに至ったと考えた（三-1-2参照）。白井の場合も同様に、現役の世界チャンピオンに対して善戦したことが関係者を勇気づけたのだ。

日仏対抗戦の後、日本は戦争へと突き進んでいったため、日本のボクサーが世界タイトルに挑戦する機会はなかった(78)。しかし白井は戦後期に活動しており、またカーン博士やサム一ノ瀬などの世界戦実現に向けて橋を架けてくれる人々に恵まれていた。白井は一九五一年（昭和二六年）年末のハワイでのダド・マリノとのノンタイトル戦に勝利すると、正式に世界タイトルへの挑戦が決まった(79)。

ダド・マリノとの世界戦は、翌一九五二年（昭和二七年）の五月一九日に日本で開催されることが決まった。主催は毎日新聞社と全日本ボクシング協会、プロモーターは国際興行であった(80)。ファイトマネーは白井が四〇万円、マリノが一〇〇万円と大差があったが、カーン博士は「チャンスがファイトマネーだ」と割り切った(81)。日本人の世界タイトルへの挑戦は、それくらい貴重な機会だったということだ。

試合当日、後楽園球場特設リングには四万人の観衆が押し寄せた（図5-4参照）。集客数からも興行が勢いを取り戻したことがわかる。観客には高

(78) ただしピストン堀口は一九三六年（昭和一一年）にビート・サロンの持つフェザー級世界タイトルに挑戦する話があった。しかしスケジュールの関係から実現しなかった（山本一九八八a：一二九）。
(79) 山本一九八四：一九七
(80) 同：二〇三。国際興行株式会社は、貿易会社を経営していた日系二世、浜本白正が社長、プロモーターのラルフ円福が副社長を務め、サム一ノ瀬、レジナルド一ノ瀬が出資していた（山本一九八四：二〇〇-二〇一）。会社の実務はMPあがりのビジネスマン、ケニー新保がおこなっていた（同）。
(81) 山本一九八四：一九七

図5-4　白井義男の世界戦[82]

松宮夫妻、三笠宮、ＧＨＱのマーカット少将、保利茂官房長官、浅沼稲次郎代議士などの名士も含まれていた。[83] この試合は、もはやボクシング・ファンだけの関心事ではなかった。

試合前、カーン博士は白井に「自分のために戦うと思うな。敗戦で自信と希望を失った日本のために戦うのだ」と伝えたという。[84] 白井の世界タイトルへの挑戦が特別な意味を持っていたことがうかがえる。白井は不安に足を震わせながら「命を賭けたリング」に向かっておこなったという。[85]

一五回を戦い抜き、判定でダド・マリノに勝利した白井は、「世界選手権をわれらの手に」という渡辺勇次郎以来

(82) 毎日新聞社提供
(83) 同：二〇七、白井一九八七：一五六
(84) 白井一九八七：一五五
(85) 同：一五六

の日本のボクシング界の宿願を達成した。これは疑いようのない快挙であり、日本のボクシングが新しい段階に進んだことを象徴する出来事だった。

2 「科学的ボクシング」

白井を世界チャンピオンに導いたカーン博士の指導法は、「科学的ボクシング」と呼ばれて注目を集めた。

下田辰雄によると、博士の指導法にはミネソタ大学のボクシング・コーチ、エドウィン・L・ハイズレーによる指導書、『ボクシング』からの影響がみられるという[86]。同書はアメリカのボクシング解説書のなかでは古典的名作とされており、下田も「絶世の名著」と高い評価を与えている[87]。博士の指導法には、特に同書のコンビネーションに関する記述の影響がみられるという[88]。選手経験もトレーナー経験もないカーン博士が、書籍からボクシングの指導法を吸収したことは想像に難くない。

博士の指導は、アメリカ各地のジムを見学していた下田辰雄でも「斬新」と感じるようなものだったという[89]。特にコンディショニングや筋肉の性質に関する独自の知見は、博士の科学者としてのバックグラウンドに由来すると考えられる。そうした点からも、博士の指導法が「科学的ボクシング」と評

(86) 下田一九八二：八一 - 八二
(87) 同
(88) 同
(89) 同：八三

されたのだろう。

カーン博士はパンチの当たる角度や、フォロースルー、すなわち対象を打ち抜くような当て方に強くこだわった。[90] 打撃は対象に対して垂直に力が加わる際に最大の威力を発揮するため、パンチが当たる際の角度は重要な意味を持つ。またストレートを主武器に戦う白井のようなアウトボクサーにとって、フォロースルーは打撃のスピードと力を上げる効果がある。これらは最小限の力で最大限の効果を上げるための繊細な技術である。現在なら角度や打ち方に関する博士の見解に同意するトレーナーも少なくないだろうが、当時、博士の意図を理解する者は少なかった。

そして博士は自身の理想とする打ち方を白井に身につけさせるために、執拗な反復練習を課した。[91] 反復練習には合理的な意味があるものの、[92] 当時はあまり理解されなかった。カーン博士は白井の前に武藤鏡一のトレーニングをしていたが、武藤が執拗な反復練習に音を上げたという経緯もあった。[93] 地味な反復練習を続ける白井に周囲は同情すらしたという。[94]

またカーン博士は、筋肉が固くなるとスピードが落ちるという理由から、オーバーワークを戒めた。[95] 日本のボクサーは総じてオーバーワークであり、もっとコンディショニングに気を配るべきというのが博士の考えであった。[96]

(90) 山本一九八四：一六五・一六六

(91) 同：七二・七九

(92) 社会学者のロイック・ヴァカン（Wacquant, Loic）は、ボクサーのトレーニングが「反復、削剝、禁欲」によって特徴づけられると述べる（Wacquant 二〇〇〇＝二〇一三：八七）。反復練習は個々の技術を完全に身体化させるためにおこなわれる。

(93) 山本一九八四：四九・五〇。天才肌の変則ファイターである武藤は、カーン博士の地道なトレーニングとは相容れなかったということだろう。

(94) 同：七七・七八

(95) 同：一六五

(96) 同

練習過多や試合過多が常態化していた日本のボクシング界では、カーン博士の示す練習時間は短く感じられたという。(97)

カーン博士は柔らかい筋肉を重視しており、筋肉を固くする可能性のあるトレーニングを避けていた。その一環として白井には一般的な硬いサンドバッグを使用させず、(98)早朝の寒い時間帯のロードワークもさせなかった。(99)こうした指導法は既存のボクシングの指導法に準じただけではなく、博士の生理学の知識が反映されたものだと考えられる。

カーン博士の指導法は、総じて「打たせずに打つ」ための合理的かつ繊細な身体技法の追求であるといえる。現在でこそこうした指導法は一般的だが、当時の日本では珍しいものであった。日倶以来、ボクシングの練習はスパーリングが中心であり、執拗な反復により繊細な技術の習得を目指すような練習は少なかったからだ。

またカーン博士は、しばしば自分の「科学的ボクシング」と対比させながら、日本のボクシングの「後進性」を批判した。たとえば博士は次のように述べている。

日本のボクシングは合衆国に於て見られるスタンダードよりも遥かに遅

(97) 同

(98) 同：一六七－一六八。ちなみにスピードが落ちるので硬いサンドバッグを使わないという練習は、戦前から帝拳の橋本淑が実践していた（郡司一九四七：五）。

(99) 山本一九八四：一六四

れている。それは日本のボクサー等は推移しつつある時代と歩調を共にしていなかったからである、西方の世界では、ボクシングは原始的なスタンド・アップ・ノック・ダウン式のファイトから科学的なボクシングに進歩し、そこにはスピード、アキュレシー、コンディション、コーオージネーション及び、スキルがワイルドなスラッギングや、まぐれ当たりよりも尊重されている。(100)

ここで博士は、日本のボクシングが「遅れている」としたうえで、「科学的なボクシング」の優位性を主張する。身体技法の性質を示す「スピード、アキュレシー、コンディション、コーオージネーション及び、スキル」は、カーン博士の指導においても重視されている点であった。また以下の評はより辛辣である。

正しきゆき方から逸脱し、先進国のそれよりは、驚くばかりに遅れてしまった日本のボクシング、これといった目的もなく、がむしゃらな攻撃力をふるい、ワイルドに打撃をふりまわし頭脳を使うのではなく、ただ荒々しい力のみで戦おうとする日本のボクシングに合理化され、完成された白

(100) カーン 一九四九a：四

井のボクシング技術の影響をうけて、目覚ましい革新を遂げるであろうことが期待されるのだ。(101)

博士は白井のスタイルが日本のボクシングの未来を示すと述べている。そして実際に白井は世界チャンピオンになったため、博士の言葉は強い説得力を持った。

しかしカーン博士の日本のボクシングに対する批判は、必ずしも的を射ていない。確かに極端なファイター偏重傾向は世界的なボクシングの流れからは逸脱していたが、そのことは日本のボクシングの「後進性」とイコールではないからだ。

繰り返しになるが、極端なファイター偏重傾向はあくまでもサブカルチャーだった。日本のボクシング界の底流にあった渡辺勇次郎以来のボクシングは、スパーリング中心の荒っぽい練習に基づいていたとはいえ、ディフェンスを度外視するような突飛なものではなかった。ファイターであろうと、多くは基本的な技術を身につけていた。

また堀口のように、ファンにファイターが好まれることを理解したうえで、観客の期待に応えようとしていた者もいた。彼等は「打たせずに打つ」とい

(101) カーン一九四九b：四六

う競技の理想よりも、プロとして観客を喜ばせることを優先した。つまり彼等のスタイルは、不器用さや後進性の現れというより、意図的に選択されたスタイルであり、プロとしての矜持であるとも解釈できるのだ。

しかしカーン博士は、ボクシングはスポーツでありショーではないという考えから、アウトボクシングを推奨し続けた。(102) 興行的にはファイターが好まれるわけだが、博士はその点を考慮しなかった。そもそも博士はボクシング・ビジネスから距離を取り、白井がビジネスに関わることを戒めてもいた。(103) 世界戦の交渉の際に博士と会ったサム一ノ瀬は、博士がボクシング・ビジネスについて驚くほど無知であるという印象を持ったという。(104) ボクシング・ビジネスから距離を取ろうとしていた博士からすれば、興行のことなど知る必要もないという考えだったのかもしれない。

カーン博士の「科学的ボクシング」は、総じてボクシングの競技性に即した合理的な指導法であったといえる。しかしプロ・ボクシング界に身を置きながらも興行性を度外視している点で、博士は明らかに異端であった。

こうした博士の志向は、時に白井のファイトスタイルに対する批判を生んだ。白井のアウトボクシングは、エキサイティングな魅力に乏しいと捉えられたのだ。たとえば下田辰雄は、一九四九年（昭和二四年）の串田昇との一

（102）山本一九八四：七七
（103）同：一五一、三〇九
（104）同：一五七

戦を次のように酷評する。

　あの小さな串田昇と相対した白井義男には、この一月に見た全身から発散する迫力もなければ、ボキサー《（ママ）》としての何物をも粉砕するという面魂もないありふれたクラブスモーカーとしか見えなかった（中略）彼は体力を貯蔵し過ぎて失敗したばかりでなく、この安全主義は個々の攻撃のファルー・スルー《（ママ）》の馬力をも惜しみなく奪い取ってしまった（中略）白井がわざとらしく見るえ《（ママ）》程体力を蓄積して折角スパークするチャンスを再三逃したことは病人でない限り作戦として決定的な誤算であった。[105]

下田は、スタミナを温存した白井の「安全主義」が、消極的な攻撃につながったと述べている。これは「豆タンク」の異名を持つファイターの串田に対して、白井がアウトボクシングで堅実に戦ったことを批判するものである。またダド・マリノとの世界戦でも、白井は次のように酷評されている。

　試合は白井が初の十五回戦で固くなったのと、マリノの不調で去年の第一回の対戦よりも迫力に欠け凡戦であった（中略）この間白井は右ストレ

（105）下田 一九四九：一五

ートをマリノのアゴに強打、マリノをぐらつかせたが、その後積極性に欠け惜しくもノックダウンの機を逸した。それ以降のラウンズにもっと激しい動きが期待されたが両者活発さに欠け、やや白井が押して判定をものにした。(106)

世界チャンピオンになったにもかかわらず、試合内容については「積極性に欠け」る「凡戦」と評されている点が興味深い。この試合で白井は博士の指示通りアウトボクシングを徹底した。そのせいで「凡戦」と評されたと考えられる。

カーン博士からすれば、「作戦として決定的な誤算」、「凡戦」といった評価は、精妙な競技性を理解していないということになるだろう。しかしプロ・ボクシングが競技性と興行性のバランスのもとで成り立っていることを考えれば、一方を度外視した姿勢が批判されるのは必然でもあった。「科学的ボクシング」は少なくともリアルタイムではボクシング・サブカルチャーであった。

それでも「科学的ボクシング」のインパクトは大きかった。アマチュア時代の一時期、カーン博士から指導を受けた米倉健司は、白井の「今まで見た

(106)『朝日新聞』一九五二年五月二〇日

こともない華麗なフットワークと高度なテクニック」に多くのファンが魅了されたと述べている[107]。

実際、世界戦をはじめとする試合の映像を観ると、白井は素人目にも綺麗なボクシングをしていると感じられる。まずフットワークが巧みである。ワンツーを主武器としながらも、長いリーチを活かしたアッパーなどもよく出している。特に多くのダウンを奪った右ストレートは、抜群のタイミングで打ち出されているようにみえる。また相手の攻撃はダッキングやウィービング、バックステップで軽やかにかわしている。白井は「打たせずに打つ」という近代ボクシングの理想を高水準で体現している。

「科学的ボクシング」は、必ずしもリアルタイムでは理解されなかったかもしれない。しかし白井は試合を通して極端なファイター偏重傾向を相対化し、繊細なボクシングの技術をみせつけた。カーン博士と白井は、ボクシングのローカル化の新たな道筋を体現したといえる。

そして一九五〇年代中頃には、「ボクシング界では科学的なトレーニングが一般的なものとして定着」していく[108]。戦前への回帰志向と「科学的ボクシング」がないまぜとなった結果であると考えられる。さらに白井の後にも、矢尾板貞夫[109]のようなフットワーカーや、桜井孝雄[110]のようなアウトボクサーが

（107）米倉一九九五：三一

（108）乗松二〇一六：二三九

（109）矢尾板貞夫は、一九五〇年代末から一九六〇年代にかけて活躍した東洋フライ級チャンピオンである。フットワークに優れ、一九五九年にはノンタイトル戦ながら強豪パスカル・ペレスに勝利している（ボクシング・マガジン編集部編二〇〇四：七八）。引退後は評論家としても活躍した。

（110）桜井孝雄は一九六四年（昭和三九年）の東京オリンピックで金メダルを獲得したバンタム級のアウトボクサーである。ディフェンス能力の高さには定評があり、プロ転向後も勝利を重ねた。しかしファイトスタイルは消極的な「安全運転」と酷評され、一般的な人気は必ずしも高くなかった（ボクシング・マガジン編集部編二〇〇四：九〇、中村二〇一一）。

プロとして活躍したことを考えれば、「科学的ボクシング」の精神は、以降の日本のボクシング界に受け継がれていったといえる。ディフェンスやフットワークの重要性は広く意識され、ファイターというスタイル同様に、ボクサーというスタイルが選択肢として一般化したのだ。

3　白井義男の物語

白井義男の活躍は、戦後のボクシングの輝かしい第一歩を象徴しており、以降の日本のボクシングに多大な影響を与えた。ただ白井の成功譚には、堀口の物語にあったようなパセティックな切実さが欠けているように思える。以下では白井義男の物語が持つ意味を考えたい。

白井が活躍した戦後期とは、どのような時代だったのだろうか。一般的に、終戦によって「暗い時代」が終わったとされることは珍しくない。しかしそれは必ずしも正しい認識ではない。橋川文三は次のように述べる。

事実、戦争は奇妙な倒錯の姿ではあれ、失われた人間たちの楽園を回復する。ドイツ人たちのいうその「死の共同体《トーデスゲマインシャフト》」のもとでは、あらゆる人間の感情と行動に死の聖痕があらわれ、その恩寵によって、人間は一切の日常的配慮《ゾルゲ》から根源的に解放される。[111]

　橋川は戦争が死という結末を示すことで、人々に連帯感や生きることとの意味を超越的に与えることを指摘している。美しい死の匂いが蔓延していた日本では（四－3－4参照）、特にそうした傾向は強かっただろう。あえていえば戦争は、独特な高揚感を伴いつつ社会を安定させていたのだ。

　それゆえ戦後期の社会は、曖昧な解放感こそあるものの安定感を欠き、根源的な不安や混乱を内包した。美しい死の機会が永遠に失われたという事実は、それを目標に生きてきた人々からすれば存在論的な悲劇だったと考えられる。そうした心性から目を背けては、戦後期の混乱や鬱屈を正しく理解することはできない。終戦は人々が抑圧から解放されて新しい時代を自明に生きられるようになったきっかけではなく、もっと複雑でアンビバレントな経験であったはずである。

　さらに戦後期の日常は、圧倒的な物資の不足、とりわけ食糧難によって鬱々としたものになっていた。当時の状況は、たとえば次のように描写されている。

（111）橋川二〇一一：四五一－四五二。橋川は三島由紀夫が戦中に幸福感を感じていたという証言を取り上げ、その意味を考えるなかでこう述べている。橋川は参照元を記していないが、マックス・ヴェーバーの『宗教社会学論集』における戦争と戦士に関する議論をふまえていると思われる（Weber 1920=1972:120-121、橋川 一九六四ｂ）。

昔食べ歩きというのがあった。そしてそんな記事が雑誌などでみられたが、今は一切を挙げて食べ歩きの人生である。食べ歩かざるものはない、すべての人が食物を求めて歩き廻っている。[112]

多くの日本人は飢えと殺伐とした気持ちを抱えて焼け野原を彷徨っていた。空襲の恐怖は去ったが、心身の両面において生存を脅かす新たな危機が、そこかしこにあった。まもなく米兵に身体を売る日本人女性たちが現れた。「パンパン」と呼ばれる彼女等は、とりわけ同胞を苛立たせた。

パンパンの媚態は戦後の社会で象徴的な意味を持った。アメリカの歴史学者、ジョン・ダワーは次のように述べる。

> 「ラク町のお時」の鮮やかな赤い唇と派手な服装は、たんにパンパンの象徴であっただけではなく、アメリカ的なセクシーさと最新流行という、手のとどかないものの一部でもあった。[113]

流行の洋服と化粧、大げさなジェスチャーと愛嬌のある「パングリッシュ[114]」によって、パンパンは戦勝国民に擬態した。無論彼女たちも好きでそうして

（112）吉川 一九四六：一二二

（113）Dower 一九九九＝二〇〇一：一六三

（114）「パングリッシュ」とはパンパンのしゃべるピジン・イングリッシュを意味する（Dower 一九九九＝二〇〇一：一六二）。

いるわけではない。しかし多くの日本人は、米兵と腕を組んではしゃぐパンパンに侮蔑のまなざしを向けた。一方でパンパンも、貧しい身なりの同胞を鼻であしらった(115)。

多くの日本人たちはパンパンを侮蔑することで、彼女たちの先にある「アメリカ的なもの」を否定しようとした。またパンパンは物質的豊かさを身にまとうことで、日本人としての現状から飛躍しようとした。つまり苦みのある物質的豊かさか、惨めな「日本精神」かという救いのない二択である。いずれの選択もナショナル・アイデンティティの自壊的な表現であり、やるせない気持ちが残ったはずである。

このように鬱々とした戦後期、戦中のような熱狂を伴ったナショナリズムの表現が生まれる余地はなかった。過去には戻れない。かといってGHQが示す民主主義もにわかには受け入れ難い。美しい死は方向性を失い、生を宙吊りにした。「帝国の夢」から覚め、飢えと不安と混乱にさいなまれながら、日本人は壊れかけた魂を癒してくれるものを求めた。

世界チャンピオンになった白井義男の物語は、人々に多少はナショナリスティックな高揚感を与えただろう。しかし根本的な癒しを与えたとは考えにくい。たとえば作家の村松友視は、白井の活躍を評価しつつも、次のように

(115) 社会学者の中山明は、米兵にエスコートされてPX(進駐軍の売店)からさっそうと出てきたパンパンが「日本の男を人間とも思わぬ目つきでちらりと見」たことを回想している(山本 一九八六:九一)。

述べる。

ダド・マリノ戦以降の白井義男の試合は、そのたびに問題を生む薄氷防衛の連続だった。タニー・カンポ戦、エスピノサ戦などにもあざやかなチャンピオンのイメージがなかったし、第一、世界でもっとも軽いクラスであるフライ級王者というのが、いまひとつスーパースターとしての物足りなさを感じさせた。それにしても、そこにテレビという怪物をからめた場合、思いもよらぬウェーブが起こることは十分に考えられるのであり、テレビ放映の前年にハイライトシーンを迎えた白井義男の人気は、力道山のごとく巨大な爆発音をとどろかすにはいたらなかった。(116)

村松は「薄氷防衛」や「フライ級」といった要因に加え、テレビ放送によって大きな人気を得たプロレスの力道山と比較することで、ラジオ時代の白井が大きな人気を得るには至らなかったと分析している。(117) しかしピストン堀口は、テレビがない時代に圧倒的な人気を得ていた。テレビ放送の有無は、白井の人気が「爆発音をとどろかす」に至らなかった直接的な理由とは考えにくい。村松は続けて次のようにも述べている。

(116) 村松 二〇〇二:二〇-二一

(117) 当時の日本人はシャープ兄弟のような屈強な白人レスラーを空手チョップで打ち倒す力道山の姿に溜飲を下げた（村松 二〇〇二）。実際には、力道山は朝鮮半島出身であり、シャープ兄弟はカナダ出身であった。しかし力道山は「日本人がアメリカ人を倒す」という多くの日本人にとっての悲願を実現したと考えられ、それゆえに人気を得た。

もちろん、白井義男の世界選手権獲得は快挙だったのだが、その波紋の広がりが爆発的ではなかった。それに、カーン博士との国境を越えた友情というやつが、美談であるゆえにインパクトが薄く、やわらかい物語という印象があった。[118]

村松は白井の物語を「美談であるゆえにインパクトが薄く、やわらかい物語」と評している。これは白井の物語の性格をぼんやりと示している。

前述のようにカーン博士は、白井を指導するなかで食料や衣服などの物資を提供し、家を与え、専用のジムまで建てた。白井の置かれた環境は、いわばオフリミットの内側と等しかった。事実、中村金雄は白井のことを「シンデレラ」と呼んでいる。[119]白井はカーン博士という王子に選ばれた幸運な若者だということだ。そして焼け跡を彷徨う他の日本人には、白井のような幸運は訪れなかった。

カーン博士の庇護のもとで白井が世界チャンピオンになったことは、GHQが占領統治のなかでやろうとしていたこと——ダグラス・マッカーサーの言葉を借りれば「一二歳の少年のようなもの」である日本を教化し[120]、親米的

（118）同：三三‐三四

（119）中村 一九五二：七七

（120）United States 一九五一：三一二

な民主国家に生まれ変わらせるという社会実験——の局所的な成功を意味した。アメリカ人の指導のもと、アメリカで人気のあるスポーツの世界チャンピオンになった白井は、ＧＨＱが戦後の日本に望む姿を完全に体現していた。

堀口と白井がそれぞれ時代を代表するボクサーであることは言を俟たない。しかし二人の物語には決定的な性格の違いがある。その違いは次のように整理することができるのではないか。すなわちピストン堀口の物語は時代と同期することで熱狂をもたらしたのに対して、白井義男の物語は時代と断然することで未来を指し示した。

白井の物語は、美しい死の機会が失われても、「科学」によって鬱々とした宙吊りの生を変えることができるという啓示を含んでいた。その啓示は新時代的で、合理的で、おそらくは正しかった。白井の活躍は、科学技術を発展させながら経済成長を遂げた戦後の日本社会の状況とも呼応するものであり、その意味では未来を先取りしていた。

しかし一九五〇年代には一種の「反米ナショナリズム」もみられるようになっており[121]、占領統治に対するアンビバレントな感情は一般的にも高まっていた。とりわけＧＨＱによってプロットを記された物語は、当時の日本人が積極的に受け入れたいものではなかったはずだ。

（121）小熊二〇〇二：七章

白井の物語は、皆が正しいと直感できる爽やかな美談であったが、だからこそ一抹の苛立たしさを伴ったのではないか。当時の人々にとってはむしろ、消えゆく「帝国の夢」に対する追慕のほうが意味を持ったかもしれない。白井が象徴する新しい時代は、少なくとも敗戦後の日本人が自明に生きられるものではなかった。時間が必要だった。感情移入する対象として、白井はまだ眩しすぎた。

ゆえに白井の物語は美談として評価され、未来を指し示したものの、根源的な癒しを与えるには至らなかったのではないか。ただそれは白井個人のせいではなく、彼が時代の狭間にいたことによる。一〇年前、あるいは一〇年後では意味が変わったはずだ。

白井は戦後期に「科学的ボクシング」を体現して名声を得た。一般的な時代区分としても、ローカルなボクシングの有り様としても、白井の活躍は近代の終わりと現代の始まりを同時に告げるものであった。白井の前には明治以来の近代のボクシングの道がある。そして白井の後には、私たちの記憶にある現代のボクシングへと通じる道が広がっている。

もちろん近代と現代の間には、明確な境界などがあるわけではない。近代から現代への変化は緩やかなグラデーションを伴っており、連続性も多く見出せる。しかし時代の変化を示す兆しはそこかしこにあり、白井義男の物語もまた、そうした兆しのひとつであった。それゆえ拳の近代をたどってきた本書は、白井義男を終着点としたい。

おわりに

二〇一八年一月末、私は茅ケ崎の海前寺を訪れた。茅ヶ崎駅からほど近い曹洞宗の寺である。私の前を歩く昌信氏が足を止める。

「ここです」

ピストン堀口の墓であった。リングのポールに見立てた柱が四本、そこからロープ代わりの鎖が伸びている。墓石には大野伴睦[2]の字で「拳闘こそ我が命」と刻まれ、墓石の右手には作家の井上靖による追悼文が刻まれた石碑が置かれている（図6－1参照）。

デザインの奇抜さについて昌信氏に尋ねると、「よく話が通ったもんだと思いますよ」と笑った。リング型の墓は昌信氏のアイデアにもとづいて建てられたものだった。

図6－1　ピストン堀口の墓[1]

（1）筆者撮影

（2）大野伴睦は自民党副総裁をつとめた政治家で、プロレスや格闘技とも縁が深かった。（『日本人名大辞典』＝JapanKnowledge Lib）

私は墓前に手をあわせながら、ここに拳の近代のひとつの結末が凝縮されているような感覚を抱いた。本堂近くの小ぶりなリングに眠るピストン堀口は、死してなおボクサーだった。その有り様は「倒而尚不已（たおれてなおやまず）」という日倶のスローガンが、形を変えて具現化したようにも感じられた。

現在、堀口へとつながる日本のボクシングの歴史は忘れられつつある。昌信氏も昔を知る者が少なくなっていることをたびたび嘆いていた。しかし私は、光が当てられるべき多くの出来事があったと信じている。

明治から昭和にかけてリングに上がった男たちの軌跡は、今となっては確認する手段が限られている。しかし彼等が交換した拳は、すでに体系的な評価が得られている当時の文化芸術などと同じように、近代がいかなる時代であったのかを鮮烈に示したはずである。交換される拳の軌道はボクシングを競技たらしめる身体文化によって規定され、その身体文化は近代社会に位置づけられることで意味を成すからだ。

本書がそうした諸相を充分に捉えられたかは心許ないが、簡単にここまでの道のりを振り返っておきたい。

一九三〇年代までに、日本におけるボクシングの自律化は一定のかたちで進んだ（三－4参照）。しかし自律化が進んでいたからこそ、その後の日本のボクシングは戦争という特殊な状況のなかで自閉化していった。ボクシングに戦争が入り込み（四－3－2参照）、戦争にボクシングが入り込んだ（四－3－3参照）。選手は徴兵され、興行も中止された。ローカル化をめぐる真正性の指標はスポーツ界全体の変質を反映して揺れ動き、ピストン堀口を頂点とする極端なファイター偏重のサブカルチャーがもてはやされた。戦中の異形のボクシングは、「帝国の夢」のなかで自閉化していく日本の姿と重なるものだった。

しかし戦中にも外地遠征や慰問興行のような活動があったことは忘れるべきではない（四－2－1、四－2－2参照）。戦争のただ中であっても人々はボクシングにひと時の愉しみを求め、選手たちはそれに応えた。皆、ボクシングが忘れ難かったのだ。それだけボクシングのローカル化が進み、皆の心を捕らえていたことの証でもある。

そのため戦後の復興は早かった。アマチュア・ボクシングは早々に復活した。草試合や慰問試合などを経て（五－1－1参照）、プロ興行もすぐにおこなわれるようになった。そのなかでは白井義男のような選手が育ち、「世界選手権をわれらの手に」という渡辺勇次郎以来の宿願が果たされた（五－2

ー1参照）。攻撃偏重のボクシング・サブカルチャーも徐々に相対化され、戦前の標準的なボクシングへの回帰志向とカーン博士の「科学的ボクシング」が、新たなボクシングのありかたを示した（五－2－2参照）。興行規模も戦前の水準を超えるほどになった。

あらためて媒介という観点から整理すると、ボクシングのローカル化を進めてきた主体として、指導者、選手、ファン、不良、愚連隊、ヤクザ、マスメディアが挙げられる。[3] それぞれの役割を簡単にまとめたのが巻末表6－1である。各主体によるそれぞれの思惑に基づいた諸実践が協働することで、ボクシングのローカル化は進んできたといえる。また各主体はさまざまなかたちで戦後のボクシング界も牽引していく。戦後のボクシング関係者の多くは、戦前から連なる人的資源との関係において捉えることができる。

ローカル化の方向性は、ボクシングの真正性を軸に理解できる。前述のように渡辺勇次郎は、アメリカのプロ・スタイルに封建的師弟関係を加えたボクシングを日本に伝え、それが日本のボクシング界の真正なあり様となった（二－2－2参照）。またアマチュアには渡辺と異なる志向がみられ、プロとの差異化を通した真正なアマチュアのあり様が追求された（三－1－3参照）。そしてボクシング・サブカルチャーとして、戦中期には極端なファイター

（3）本書では詳しく取り上げなかったが、日倶の試合を後援した玉置合名会社のようなボクシングとは直接関係のない一般企業も、日本のボクシングを媒介した主体として挙げられる。

偏重傾向がみられた（四‐3参照）。また戦後期には草試合などのショー的なサブカルチャーも登場した（五‐1‐1参照）。さらにカーン博士と白井義男が体現した戦後の「科学的ボクシング」は、かつての日本のボクシング文化への回帰と連動しながら、徐々にメインカルチャー化していった（五‐2‐2参照）。

こうしたボクシング文化の状況をまとめたものが巻末図6‐2、6‐3である。ボクシング文化におけるメインとサブの関係は、ゆるやかにグラデーションを伴って変化していく。変化のきっかけとなるのは、それぞれの主体のボクシング観や志向、思惑の違いによって起こる試行錯誤や差異化である。

またメインとサブの関係が変化するということは、ローカル化が動的な過程であることを意味する。本書でみてきたように、ローカル化は特定の主体の意思によって単線的に進むスムーズな過程ではなく、さまざまな主体の意思が絡みながら複線的に進むラフな過程であった。

複線的でラフなローカル化の過程はまた、日本の近代化の写し絵でもある。近代日本は欧米と日本の間を行ったり来たりしながら、違和感や矛盾をその都度解消しようとする過程のなかで立ち現れてきた。「帝国の夢」も、違和感や矛盾を一掃しようとした結果に生まれたいびつな夢だった。

（4）小熊二〇〇二：五五三
（5）高原二〇〇六：四八
（6）ファイティング原田はスピーディな連打によってフライ級、バンタム級の二階級を制覇し、一九六〇年代に圧倒的な人気を誇った世界チャンピオンである（ボクシング・マガジン編集部編二〇〇四：三六）。「黄金のバンタム」の異名で知られたブラジルの伝説的なチャンピオン、エデル・ジョフレ（Jofre, Eder）との死闘を制したことで、国際的にも名前が知られた。

戦後、「帝国の夢」は一般的なものではなくなった。かわりにナショナリズムの表現は、経済発展を背景とした「体系的な思想をもたない、無自覚な」ものとして、(4)あるいは「生活安定感を担保するための漠然とした共同体意識」(5)のようなものとして立ち現れるようになった。戦後のナショナリズムは、「帝国の夢」のようにアノミーを解消するためではなく、もっぱら日々の生活を謳歌するために利用された。かつてのようなパセティックな切実さは、もはやなかった。

そうした傾向を反映するように、戦後のボクシングはマスメディアと結びついたエキサイティングな観戦スポーツとして人気を得ていった。一九六〇年代に試合中継が六〇パーセントを越える視聴率を獲得したファイティング原田、(6)一九七〇年代に一三回の世界王座防衛記録を樹立した具志堅用高、(7)一九八〇年代に度重なる故障に泣かされながらK・Oの山を築いた浜田剛史、(8)一九九〇年代に引退勧告を受けながら世界タイトルを再度獲得した辰吉丈一郎(9)など、時代ごとに世界の強豪を相手に戦う選手が登場した。そしてテレビを通して彼らの活躍に一喜一憂するのが、戦後のボクシング・ファンの一般的な姿であった。戦後のボクシング史は、文化的にも産業的にもテレビとの密接な関係抜きには語れないだろう。

(7)　具志堅用高は一九七六年にWBA世界ライト・フライ級チャンピオンになると、以降六連続KOを含めた一三回の防衛を果たした（ボクシング・マガジン編集部編二〇〇四：一六）。引退後はタレント活動をおこないながら後進の指導にあたり、WBC世界フライ級チャンピオンの比嘉大吾を育てた。

(8)　浜田剛史は日本ライト級チャンピオンから東洋太平洋ライト級チャンピオンを経て、一九八六年にWBC世界スーパー・ライト級チャンピオンになったハードパンチャーである。ノンフィクション作家、佐瀬稔による評伝がある（佐瀬二〇一〇）。

(9)　辰吉丈一郎は日本バンタム級チャンピオンを経て一九九一年にWBC世界バンタム級チャンピオンになった。以降、幾度となく網膜裂孔や網膜剝離に見舞われたものの、一九九七年にシリモンコン・ナコントンパークビューを破り、再び世界チャンピオンになっている（ボクシング・マガジン編集部編二〇〇四：三八）。

しかし現在、日本のボクシングは――あるいはテレビと同様に――斜陽傾向にある。少なくない数の世界チャンピオンがいるものの、(10)彼等の一般的な認知度は必ずしも高くはない。プロ・ボクサーの数も二〇〇四年の三六三〇人から減り続け、二〇一六年には二三〇六人になっている。(11)その結果、日本人同士の試合が組めず、海外から選手を招聘することも多くなっているという。(12)

高校生のアマチュア・ボクシング競技人口も減り続けている（巻末図6-4参照）。二〇〇三年の三八五九人から二〇一六年では二三八六人と一三年で一四七三人も減少している。(13)少子化の影響と思うかもしれないが、高校生男子のサッカー人口は二〇〇三年の一四万九五九一人から二〇一六年の一六万九八五五人と増加している。(14)単純にアマチュア・ボクシングをやる高校生が減っていると考えるべきだろう。

また笹川スポーツ財団の調査によると、一〇代の若者のテレビによるスポーツ観戦上位一四種目には、男女ともにボクシングを含めた格闘技が入っていない。(15)はっきりした理由はわからないが、そもそも若者には格闘技全般の人気がないようだ。

とりわけプロ・ボクシングは興行というビジネスの側面を持つ。そのため

(10) 二〇一七年一月一七日時点で、プロ・ボクシング主要四団体の認定した日本人王者の数は八人である。これは合衆国（一三人）、メキシコ（九人）に続き、イギリス（一三人）、世界で四番目に多い（文藝春秋刊二〇一七：四〇-四一）。
(11) 渋谷二〇一七
(12) 同
(13) 公益財団法人全国高等学校体育連盟の各年度登録加盟状況より（http://www.zen-koutairen.com/f_regist.html：二〇一七年六月三日閲覧）。
(14) 同
(15) 笹川スポーツ財団二〇一四：二一〇。ちなみに同白書からは、中高年層は格闘技に対する関心が比較的高いことがわかる。

人々の関心の薄さは、選手がボクシングで生計を立てることを難しくする。たとえば二〇〇〇年代にＷＢＣバンタム級チャンピオンとして一時代を築いた長谷川穂積[16]は、世界王者になって初防衛戦を迎えるまで時計店で働いていた。長谷川は自著のなかで次のように述べている。

プロ・ボクサーとはいっても実際にファイトマネーだけで生活できる選手は限られてしまう。日本の場合、四回戦の選手は額面六万円。六回戦、八回戦でも一〇万から二〇万円。日本チャンピオンや東洋太平洋チャンピオンで一〇〇万から二〇〇万といったところが相場だ。世界チャンピオンになって初めて、やっとそれだけで生活できるというのが現状である。[17]

ここからは世界レベルで優れた成績を残した選手でも、副業をせざるをえない状況がうかがえる。国内リーグでプレイするだけで生計を立てられる野球やサッカーとは大きな違いである。アメリカのような数十億円、数百億円といった法外なファイトマネーは望むべくもない。戦前はもとより、戦後の半世紀と比べても、現在のボクシングは影が薄い。

これまでも日本のボクシングは社会変動の表現として立ち現れた。だとす

(16) 長谷川穂積は二〇〇〇年代に活躍したバンタム級の世界チャンピオンである。バンタム級で防衛を重ねた後、フェザー級、スーパー・バンタム級のベルトも獲り、三階級を制覇した。特にバンタム時代は、抜群のスピードと連打、高いディフェンス技術で知られた。

(17) 長谷川二〇一〇：九三

れば近年のボクシングが斜陽傾向にあることもまた、業界に閉じた議論からではなく、日本社会の動態から考察されるべきであろう。

ただ本書では近年のボクシングが斜陽傾向にある理由を考察したり、打開策を考えたりする余裕はない。そうした議論は、近代と現代のボクシングの連続性・非連続性に関する考察を含めたうえで、稿をあらためておこないたい。

なお本書には他にも持ち越された課題がある。本書は東京を中心に議論を進めたため、昭和初期より各地でおこなわれている地方のボクシング実践や、日本以外の国におけるボクシングのローカル化を検討できなかった。今後、地方や他国の状況に対する理解が進むことで、ローカル化の過程をより多面的に記述することが可能になると思われる。

また本書はボクシングに議論を集中させたため、たとえば「フェアプレー」、「スポーツマンシップ」といったイデオロギーの消化（未消化）を含めたスポーツ一般のローカル化の過程には言及できなかった。今後、スポーツのローカル化の過程のなかにボクシングを位置づけることで、議論をより一般化できると考えられる。

これらは今後の課題としたい。

◎巻末資料◎

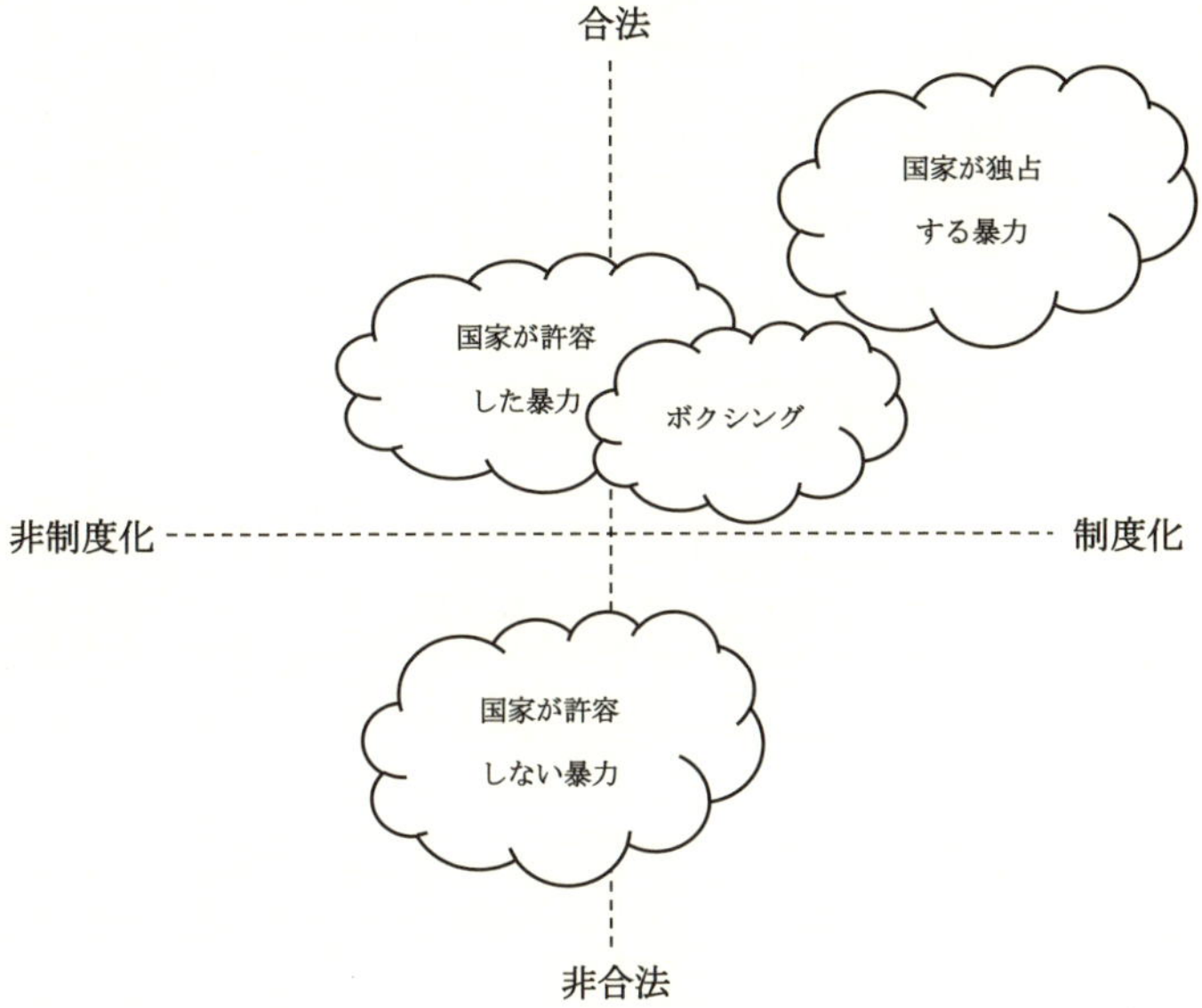

巻末図０－１　近代における物理的暴力の類型

巻末表2－1　ボクシングの同好会の場所と参加者
（社団法人日本アマチュア・ボクシング連盟「50年史」編集委員会 1980：30より作成）

場所	主な参加者
植民貿易学校	臼田金太郎、小丸辰巳、菅野敏雄
郁文館中学校	真田七三朗、戸塚廷、江崎三男、池野忠夫
東洋商業学校	岡本不二、下田辰雄、中川清一郎、菅野実
慶應商工学校	海老沢清、関口重蔵、吉原信義
東京府立四中	石川輝、土屋愛次郎
高輪中学校	多賀安郎
浅草（活弁グループ）	静田錦波、井口静波、大辻司郎、徳川夢声、東健而、柳思外、轟天雷
浅草（青空グループ）	平岩浩、益戸克己
銀座（警醒社書店グループ）	桜井正、久場清、滝沢吉助、田中禎之介
ＹＣＡＣ	不明
ＫＲＡＣ	不明

巻末表２－２　アマ連の役職者と参加組織
（社団法人日本アマチュア・ボクシング連盟「50年史」編集委員会１９８０：34より作成）

会長	堀内文次郎
理事長	渡辺勇次郎
理事	金親正直、辰野保、室田譲、臼田金太郎、岡本不二、下田辰雄、石川輝、泉勘次郎
参加組織	（大学）明治、慶應義塾、早稲田、（中学校）植貿、保善、慶應商工、東洋商業、第一外語、国士館、岩倉鉄道、日倶、大森拳、日大クラブ、同志社クラブ

巻末表２－３　学連の役職者と参加組織
（社団法人日本アマチュア・ボクシング連盟「50年史」編集委員会１９８０：34より作成）

会長	渡辺勇次郎
理事長	石川輝
理事	各校代表
参加組織	（大学）明治、慶應義塾、早稲田、（中学校）植貿、保善、慶應商工、東洋商業、第一外語、国士館、岩倉鉄道

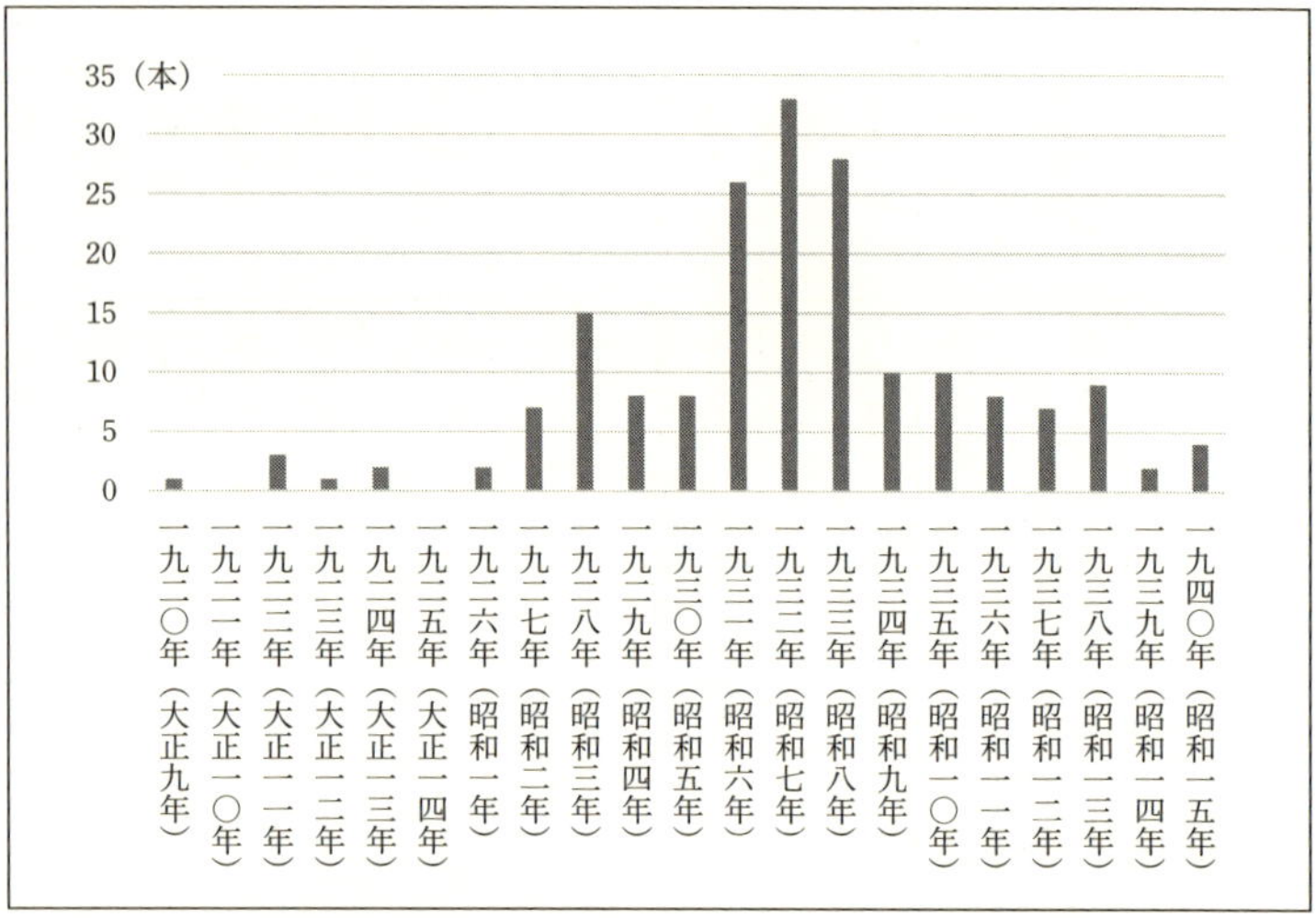

巻末図２－４　雑誌記事数の推移
（記事数は一般誌を中心としたデータベース、「雑誌記事索引集成データベース ざっさくプラス」で、「拳闘」、「ボクシング」、「ボクサー」の検索語でヒットしたものを合計している。2017年5月5日閲覧）。

巻末表2－5 一九二〇年代後半から一九三〇年代のボクシング関連記事
（「雑誌記事索引集成データベース ざっさくプラス」のデータより作成。二〇一七年五月五日閲覧）。

一九二八年（昭和三年）
川島清、「大学拳闘リーグ戦の期熟す」『文藝春秋』六月号、文藝春秋社：一〇二－一〇五
田辺宗英、「実業家よ拳闘精神を養え」『実業之日本』7(9)、実業之日本社：七六－七七
田辺宗英、「拳闘解説」『実業之日本』7(10)、実業之日本社：六〇－六一
鳴弦楼主人、「鮮血迸る拳闘大試合」『キング』4(5)、大日本雄弁会講談社：三二二－三一八
一九二九年（昭和四年）
春日俊吉、「タニイ対デムプシイ」『新青年』10(7)、博文館：二七三－二七四
川島清、「拳闘を応用したモダーン婦人護身術」『婦女界』40(1)、婦女界社：三一一－三一六
真田七三朗、「拳闘追憶 燻した鮱」『新青年』10(4)、博文館：一三三－一三六
真田七三朗、「ボクシングのABC」『新青年』10(6)、博文館：一三八－一四二
内藤譲、「レッスラーとボクサー」『新青年』10(7)、博文館：二七〇－二七二
本田明、「拳闘競技観戦記」『実業之日本』8(7)、実業之日本社：一一一－一一二の1
無記名、「拳闘観戦記」『事業之日本』8(10)
保木真紅、「女性のボクシング」『新青年』10(11)、博文館：二〇六－二〇八
一九三〇年（昭和五年）
阿部知二、「〈モノクロから見た女〉拳闘選手がくれたモノクルで」『新潮』27(8)、新潮社：五六－五九
荻野貞行、「拳闘漫筆」『改造』12(9)、改造社：一一三－一一七
真田七三朗、「拳闘世界選手権保持者列伝」『新青年』11(4)、博文館：二二一－二二七
山村順、「拳闘」『青樹』第29号、青樹社：八
ワレンチン・カチヤエフ、「拳闘物語」『新青年』3月号、博文館：二六五－二七一

一九三一年（昭和六年）

臼田金太郎、「ヤンキーを敵として」『新青年』12⑹、博文館：二六八‐二七一
荻野貞行、「世界拳闘大試合物語」『文藝春秋』4月号、文藝春秋社：一五四
荻野貞行、「重量世界選手権争奪戦」『新青年』12⑻、博文館：一六八‐一七一
荻野貞行、「モダン・スポーツ拳闘」『新青年』12⑼、博文館：二三八‐二四二
荻野貞行、「浅岡信さんと私」『映画時代』11⑶、文藝春秋社：三九‐四一
荻野貞行、「拳闘の話」『婦人サロン』3⑼、文藝春秋社：一一四‐一二〇
荻野貞行、「黄金の拳闘企業　二千萬円を稼いだデンプシー」『実業之日本』34㉒、実業之日本社：九六‐九九
荻野貞行、「肉弾相打つ男性美の極致 拳闘の話」『婦人公論』16⑽、中央公論社：二七七‐二八〇
北村透馬、「勇しき拳闘家」『新青年』12⑺、博文館：二一四‐二二六
小林廣、「六大学拳闘リーグ展望」『新青年』12⒂、博文館：二三〇‐二三一
田辺宗英、荻野貞行、市原勝治、平川末男、植村龍郎、小林一夫、清宮満三郎、楢崎勤、奥村五十嵐、「帝国拳闘会訪問座談会」『文学時代』3⑾、新潮社：六六‐七〇
中村正常、「拳闘と女の風景」『改造』13⑼、改造社：四〇‐四六
楢崎勤、「拳闘を見るの記」『文学時代』3⑿、新潮社：一七三‐一七七
楢崎勤、「拳闘印象」『近代生活』3⑽、近代生活社：一八‐二三
渡辺勇次郎、「拳闘講義」『サラリーマン』4⑶、サラリーマン社：九七‐九九
渡辺勇次郎、「ボキシングの見方」『サラリーマン』4⑷、サラリーマン社：七九‐八二
渡辺勇次郎、「拳闘の話」『朝日』3⑷、博文館：一七三‐一七七
小幡良徳、「拳闘雑記」『財務協会雑誌』15⑿、東京財務協会：六四‐七二
無記名、「花巻から世界的検拳闘家〈木村久五郎〉」『新岩手人』1⑷、新岩手人社：二六
無記名、「伊達投手と拳闘」『野球界』21⒄、博文館：八三
無記名、「拳闘の知識」『科学雑誌』15⑵、科学の世界社：七六‐七八、八七
無記名、「何が彼を拳闘家にさせたか」『サラリーマン』4⑶、サラリーマン社：九七‐九九

一九三二年（昭和七年）

シドニイ・ホルラア、「拳闘小説 キッド・レヴァテイ」『新青年』13(3)、博文館：二四四-二五七
橋爪健、「拳闘ファン一家言」『政界往来』3(5)、政界往来社：四六-四九
無門道人、「拳トウの彌次・檢トウ録」『新青年』13(9)、博文館：二九三-二九五
荻野貞行、「〈強き者汝の名は女〉女にノックアウトされた拳闘家」『婦人サロン』4(3)、文藝春秋社：一四八-一五二
荻野貞行、「〈船来やくざ〉の悩み」『中央公論』5月号、中央公論社：二六九-二七三
真田七三朗「女性拳闘豪勇鑑」『デカメロン』2(4)、風俗資料刊行会：四七
十一谷義三郎、「拳闘やくざ文章」『改造』14(4)、改造社：一九六
太田勝巳、「拳闘の話」『中外財界』7(11)、中外商業新報社：三九-四〇
吉田謙吉、「拳闘モデルノロヂオ」『改造』14(10)、改造社：三八-五〇
勝田香月、「拳闘小唄」『愛誦』7(4)、交蘭社：七三
峰谷信太郎、「柔道拳闘国際大試合」『キング』8(12)、大日本雄弁会講談社：三七〇-三七七
松本鳴弦楼、大橋月皎「突破先生立志傳 無軌道成功譚 日本拳闘の生みの親」『朝日』4(1)、博文館：四四八-四六一
無記名、「時事新風景 ボクシング」『婦人之友』26(3)、婦人之友社：一三一-一三二

一九三三年（昭和八年）

石黒敬七、「世界拳闘界展望」『文藝春秋』8月号、文藝春秋社：一一八
榊山潤、「拳闘狂時代」『オール讀物』3(7)、文藝春秋社：二八六-二九八
臼田金太郎、「拳闘界飛躍展望」『新青年』14(14)、博文館：二二八-二三三
荻野貞行、「観る拳闘・する拳闘！」『若草』9(5)、宝文館：一二〇-一二二
荻野貞行、「日仏拳闘試合後記」『改造』15(7)、改造社：一一二-一一七
荻野貞行、「スポーツと恋愛」『婦人公論』18(11)、中央公論社：一三六-一三七
荻野貞行、「内外ボクサー出世物語」『事業之日本』物語36(16)、実業之日本社：六四-六六
田中香涯、「拳闘の害」『医文学』9(7)、医文学社：五六九-五七一

近藤璋敏、「拳闘場にて」『いづかし』3(5)、いづかし社：七－八
下田辰雄、「ラッシュ徐廷権」『新青年』14(6)、博文館：二三四－二三八
下田辰雄、「日仏拳闘決戦前記」『新青年』14(8)、博文館：二四七－二五一
下田辰雄、「世界人種の闘争」『新青年』15(1)、博文館：三五〇－三五七
下田辰雄、「拳闘大試合秘聞」『中央公論』7月号、中央公論社：三二二－三二八
堀田三頸、「相撲技と拳闘夜話」『野球界』23(2)、博文館：四三
松本純一、「大流行の拳闘の見方」『婦女界』48(2)、婦女界社：三六六－三七一
松本鳴弦楼、「拳闘王渡辺勇次郎」『冨士』6(1)、大日本雄辯會講談社：五〇六－五一二
八幡良一、「日米対抗大拳闘戦」『日の出』2(6)、新潮社：一七二－一八七
渡辺勇次郎、「世界拳闘界の巨人カルネラ」『世界知識』5(5)、世界知識社：七二八－七三一
無記名、「〈街頭有罪〉拳闘ゴッコ」『探偵クラブ』9、新潮社：三三一－三三五
無記名、「拳闘の話」『ぷろふいる』1(6)、ぷろふいる社：七三
無記名、「野球と拳闘物語」『野球界』23(13)、野球界社：一六五

一九三四年（昭和九年）

臼田金太郎、「王者は誰？全日本職業拳闘選手権大会予想記」『新青年』15(14)、博文館：二一三－二一七
臼田金太郎、「極東オリムピックへ（拳闘）」『文藝春秋』2月号、文藝春秋社：一七四－一八〇
荻野貞行、「拳の英雄（拳闘小説）」『日の出』3(3)、新潮社：三七六－三九二
荻野貞行、「拳闘往来」『政界往来』5(4)、政界往来社：八七－八九
荻野貞行、「堀口恒男の強さ」『改造』16(7)、改造社：八二－八三
竹田敏彦、「ピストン堀口」『少年倶楽部』21(2)、大日本雄弁会講談社：二六八－二八四
堀口恒男、「自伝小説 ピストンは唸る」『キング』10(2)、大日本雄弁会講談社：一九八－二〇七
堀口恒男、「僕の一日」『婦人公論』19(11)、中央公論社：二八三
無記名、「相撲と拳闘」『野球界』24(2)、博文館：一二一
渡辺勇次郎、堀口恒男、「渡辺勇次郎氏、堀口恒男氏に拳闘を聴く」『現代』4月号、大日本雄弁会講談社：一一四－一二七

一九三五年（昭和一〇年）

荻野貞行、「審判はつらいもの 拳闘」『新青年』16(9)、博文館：二〇七-二〇八
サトウハチロー、「拳闘界名物男」『改造』17(7)、改造社：三〇六-三一一
下田辰雄、「審判御苦労記」『新青年』16(4)、博文館：二二八-二三三
下田辰雄、「タニーてふ男」『政界往来』6(7)、政界往来社：二六-二七
徐廷権、「メリケン武者修行」『新青年』16(12)、博文館：二四六-二五一
益田甫、「恋と拳闘」『キング』11(8)、大日本雄弁会講談社：五四八-五六五
荏原祥高、「拳闘」『詩洋』12(6)、南風堂書店：七〇
柳家金語楼、「女房と拳闘：新作落語」『冨士』8(10)、大日本雄弁会講談社：一四六-一五一
荻野貞行、下田辰雄、中村金雄、名取芳夫、鈴木幸太郎、トニー・ゴラ、堀口恒男、「拳闘大座談会」『冨士』8(6)、大日本雄弁会講談社：三五六-三七三
無記名、「今年は誰が一番儲けたか：軍需工業・株・生糸・米・原稿料・レコード・競馬・拳闘」『実業之日本』38(23)、実業之日本社：二一二
I記者、「流行商賣採算調べ：採算にはならない拳闘試合」『実業之日本』38(22)、実業之日本社：七九-八一
X・Y・Z、「当代人気者訪問(3) ピストン堀口君」『日曜報知』（213）、報知新聞社：一三-一五

一九三六年（昭和一一年）

石川輝、「拳闘界の黒白人種戦」『改造』18(3)、改造社：二七六-二八二
風間章、「即席一流になるには：拳闘通になるには」『新青年』4月号、博文館：二五八
志摩達夫、「隣室の美少年」『新青年』8月号、博文館：三六六-三六九
下田辰雄、「スポーツの貧富」『政界往来』7(5)、政界往来社：一二-一四
辰野保、「相撲と拳闘のファン」『改造』18(6)、改造社、九八-一〇一
堀口恒男、「ピストン布哇遠征譜」『新青年』17(9)、博文館：三二八-三三三
無記名、「朝鮮拳闘選手の躍進」『朝鮮公論』24(3)、朝鮮公論社：五三一
志摩達夫、「隣室の美少年」『新青年』17(5)、博文館：三〇六-三〇九
横尾俊彦、「シュメーリングは何故勝ったか」『新青年』17(9)、博文館：一七八-一七九

一九三七年（昭和一二年）

田鶴濱弘、「拳闘花形争覇戦」『新青年』18⑴、博文館：四〇四‐四〇五
田所伍郎、「拳闘熱血譜リングの復讐」『新青年』18⑺、博文館：三七〇‐三七七
橋爪健、「血達磨大拳闘」『キング』13⑷、大日本雄弁会講談社：二六〇‐二六七
福家勇、「樺太の拳闘」『樺太』4月号（9‐4）、樺太社：一三二‐一三六

一九三八年（昭和一三年）

山岡操、「血だらけの拳闘：名拳闘時代挿話」『朝鮮公論』22⑴、朝鮮公論社：一六九
多賀安郎、「拳闘界今昔物語」『朝鮮公論』22⑹、朝鮮公論社：八七
大里生、「拳闘の話」『朝鮮公論』22⑿、朝鮮公論社：三五

一九三九年（昭和一四年）

瓜生健兒、「王座を賭けた大拳闘戦」『冨士』12⑽、大日本雄弁会講談社：三五八‐三六三
北澤清、「拳闘と力士相撲の除外」『革新』2⑸、革新社：二〇〇‐二〇一

巻末表３－１　1920年代に設立された主なジム
（郡司 1976、松永 1992より作成）

設立年	ジム名	設立者、指導者等	所在地
1921年 （大正10年）	日本拳闘倶楽部	渡辺勇次郎	目黒
1924年 （大正13年）	東京拳闘協会	樽谷公一	日暮里→柴又
1924年 （大正13年）	パーク拳闘倶楽部→後に江東拳闘倶楽部と鈴音拳闘倶楽部に分裂	松江求馬	浅草
1924年 （大正13年）	クインズベリー拳闘倶楽部	真田七三朗、 田中禎之助	駒込
1924年～1925年 （大正13年～14年）	銀座拳闘倶楽部	滝沢吉助、 赤星猛	銀座
1926年 （大正15年）	帝国拳闘協会拳道社	田辺宗英、 荻野貞行	新橋→四谷
1925年～1927年 （大正14年～昭和2年）	大日本拳闘会	嘉納健治、 郡山幸吉	神戸御影
1928年 （昭和3年）	日東拳闘倶楽部	益戸克己	下谷
1929年 （昭和4年）	大日本拳闘会城北支部	伊勢寅雄	御茶ノ水

巻末表3－2　日比谷公会堂における興行の収支予測
（算出にあたりＩ記者（1935）、荻野、下田、中村、名取、鈴木、ゴラ、堀口（1935）を参照した。また次の収支報告書のテンプレートを使用した。http://template.k-solution.inf/2006/07/01_excel_1_55.html　2017年1月5日閲覧）

収入	項目	金額	備考
	リングサイド	300円	3円×100人
	一等	1,400円	2円×700人
	二等	1,500円	1.5円×1,000人
	三等	1,500円	1円×1,500人
	合計	4,700円	

支出	項目	金額	備考
	会場賃料	300円	
	ビラ、ポスター代	400円	
	審判、役員ギャラ	250円	
	選手ファイトマネー	3,200円	500×2、300×2、250×4、100×6
	雑費	100円	
	合計	4,250円	

	差引収支	450円	

巻末表3-3 終戦までの日本タイトル（含敢闘旗）保持者
（ボクシング・マガジン編集部編 二〇〇四年、郡司 一九七六年より作成）

名前	所属	階級	特徴
臼田金太郎	日倶→大森→国際→臼田	ウェルター	五輪出場
梅野林	日倶	フライ	テクニシャン
遠藤幸一	帝拳	ウェルター	フックが武器のファイター
大津正一	東洋→極東	バンタム	フックが武器のファイター
大森熊蔵	東拳	スーパーライト	ファイター
緒方哲夫	東拳→帝拳	ライト	『拳闘日本』を創刊
岡本不二	日倶	フライ	五輪出場のテクニシャン
荻野貞行	日倶	スーパーバンタム	スピーディなアウトボクサー
柏村五郎	帝拳→大日拳	フライ	左フックが武器のファイター
川田藤吉	日倶→日米	ウェルター	タフでスタミナ豊富なインファイター
木村久	帝拳	スーパーバンタム	合衆国で活躍、「ノックアウトQ」の異名
櫛橋利光	不二	フライ	小柄だがアグレッシブ
久場清	日倶	フェザー	フットワークが巧み
玄海男	帝拳	フェザー	合衆国でも活躍したファイター
小池実勝	千代田拳→大日拳	フェザー	「タイガー」の異名をとるファイター
小島庄司	東洋→横浜	バンタム	横浜初のチャンピオンン
小林信夫	帝拳	ライト	左フックを武器にするボクサー
金剛勇	東洋	フェザー	テクニシャン
近藤巌	帝拳	フライ	インファイトが得意
ジョー・サクラメント	フィリピン	ライト	テクニシャンでハードパンチャー

ダン・サクラメント	フィリピン	フェザー	サウスポーのブルファイター
佐藤東洋	帝拳	スーパーフェザー	多くの画家のモデルにもなる
左右田基光	港→国民→更生	バンタム	フックが武器。一二三戦をこなす
鈴木幸太郎	帝拳	ライト	右ストレートが武器
鈴木啓之	大日拳	フェザー	スピーディでフックが武器
高橋一男	日倶	スーパーバンタム	「ブルドッグ」の異名をとるファイター
田中禎之介	日倶	ライト	日倶四天王の一人で左フックが武器
中村金雄	日倶	バンタム	サウスポーのカウンター・ファイター
名取芳夫	東拳	ウェルター	頭脳的ボクシング
野口進	東拳→大日拳	ウェルター	豪快なファイター
橋本淑	帝拳	フェザー	テクニシャン
服部英明	東拳	バンタム	元炭鉱夫
花田陽一郎	帝拳	バンタム	「今牛若」の異名をとるテクニシャン
原靖	帝拳→大日拳	バンタム	一二一試合をこなす
平岩浩	革新拳	フライ	アグレッシブ
平川末男	帝拳	ライト	「和製デンプシー」の異名
福田寿郎	日倶	ライト	ファイター
堀口恒男	日倶→不二	フェザー	「拳聖」の異名、第四章参照
松岡福雄	日倶	バンタム	タフなファイター
光山一郎	帝拳	ライト	サウスポーの強打者
山中利行	帝拳→日米	ミドル	長身のサウスポー
結城敏夫	帝拳	フェザー	タフなファイター
横山金三郎	日倶	フェザー	日倶四天王の一人

巻末表３－４　大正期から昭和初期の主な海外遠征
（郡司 1976より作成）

年	遠征先	メンバー
1924年（大正13年）	上海	郡山幸吉、横山金三郎、荻野貞行、田中禎之介、久場清
1925年（大正14年）	上海	田中禎之介、横山金三郎、吉本武雄、赤星猛
1926年（大正15年）	サンフランシスコ	渡辺勇次郎、川田藤吉、高橋一男、中村金雄
1926年（大正15年）	サンフランシスコ	荻野貞行、吉本武雄、佐藤東洋、木村久
1928年（昭和3年）	アムステルダム（五輪）	渡辺勇次郎、臼田金太郎、岡本不二

巻末表３－５　戦前のオリンピック参加者
（社団法人日本アマチュア・ボクシング連盟「50年史」編集委員会 1980：175－182より作成）

年	場所	監督、コーチ等	選手
1928年（昭和3年）	アムステルダム	渡辺勇次郎	臼田金太郎、岡本不二
1932年（昭和7年）	ロサンゼルス	宮沢孝、石川輝、下田辰雄	村上清信、中尾明、亀岡勝雄、黄乙秀、平林愛国
1936年（昭和11年）	ベルリン	鹿毛善光、坂口信夫	中野千代人、橋岡俊平、宮間佐治郎、永松英吉、李奎惸

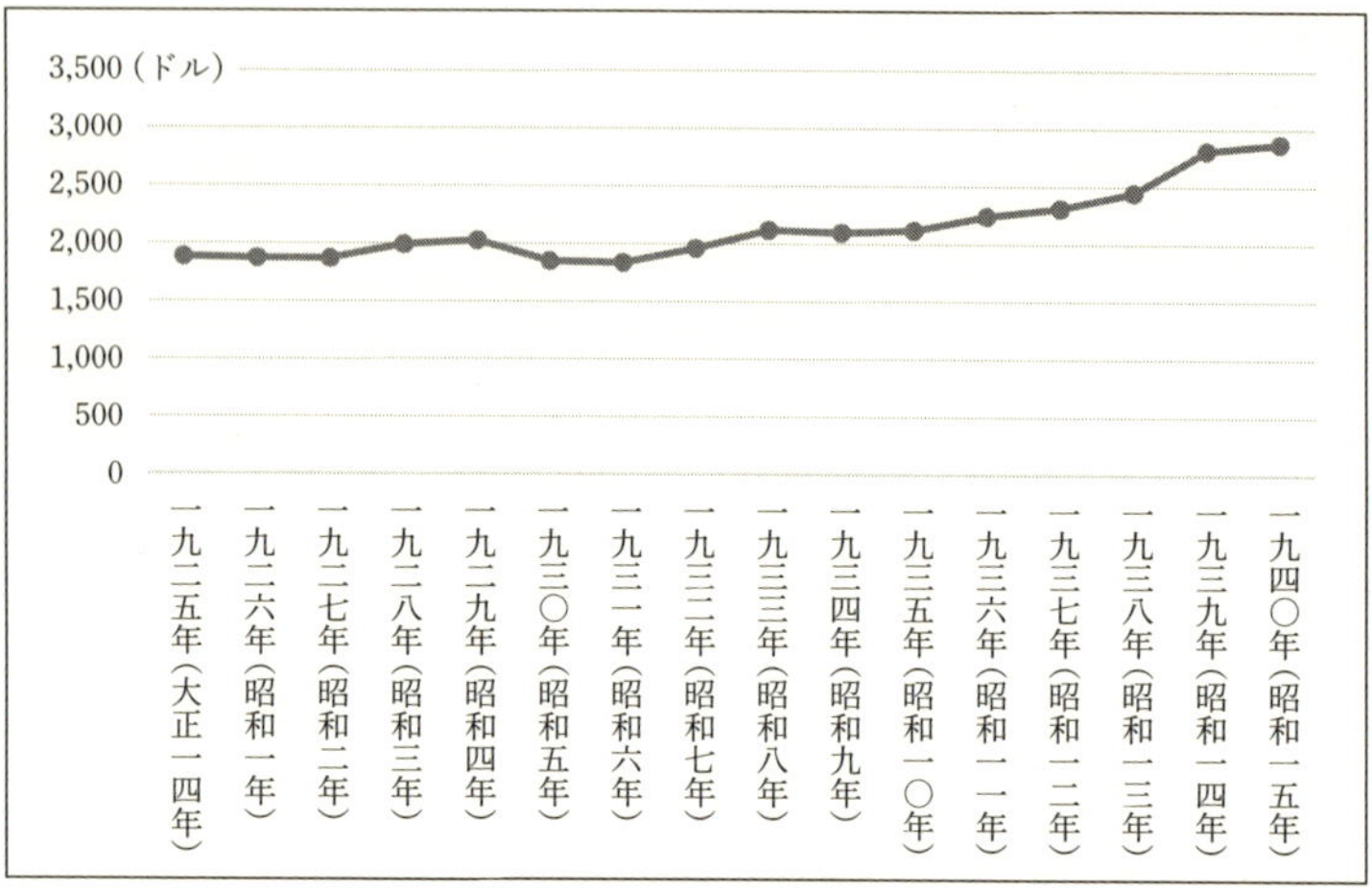

巻末図３－６　国民1人当たりのGDP推移
（ドル、The Maddison-Project, http://www.ggdc.net/maddison/maddison-project/home.htm, 2013 version.より作成）

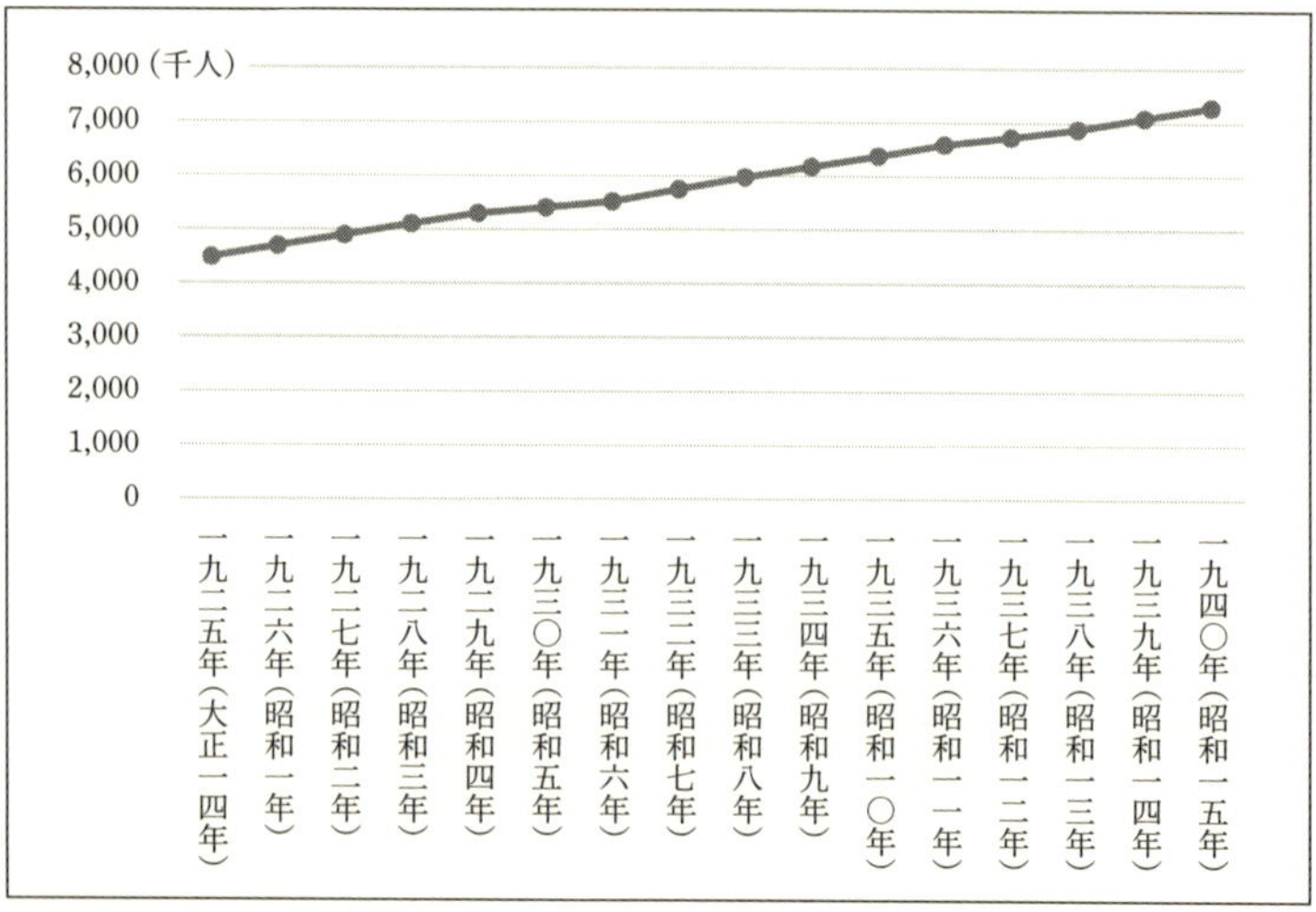

巻末図３－７　東京の人口推移
（総務省統計局 2003より作成）

巻末表３－８　観衆の年齢と性別
(n=6,451、東京市統計課 1933：261より作成)

年齢	男性	女性
15歳以下	152	16
16～20歳	621	74
21～25歳	1,508	131
26～30歳	1,372	54
31～35歳	972	33
36～40歳	738	24
41～45歳	368	15
46～50歳	209	4
50歳以上	151	9

巻末表３－９　観衆の職業と性別
(n=6,457、同。合計の数にズレがあるが、元データの通りである。集計ミスがあると思われるが、本論にはさほど影響がないと判断し、そのまま載せている)

職業	男性	女性
官公吏	461	6
軍人	30	---
教員	105	8
銀行会社員	1,094	14
医師・弁護士	113	2
商人	1,645	31
農業	13	---
店員	246	6
職工労働者	488	2
学生	1,408	38
無職	210	227
その他	284	26

巻末表4－1　ピストン堀口の慰問　（日記、『戦いのあと』、スクラップ・ブックより作成）

年月日	場所	内容
1938年6月2日	衛生病院	慰問
1938年7月24日	大野村臨時東京第三陸軍病院	慰問試合（対葛西憲栄）
1938年8月19日	牛込東京第一陸軍病院	慰問試合（対石田一男）
1938年11月13日	東京第三陸軍病院	慰問試合（対楠本芳保）
1938年11月21日	宇都宮陸軍病院	慰問試合（対葛西憲栄）
1939年4月3日	呉海軍病院	慰問
1939年4月18日	北京新々劇院	慰問試合（昼、対楠本芳雄：夜、対柳四郎）
1939年4月19日	天津劇場	慰問試合（昼、対安田三郎：夜、対久場清）
1939年4月30日	大連	慰問試合（対久場清）
1940年3月23日	横須賀海軍病院	慰問
1940年8月20日	本所公会堂	挨拶
1940年10月28日	飯坂陸軍病院	慰問試合（対、金光欣一）
1942年8月3日	中部第二部隊営庭	慰問試合（対、柳四郎）
1943年8月11日	白子陸軍病院	慰問試合（対、葛西憲栄）

巻末表4－2　外地での巡業先

（日記、『戦いのあと』、スクラップ・ブックより作成）

年月日	場所	内容
1939年4月11日	京城運動場テニスコート	対、久場清
1939年4月13日	平壌グラウンド	対、安田三郎
1939年4月16日	奉天グラウンド	対、久場清
1939年4月18日	北京新々劇院	慰問試合（前掲）
1939年4月19日	天津劇場	慰問試合（前掲）
1939年4月22日	新京グラウンド	対、ジョージ佐藤
1939年4月23日	ハルピングラウンド	対、柳四郎
1939年4月26日	鞍山劇場	対、久場清
1939年4月29日	大連	対、大橋末男
1939年4月30日	大連	慰問試合（前掲）
1941年4月6日	京城運動場	対、小池実勝
1941年4月13日	平壌公設運動場	対、石田一男
1941年4月20日	京城運動場	対、石田一男
1941年8月24日	撫順公会堂	対、葛西憲栄
1941年8月27日	奉天	対、泉栄一
1941年8月30日	ハイラル	対、葛西憲栄

1941年8月31日	ハイラル	対、泉栄一
1941年9月4日	ハルピン	対、麻田?
1941年9月10日	吉林公会堂	対、葛西憲栄
1941年9月14日	牡丹江	対、柳四郎
1941年9月19日	大連	対、葛西憲栄
1941年9月20日	大連	対、阿部元
1943年5月26日	新京	対、葛西憲栄
1943年5月30日	吉林	対、柳四郎
1943年6月1日	奉天	対、葛西憲栄
1943年6月2日	撫順	対、坂入登
1943年6月6日	宮原	対、柳四郎

巻末表4－3 拳闘体操主運動の内容と注意点

（木本 1941：79より作成）

順番と内容	注意点
1：直突（ストレート） 左右4回ずつを2本、その後左右連続8回	・急速度で対手の顎を真直に突く ・突時は右ひざ腰腕を充分に伸し突力を大らしむ ・突た（ママ）後は直に始めの姿勢にもどる（以下同）
2：横打（スイング） 左右4回ずつを2本、その後左右連続8回	・腕を伸して大きく腰を中心に側面より顎を横なぐりに打つ
3：突上（アッパー） 左右4回ずつを2本、その後左右連続8回	・臂を少しく屈げて相手の顎を下から上に突上ぐる ・突上げる時はひざ腰腕を充分伸し突力を大ならしむ
4：鈎打（フック） 左右4回ずつを2本、その後左右連続8回	・腕を鈎型に屈げ横打を小さくした要領で腰を充分ひねり側面より対手の顎を打つ
5：前進直突（踏み込んでのストレート） 左右4回ずつを2本、その後左右連続8回	・右足より一歩前進して直突す ・右ひざ腰腕を充分伸して突力大らしむ ・右足も左足にともない直ちに一歩前進す（※）

注意一：「突」「打」はすべて最後の一瞬に最大速度を以って其後は脱力して直ちに始めの姿勢にかえるものとす
注意二：初歩者は主運動各動作を一で突き二でもどる如く練習するものとす

（※）右足と左足の表記が逆であると思われるが、引用元の記述通りに記した。

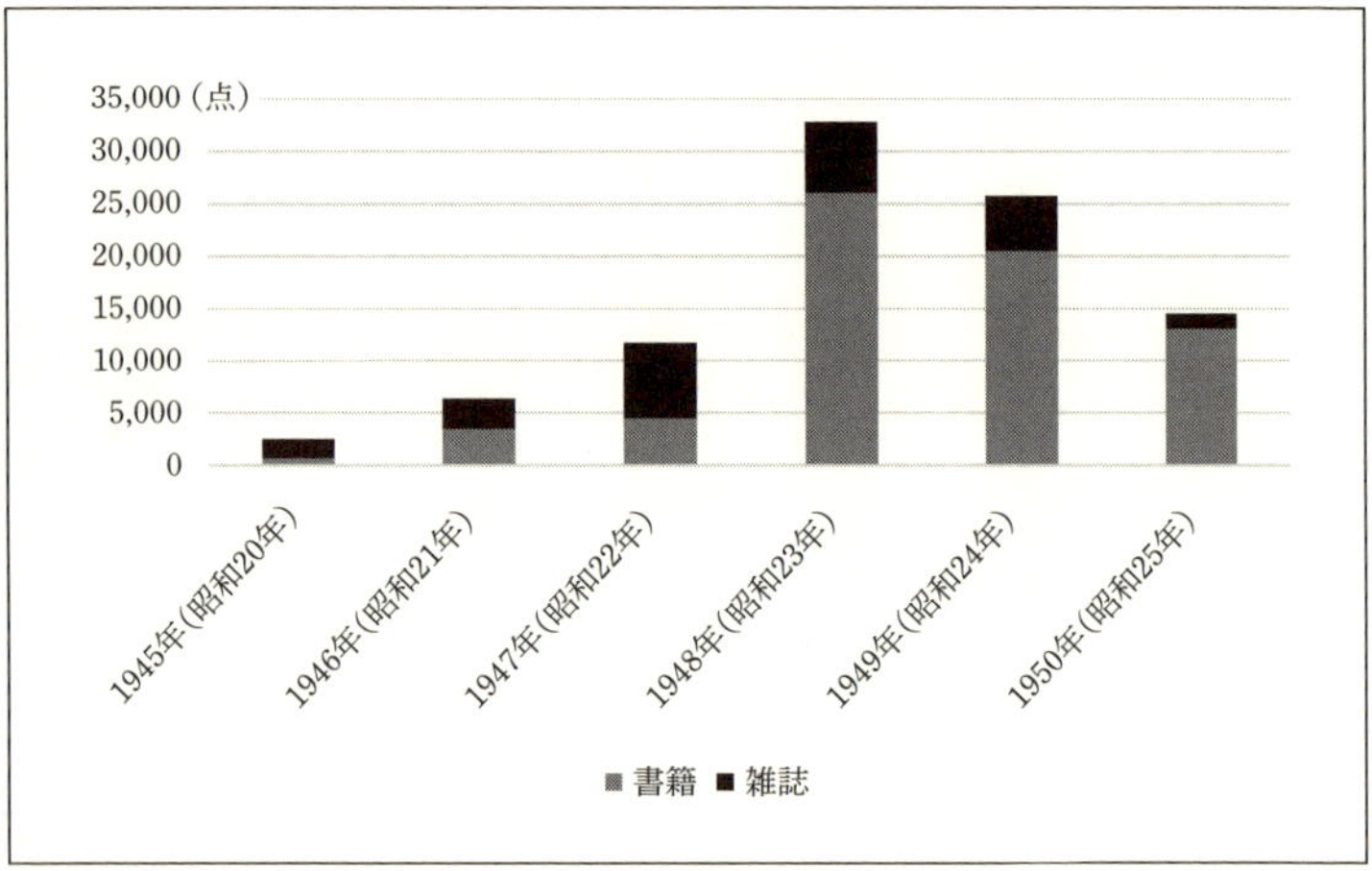

巻末図５－１　書籍・雑誌の年間出版点数推移
（総務省統計局 2012より作成）

巻末表6－1 ボクシングのローカル化に関わった主体と役割

主体	役割
指導者	ジムや業界団体を組織し、トレーナー、マネージャーとして選手を育てた。またプロモーターとして興行を主催した。
選手	競技を実践し、興行（ないしはアマチュアの試合）に出場した。
ファン	チケットを購入して興行に足を運び、選手を応援した。一部のファンは、マスメディア上でも発言した。
不良、愚連隊、ヤクザ	興行や選手の支援、問題解決などに関わった。
マスメディア	書籍、雑誌、映画、ラジオ放送などを通して、ボクシングに関する情報の流通を促進した。興行の企画や後援などもおこなった。

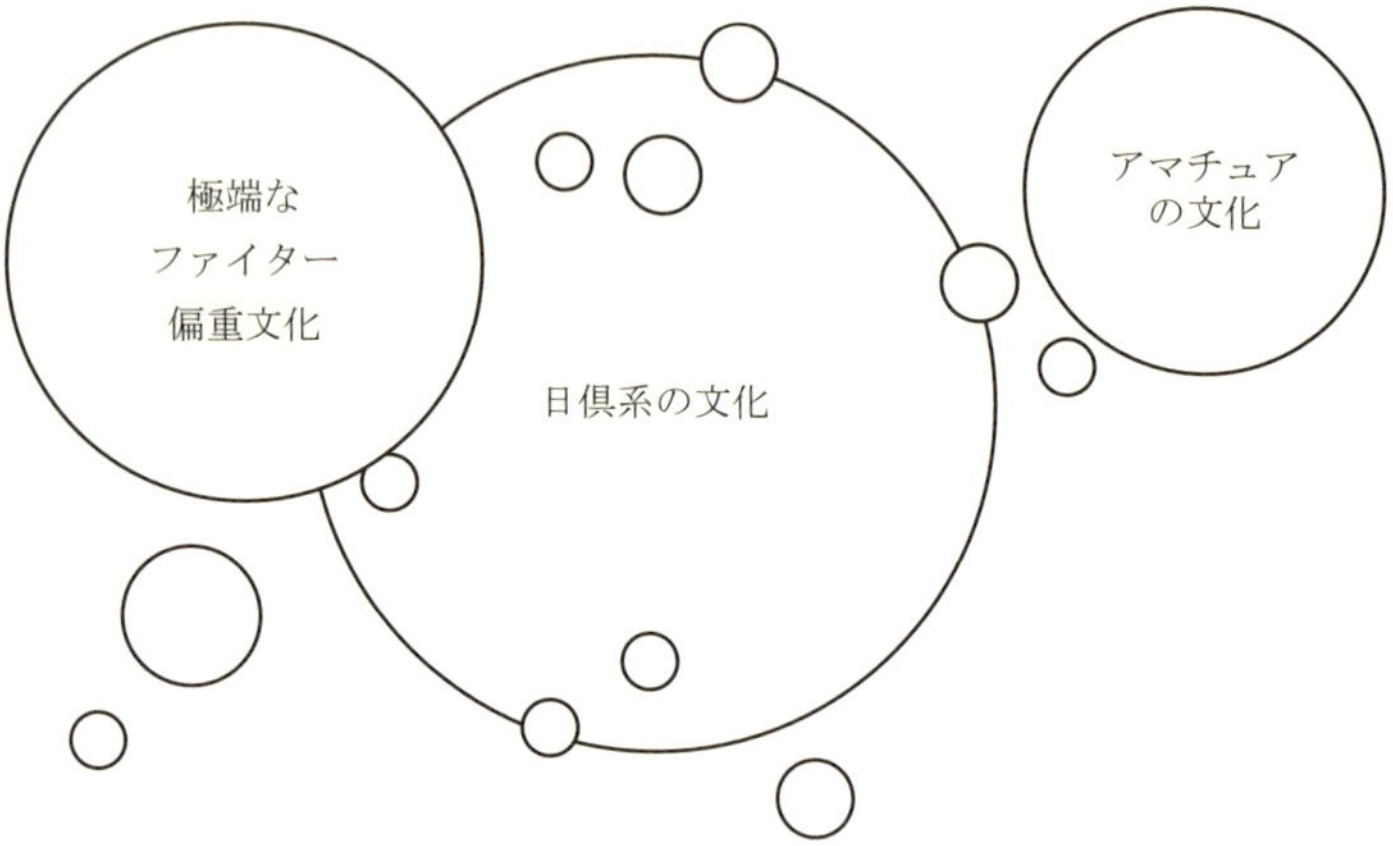

巻末図6－2　戦前・戦中の日本のボクシング文化

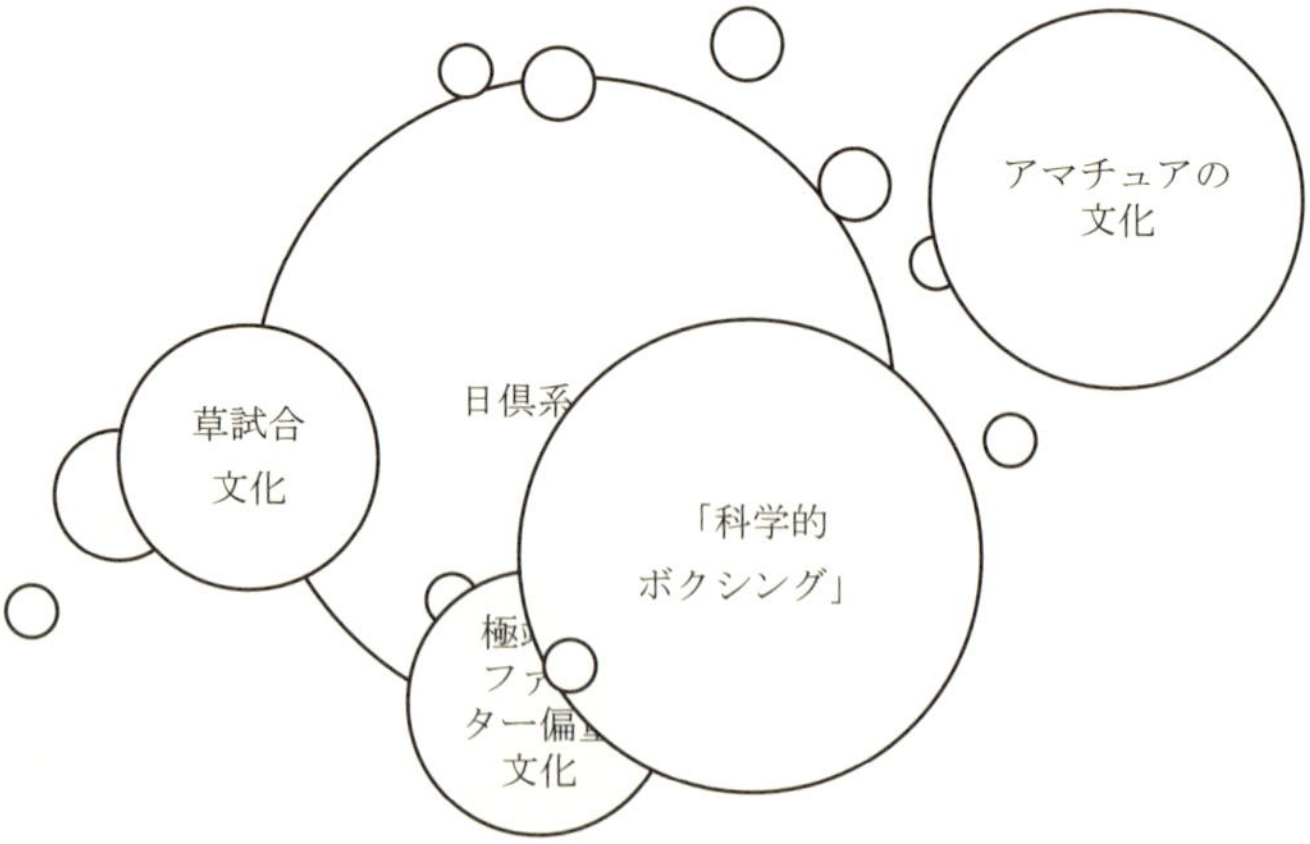

巻末図6－3　戦後の日本のボクシング文化

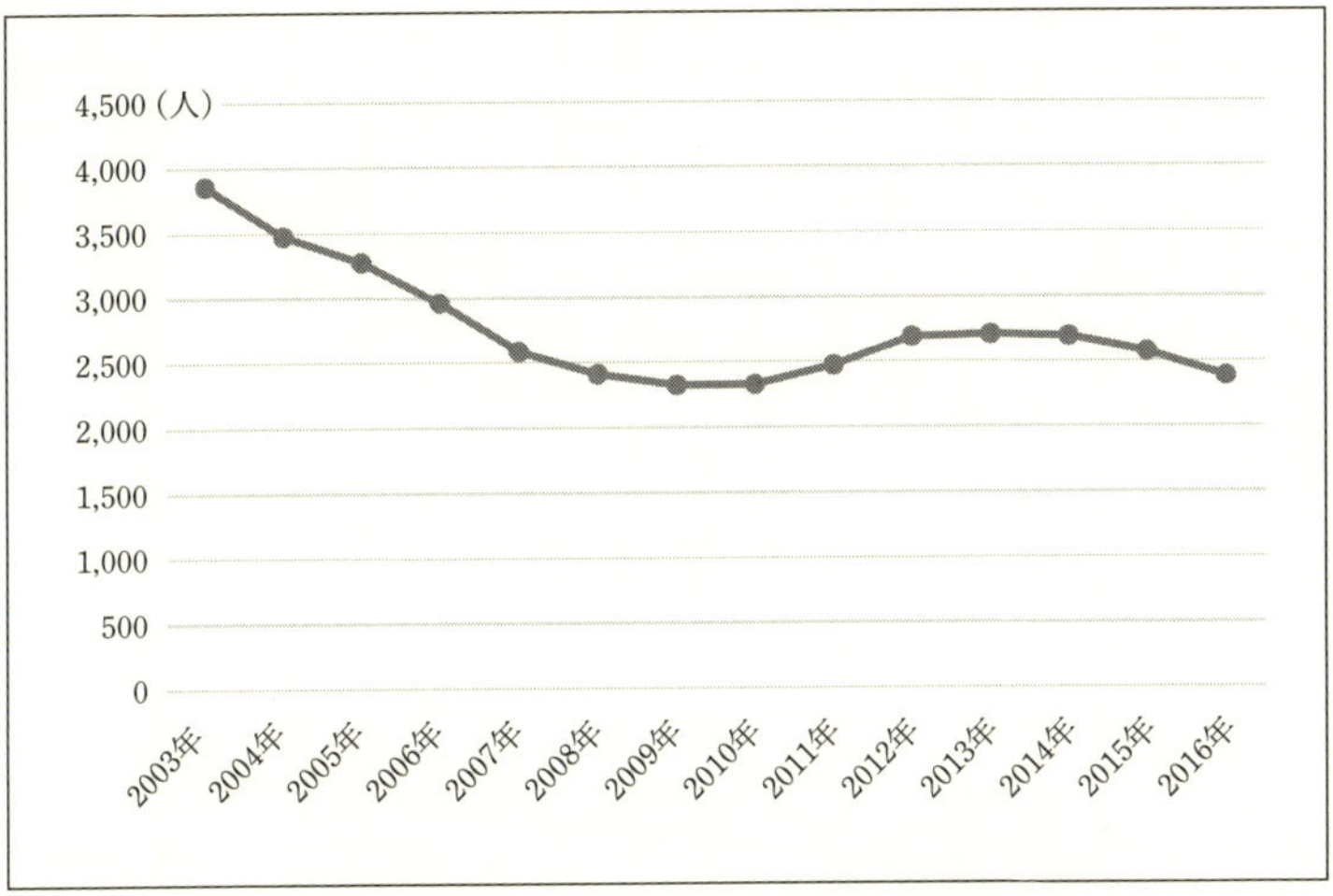

巻末図６－４　高校のアマチュア・ボクシング競技人口
（公益財団法人全国高等学校体育連盟の各年度登録加盟状況より作成。ただし女子ボクシングの統計は取られていないので、男子のみの数字である。http://www.zen-koutairen.com/f_regist.html　2017年2月26日閲覧）。

文献

I記者、一九三五「流行商賣採算調べ：採算にはならない拳闘試合」『実業之日本』38(22)、実業之日本社：七九－八一

愛知県教育会編、一九四〇『愛知県銃後美談集（第二集）』（国立国会図書館デジタルコレクション http://dl.ndl.go.jp/info:ndljp/pid/1054860 二〇一七年三月二六日閲覧）

青野季吉、一九三〇『サラリーマン恐怖時代』先進社（国立国会図書館デジタルコレクション http://dl.ndl.go.jp/info:ndljp/pid/1712054 二〇一七年四月一八日閲覧）

有山輝雄、一九九七『甲子園野球と日本人：メディアのつくったイベント』吉川弘文館

鮎沢周太、一九四六「新人の世界へ」『拳闘ガゼット』22(6)、拳闘ガゼット社：三

秋月種樹、一八八八『軍人勅諭写』（国立国会図書館デジタルコレクション http://dl.ndl.go.jp/info:ndljp/pid/759305 二〇一七年四月二五日閲覧）

秋山興四三、堀場平八郎、松井武男、御廉納健、中村正治、大橋正路、下田辰雄、田鶴浜弘、横尾俊彦、平沢雪村、小野里清、一九三四「ナックアウト・クラブ座談会：全日本拳闘選手権は誰々が獲得するか？」『拳闘』12月号、拳闘社：一〇－一四（スクラップ・ブック第三集より）

朝倉都太郎、古川一郎、一九三二『満州国遊興行脚（抄）』誠文堂＝小泉京美編、二〇一三『コレクション・モダン都市文化85 満州のモダニズム』ゆまに書房：三－一四三

朝日新聞社編、一九三三『朝日年鑑（昭和八年）附録 満洲國大觀』（国立国会図書館デジタルコレクション http://dl.ndl.go.jp/info:ndljp/pid/1117802 二〇一七年七月九日閲覧）

阿部譲二、一九八七『殴り殴られ：極道とボクサーはスラムの義兄弟』集英社

池本淳一、二〇一四「嘉納健治の〝柔拳興行〟と日本ボクシング史におけるその位置づけ」『体育学研究』(59)、五二九‐五四七
井尻俊之、白石孝次、一九九四『1934フットボール元年：父ポール・ラッシュの真実』ベースボール・マガジン社
石井研堂、一九九七『明治事物起源（七）』ちくま書房
石岡丈昇、二〇一三『ローカルボクサーと貧困世界：マニラのボクシングジムにみる身体文化』世界思想社
石川啄木、一九八〇「時代閉塞の現状：強権、純粋自然主義の最後および明日の考察」『石川啄木全集（第4巻）』筑摩書房：二六二‐二七一
石川輝、一九三三「ボクシング報告」『第10回オリムピック大会報告（第10回）』、大日本体育協会：一七七‐一九四（国立国会図書館デジタルコレクション　http://dl.ndl.go.jp/info:ndljp/pid/1233723　二〇一七年三月一三日閲覧）
一ノ瀬俊也、二〇〇九『皇軍兵士の日常生活』講談社
猪野健治、二〇〇五「松田義一」『日本アウトロー列伝 伝説のヤクザたち』洋泉社：二〇八‐二一二
井上俊、西山哲郎、一九九六「スポーツとメディア・イベント：〝武道〟の形成とスポーツの〝武道〟化」津金沢聡広編著『近代日本のメディア・イベント』同文館：一一五‐一三九
井上俊、二〇〇四『武道の誕生』吉川弘文館
井上哲次郎、一九一二『国民道徳概論』三省堂（国立国会図書館デジタルコレクション　http://dl.ndl.go.jp/info:ndljp/pid/755460　二〇一七年六月二二日閲覧）
――――、一九一三「武士道学派の死生観」『中央公論』28⑽、中央公論社：七八‐八二
――――、中村久四郎、一九四一『戦陣訓本義』廣文堂

色川武大、一九八九「スリー、フォー、ファイブ、テン」『怪しい来客簿』、文藝春秋：二四一－二五五
岩井弘融、一九六三『病理集団の構造：親分乾分集団研究』誠信書房
Weber, Max. 1971 Gesammelte Politische Schriften, Dritte erneut vermehrte Auflage (hrsg.von Johannes Winckelmann) Tübingen=1980（脇圭平訳）『職業としての政治』岩波書店
――――、一九二〇 Gesammelte Aufsätze zur Religionssoziologie, Tübingen =1972（大塚久雄、生松敬三訳）『宗教社会学論選』みすず書房
碓氷元、一九三九『柿の実：歌集』狼吟荘（国立国会図書館デジタルコレクション　http://dl.ndl.go.jp/info:ndljp/pid/1684528　二〇一七年一二月一四日閲覧）
臼田金太郎、一九三一「ヤンキーを敵として」『新青年』12⑹、博文館：二六八－二七一
――――、一九三三「拳闘界飛躍展望：一九三四年のリングに踊る精鋭」『新青年』14⒁、博文館：二二八－二三三
江戸川乱歩、二〇〇四「影男」『江戸川乱歩全集（第18巻）』光文社
ＮＨＫ、二〇一五『放送受信契約数統計要覧（平成27年度）』(https://pid.nhk.or.jp/jushinryo/know/pdf/toukei2015.pdf　二〇一七年五月三一日閲覧)
Elias, Norbert., Dunning, Eric, 1986, Quest for Excitement : Sport and Leisure in Civilizing Process, Basil Blackwell=（大平章訳）、一九九五『スポーツと文明化：興奮の探求』法政大学出版局
遠藤薫、二〇〇七「現代文化におけるグローバリゼーション・ローカリゼーションのねじれ：現実と理論」遠藤薫編著『グローバリゼーションと文化変容：音楽、ファッション、労働からみる世界』世界思想社：一－一九
大蔵省印刷局編、一八九〇『官報．１８９０年10月31日』（国立国会図書館デジタルコレクション　http://dl.ndl.go.jp/info:ndljp/pid/2945456　二〇一七年一〇月六日閲覧）

小熊英二、二〇〇一『〈民主〉と〈愛国〉：戦後日本のナショナリズムと公共性』新曜社
OSAKA、一九四七「拳闘界展望」『男性美：月刊拳闘読物雑誌』1(1)、拳闘ニュース社：八
大宅壮一、一九九一「モダン層とモダン相」『無思想の思想：大宅壮一・一巻選集』文藝春秋社：六三‐六五
岡野波山、一九〇二『腕力養成拳闘術』大学館
荻野貞行、一九三一a「モダン・スポーツ拳闘」『新青年』12(9)、博文館：二三八‐二四二
――、一九三一b「浅岡信さんと私」『映画時代』11(3)、文藝春秋：三九‐四一
――、一九三三「日仏拳闘試合後記」『改造』15(7)、改造社：一一二‐一一七
――、一九三四a「拳闘往来」『政界往来』5(4)、政界往来社：八七‐八九
――、一九三四b「堀口恒男の強さ」『改造』16(7)、改造社：八二‐八三
荻野貞行、下田辰雄、中村金雄、名取芳夫、鈴木幸太郎、トニー・ゴラ、堀口恒男、一九三五「拳闘大座談会」『富士』8(6)、大日本雄弁会講談社：三五六‐三七三
押田信子、二〇一六『兵士のアイドル：幻の慰問雑誌に見るもうひとつの戦争』旬報社
小田貞夫、二〇〇二『放送の20世紀：ラジオからテレビ、そして多メディアへ』NHK出版
海後宗臣、一九八一『教育勅語成立史の研究』（『海後宗臣著作集第十巻』）東京書籍
Caillois, Roger., 1967, Les Jeux et Les Hommes, Gallimard.＝（多田道太郎・塚崎幹夫訳）、一九九〇『遊びと人間』講談社
ガゼット出版社編、一九四一『拳闘年鑑』
ガゼット社刊、一九四九『ボクシングガゼット』25(7)
梶間正夫、一九九一a「ジャック・ジョンソン」『世界名ボクサー究極の100人』日本スポーツ出版社：五二‐五三

――――、一九九一b「ジェームス・J・コーベット」『世界名ボクサー究極の１００人』日本スポーツ出版社：三二

梶原一騎、影丸譲也、一九九二『ピストン堀口物語』（1〜3巻）、ＪＩＣＣ出版局

金岡照光編、一九九一『三省堂中国故事成語辞典』三省堂

河上徹太郎他、竹内好、一九七九『近代の超克』冨山房

川島清、一九二八『拳闘』金星堂（国立国会図書館デジタルコレクション　http://dl.ndl.go.jp/info:ndljp/pid/1171880　二〇一六年一二月二四日閲覧）

河野仁、二〇〇一『〈玉砕〉の軍隊、〈生還〉の軍隊』講談社

河野通雄、一九二八『不良少年の実際』育成館＝宮川健郎編、二〇一〇『コレクション・モダン都市文化56 少年』ゆまに書房：三一‐三五六

関東朝日新聞社編、一九三三『血で描いた五・一五事件の真相：陸海軍大公判と血盟団公判の解説』共同館（国立国会図書館デジタルコレクション　http://dl.ndl.go.jp/info:ndljp/pid/1212372　二〇一七年一〇月一〇日閲覧）

カーン、アルヴィン・R、一九四九a「日本のボクシング界に望む：アマチュアーズとプロフェッショナルズに」『ザ・ボクシング』11(8)、拳闘社：四‐五

――――、（中村金雄訳）、一九四九b「ニューチャンピオン白井義男を語る」『読売スポーツ』２(4)、読売新聞社：四二‐四六

企画院研究会編、一九四一『国防国家の綱領』新紀元社（国立国会図書館デジタルコレクション　http://dl.ndl.go.jp/info:ndljp/pid/1439268　二〇一七年三月一四日閲覧）

菊池寛、一九八八『話の屑籠と半自叙伝』文藝春秋

Giddens, Anthony. 1990, The Consequences of Modernity, Polity Press ＝一九九三、（松尾精文、小幡正敏訳）『近代と

はいかなる時代か?:モダニティの帰結』而立書房
木村直恵、一九九八『〈青年〉の誕生:明治日本における政治的実践の転換』新曜社
木本順司、一九四一「拳闘体操に就いて」『体育日本』19(8)、大日本体育会:七七-七九
木本玲一、二〇〇九『グローバリゼーションと音楽文化:日本のラップ・ミュージック』勁草書房
陸直次郎、一九三二「愚連隊興亡記」『文藝春秋』12月号、文藝春秋社:二三二-二三八
草野克己、二〇一五『新・凄くて愉快な拳豪たち（国内編）:知っておきたい波乱万丈のボクサー21傑』ベースボール・マガジン社
窪田義男、二〇〇二「〔世紀の自決〕小泉親彦元厚生大臣の死と小泉家の人々」『鯖江郷土史懇談会会誌』10号:一五五-一六五
グリーンバーグ、ラーリ、二〇〇一、「日本映画事始め」『活動弁士:無声映画と珠玉の話芸』アーバン・コネクション:七-一四
郡司信夫、一九四七「橋本淑君を憶う」『ボクシングガゼット』23(5)、ガゼット社:五-六
――――、一九五一「世界フライ級チャンピオン ダド・マリノを迎えて」『ボクシングガゼット』27(7)、ガゼット社:四-八
――――、一九五五『拳闘五十年』時事通信社
――――、一九七六『改定新版 ボクシング百年』時事通信社
――――、一九九〇『リングサイド50年』ベースボール・マガジン社
慶應義塾体育会ボクシング部、一九七六『慶應義塾体育会ボクシング部五十年史』
血盟団事件公判速記録刊行会　一九七一『血盟団事件上申書、獄中手記』
拳闘誌、一九三二「拳トウの野次・検トウ録」『新青年』13(9)、博文館:二九三-二九五

小泉親彦、一九三七「青年団長に望む」『軍医団雑誌』２８７号、満州帝国軍医団：六〇一－六三三
――――、一九四三「国民総決起健民修練へ」『職業時報』6(8)、厚生省職業部：九五－九七
高賛侑、二〇〇一『統一コリアのチャンピオン：ボクサー徳山昌守の闘い』集英社
公益財団法人全国高等学校体育連盟「加盟登録状況」（各年度版、http://www.zen-koutairen.com/f_regist.html 二〇一七年六月三日閲覧）
厚生省編、一九四〇『第10回明治神宮国民体育大会報告書』（国立国会図書館デジタルコレクション http://dl.ndl.go.jp/info:ndljp/pid/1172875 二〇一七年三月一三日閲覧）
子供の家主人、一九一四『子供の家』児童少年愛護会（国立国会図書館デジタルコレクション http://dl.ndl.go.jp/info:ndljp/pid/909052 二〇一七年一二月一五日閲覧）
今和次郎、二〇〇一『新版大東京案内（上）』筑摩書房
権田保之助、一九三八『日本教育統計』巌松堂書店（国立国会図書館デジタルコレクション http://dl.ndl.go.jp/info:ndljp/pid/1463407 二〇一七年四月一九日閲覧）
――――、一九七一「民衆娯楽論」『権田保之助著作集（第二巻）』文和書房：一八〇－三九五
斎藤瀏、一九四〇『悪童記：短歌と随想』三省堂（国立国会図書館デジタルコレクション http://dl.ndl.go.jp/info:ndljp/pid/1143626 二〇一七年三月二六日閲覧）
坂上康博、一九九八『権力装置としてのスポーツ：帝国日本の国家戦略』講談社
坂上康博、二〇〇九「武道界の戦時体制化：武道総合団体〝大日本武徳会〟の成立」坂上康博、高岡裕之編著『幻の東京オリンピックとその時代：戦時期のスポーツ・都市・身体』青弓社：二四三－二七八
桜田孝治郎、一九〇〇『西洋拳闘術：防撃自在』顕方雑誌社（国立国会図書館デジタルコレクション http://dl.ndl.go.jp/info:ndljp/pid/860311 二〇一六年一二月一五日閲覧）

笹川スポーツ財団、二〇一四『スポーツ白書２０１４』
佐々木浩雄、二〇一六『体操の日本近代：戦時期の集団体操と〈身体の国民化〉』青弓社
笹崎僙、一九四一「開かぬ城門発展を遮断す」『拳闘ガゼット』（２月下旬号）、拳闘ガゼット社（スクラップ・ブック第八集より。ページ数は不明）
佐瀬稔、二〇一〇『挫折と栄光：世界チャンピオン浜田剛史の時代』主婦の友社
佐藤信、五味文彦、高埜利彦、鳥海靖、二〇〇八『詳説日本史研究』山川出版社
サトウ・ハチロー、一九三五「拳闘界名物男」『改造』17(7)、改造社：三〇六－三一一
――――、一九五〇「ボクとボクシング：スポーツ縦横無尽録(4)」『中央公論』65(12)、中央公論社：一八六－一九一
真田七三朗、一九一九『拳闘のＡＢＣ』真田七三朗著書刊行会（国立国会図書館デジタルコレクション http://dl.ndl.go.jp/info:ndljp/pid/752690　二〇一六年一二月一〇日閲覧）
実業之日本社編、一九三五『現代常識百番附』（『実業之日本』新年号付録）
渋谷淳、二〇一七「ボクシング拳坤一擲：日本は〝ボクシング大国〟なのか？増える王者の陰で、競技人口が危機。」『ナンバー・ウェブ』（http://number.bunshun.jp/articles/-/827916　二〇一七年一二月一四日二〇一七年四月二三日閲覧）
島本禎一、一九四七「朝日会館で草試合：友の会のハイカラ連に拳闘教育」『ノックアウト』1(1)、拳闘世界社：八
志村正順、一九四七「ラジオと拳闘」『スポーツ』12月号、体育日本社：一四
下田辰雄、一九三三「日仏拳闘決戦前記」『新青年』14(8)、博文館：二四七－二五一
――――、一九三五「審判御苦労記：誰れが知るレフェリーの苦辛を」『新青年』16(4)、博文館：二二八－二三二

――――、一九四〇「拳闘ファン」『体育日本』18⑶、大日本体育会：三〇-三四
――――、一九四九「白井義男を截る」『ザ・ボクシング』11⑻、拳闘社：一四-一五
――――、一九八二『ボクシング見聞記』ベースボール・マガジン社
社団法人日本アマチュア・ボクシング連盟「50年史」編集委員会、一九八〇『アマチュア・ボクシング五十年史』社団法人日本アマチュア・ボクシング連盟
社団法人日本放送協会編、一九三九『日本放送協会史』＝坪井秀人編、二〇〇八『コレクション・モダン都市文化32ラジオ放送局』ゆまに書房：三一七-七七五
Jansen, Marius 1965, Changing Japanese Attitudes Toward Modernization, Princeton University Press＝一九六八（細谷千博訳）「近代化に対する日本人の態度の変遷」『日本における近代化の問題』岩波書店：四五-九七
週刊朝日編集部編、一九八八『値段史年表：明治大正昭和』朝日新聞社
十一谷義三郎、一九三四「拳闘やくざ文章」『ちりがみ文章』厚生閣：二五六-二七二（国立国会図書館デジタルコレクション　http://dl.ndl.go.jp/info:ndljp/pid/1234791　二〇一六年一二月二七日閲覧）
城島充、二〇〇三『拳の漂流：「神様」と呼ばれた男ベビー・ゴステロの生涯』講談社
白井義男、一九八七『ザ・チャンピオン』東京新聞出版局
総務省統計局、二〇〇三「都道府県別人口（各年10月1日現在）―総人口（大正九年～平成一二年）」http://www.e-stat.go.jp/SG1/estat/List.do?bid=000000090004&cycode=0　二〇一七年三月二一日閲覧
――――、二〇一二「日本の長期統計系列 第26章 文化・レジャー」（http://www.stat.go.jp/data/chouki/26.htm　二〇一七年四月二八日閲覧）
田岡一雄、二〇一五『完本 山口組三代目 田岡一雄自伝』徳間書店
高岡裕之、二〇〇九「大日本体育会の設立：総力戦体制とスポーツ界」『幻の東京オリンピックとその時代：戦時

期のスポーツ・都市・身体』青弓社：二〇〇‐二四二
高嶋航、二〇一二『帝国日本とスポーツ』塙書房
――、二〇一五『軍隊とスポーツの近代』青弓社
高橋佳十郎編、一九二三『拳闘術』盛進社出版部・（国立国会図書館デジタルコレクション　http://dl.ndl.go.jp/info:ndljp/pid/971747　二〇一六年一二月一三日閲覧）
高原基彰、二〇〇六『不安型ナショナリズムの時代：日韓中のネット世代が憎みあう本当の理由』洋泉社
高比良靖男、一九四七「ピストン堀口よ斯くあれ：科学的拳闘の立場から」『ボクシング・ダイジェスト』1、ボクシング・ダイジェスト社：四‐五
――、一九六九『ボクシング入門：基本から応用技術まで』永岡書店
辰野保、一九三六「相撲と拳闘のファン」『改造』18(6)、改造社：九八‐一〇一
田中香涯、一九三三「拳闘の害」『医文学』9(7)(96)：五六九‐五七一
田辺宗英、一九二八「拳闘解説」『実業之日本』7(10)、実業之日本社：六〇‐六一
――、荻野貞行、市原勝治、平川末男、植村龍郎、小林一夫、清宮満三郎、楢崎勤、奥村五十嵐、一九三一「帝国拳闘会訪問座談会」『文学時代』3(11)、新潮社：六六‐七〇
谷崎潤一郎、二〇一五『陰翳礼讃』『谷崎潤一郎全集（17巻）』中央公論新社：一八一‐二一九
Dower, John W. 1999 Embracing Defeat : Japan in the Wake of World War II, W. W. Norton & Company=2001（三浦陽一、高杉忠明訳）『敗北を抱きしめて：第二次世界大戦後の日本人（上）』岩波書店
都築七郎、一九八九「草創期拳闘界のうち側：プロボクシング界の正常化と繁栄にいたる知られざる水滸伝的葛藤劇の顛末」『日本及日本人』（一五九四）、日本及日本人社：一五一‐一六一
Dempsey, Jack., Dempsey, Barbara Piattelli. 1978, Dempsey, Audiogo =（田中昌太郎訳）一九八四『拳聖ジャック・デ

ンプシーの生涯：世界ヘビー級史上最強の男の自叙伝』ベースボール・マガジン社
逓信省、日本放送協会共編、一九三四『第一回全国ラジオ調査報告』（国立国会図書館デジタルコレクション http://dl.ndl.go.jp/info:ndljp/pid/1068566/22 二〇一七年一月二三日閲覧）
寺出浩司、一九九四『生活文化論への招待』弘文堂
寺内大吉、一九七六「ピストン堀口」『寺内大吉スポーツ文学全集⑷』日本スポーツ出版社：一三九‐二二四
――――、一九九三「特別読物：日本のリング変遷史（Ｉ）」日本スポーツ出版社刊『日本名ボクサーＢＩＧ１００人』五四‐五五
東京朝日新聞社社会部編、一九三一『明暗近代色：ペンのジプシーとカメラのルンペン』赤炉閣書房＝浅子逸男編、二〇一一『コレクション・モダン都市文化69 大衆と〈キング〉』ゆまに書房：三七一‐七六四
東京運動具製造販売業組合編、一九三六『東京運動具製造販売業組合史』（国立国会図書館デジタルコレクション http://dl.ndl.go.jp/info:ndljp/pid/1231101 二〇一七年四月一〇日閲覧）
東京市統計課、一九三三「スポーツ統計（拳闘観衆篇）」『統計学雑誌』（５６５）、統計学社：二五八‐二六四
東谷護、二〇〇五『進駐軍クラブから歌謡曲へ：戦後日本ポピュラー音楽の黎明期』みすず書房
徳川夢声、二〇一〇『徳川夢声のくらがり二十年』清流出版
富永健一、一九九〇『日本の近代化と社会変動』講談社
戸部良一、寺本義也、鎌田伸一、杉之尾孝生、村井友秀、野中郁次郎、一九九一『失敗の本質：日本軍の組織的研究』中央公論社
内務省編、一九三〇『明治神宮競技規則』一葉社出版部（国立国会図書館デジタルコレクション http://dl.ndl.go.jp/info:ndljp/pid/1181287 二〇一七年一月二五日閲覧）
永井荷風、一九八六「妾宅」野口富士男編『荷風随筆集（下）』岩波書店：七‐三五

中桶武夫、一九四〇『軍神杉本五郎中佐』平凡社（国立国会図書館デジタルコレクション http://dl.ndl.go.jp/info:ndljp/pid/1137437 二〇一七年四月一〇日閲覧）
中沢米太郎、一九四三『国防体育訓練指針：戦場運動・海洋訓練・自転車訓練』青年教育普及会（国立国会図書館デジタルコレクション http://dl.ndl.go.jp/info:ndljp/pid/1460192 二〇一七年三月二四日閲覧）
中島岳志、二〇一六『血盟団事件』文藝春秋
永嶺重敏、一九九九「円本ブームと読者」青木保、川本三郎、筒井清忠、御厨貴、山折哲雄編『近代日本文化論(7)：大衆文化とマスメディア』岩波書店：一八五 - 二〇四
中村金雄、一九四六「学校武道私見：自己防衛のスポーツ」『拳闘ガゼット』22(1)、ガゼット社：五
――、一九五二「シンデレラ・白井義男」『文藝春秋』30(6)、文藝春秋：七七 - 七八
――、一九五八『ボクシング奇談』ベースボール・マガジン社
中村計、二〇一一「不運の名選手たち(23)：桜井孝雄」『選択』37(11)、選択出版：九六 - 九七
中村古峡編、一九二一『少年不良化の経路と教育』日本精神医学会（国立国会図書館デジタルコレクション http://dl.ndl.go.jp/info:ndljp/pid/968069 二〇一七年一二月二八日閲覧）
夏目漱石、一九九四『虞美人草』『漱石全集（第4巻）』岩波書店
楢崎勤、一九三一「拳闘を見るの記」『文学時代』3(12)、新潮社：一七三 - 一七七
南条照哉、一九三一『長生と異性：実話』長生研究所（国立国会図書館デジタルコレクション http://dl.ndl.go.jp/info:ndljp/pid/1138005 二〇一七年一月一九日閲覧）
西田税、一九二二「無眼私論」＝一九六四、橋川文三編『現代日本思想大系31 超国家主義』筑摩書房：六七 - 九一
日活株式会社、二〇一四『日活１００年史』（非売品）

日展史編集委員会編、一九八三『日展史⑼』光琳社
日本青年社、二〇〇八「日本青年社の歩み：日本青年社の沿革」http://www.seinensya.org/　二〇一七年四月一五日閲覧
日本戦没学生記念会編、二〇〇三『新版 第二集 きけわだつみのこえ：日本戦没学生の手記』岩波書店
日本プロボクシング協会、二〇〇八「ボクシングの歴史」http://jpba.gr.jp/history.html　二〇一六年一一月二八日閲覧
一般財団法人日本ボクシングコミッション、二〇一四「暴力団等反社会勢力ではないこと等に関する表明・確約書」https://www.jbc.or.jp/rls/2014/1027.html　二〇一六年一一月三〇日閲覧
野島正也、一九八四「社交ダンスの社会史ノート⑴：戦前の日本における社交ダンスの展開」『生活科学研究』6：五八‐六八
乗松優、二〇一六『ボクシングと大東亜：東洋選手権と戦後アジア外交』忘羊社
Bauman, Zygmunt. 2000 Liquid Modernity, Polity Press=2001（森田典正訳）『リキッド・モダニティ：液状化する社会』
萩原朔太郎、一九六〇『日本への回帰』『萩原朔太郎全集（第４巻）』新潮社：四七五‐六一一
橋川文三、一九六四a「昭和超国家主義の諸相」橋川文三編『現代日本思想大系31 超国家主義』筑摩書房：七‐五八
――――、一九六四b「後書的断片」『歴史と体験：近代日本精神史覚書』春秋社：二八九‐二九七
――――、一九九八『日本浪曼派批判序説』講談社
――――、二〇〇一「ナショナリズム：その神話と論理」『橋川文三著作集⑼』筑摩書房：三‐一五六
――――、二〇一一「三島由紀夫伝」中島岳志編『橋川文三セレクション』岩波書店：四二七‐四六七
――――、二〇一三『昭和維新試論』講談社

長谷川穂積、二〇一〇『意志道拓』ベストセラーズ
原田憲、一九四七「偶威」『ニューサイド』1号、ニューサイド社：一
林壮一、二〇〇六『マイノリティーの拳：世界チャンピオンの光と闇』新潮社
早坂隆、二〇〇八『戦時演芸慰問団「わらわし隊」の記録：芸人たちが見た日中戦争』中央公論新社
日影丈吉、一九八八「新青年と二銭銅貨」『新青年読本』作品社：二七
ピストン堀口道場二〇一〇、「拳聖ピストン堀口」http://www.p-horiguchi.co.jp/who_piston/index.html 二〇一七年二月二日閲覧
平沢雪村、一九三三「拳闘時言」『拳闘』3(1)、拳闘社：一
福家勇、一九三七「樺太の拳闘」『樺太』9(4)、樺太社：一三二-一三六
藤倉修一、一九四七「プロボクシングと放送」『拳闘スポーツ』1(3)、拳闘スポーツ社：七
藤田珍茶坊選、一九三二「拳闘」『川柳きやり』13(7)、川柳きやり吟社：四一-四二
布施辰治、肥田琢司、江馬修、矢部栄吉、飯田素之助、松原一夢、小生夢坊、鈴木厚、梅原北明、尾高三郎、中戸川薫明、花房四郎、一九三二「全国獄内留置場体験座談会」『グロテスク』4（復活記念号）、グロテスク社：二三五-二五九
文藝春秋刊、二〇一七『ナンバー』920号
平凡社刊、一九九八『別冊太陽 絵本名画館：高畠華宵 美少年美少女幻影』
Huizinga, Johan., 1956, Homo Ludens, Rowohlt Verlag=1973、(高橋英夫訳)『ホモ・ルーデンス』中央公論社
報知新聞社編、一九九三『世紀を超えて：報知新聞百二十年史』
ボクシング・マガジン編集部編、二〇〇四『日本プロボクシングチャンピオン大鑑』ベースボール・マガジン社
堀田三郎、一九三三「相撲技と拳闘夜話」『野球界』23(2)、博文館：四三

堀口恒男、一九三四「ピストンは唸る」『キング』10(2)、大日本雄弁会講談社：一九八－二〇七
――――、一九三六「ピストン布哇遠征譜」『新青年』17(9)、博文館：三二八－三三三
――――、一九四一「デマを排撃す」『拳闘ガゼット』（3月下旬号）、拳闘ガゼット社（スクラップ・ブック第八集より。ページ数は不明）
――――、（ピストン堀口名義）、一九四九「ぼくの少年時代」『東光少年』(3)、東光出版社：三一－三五
前田光世、一九一二『新柔道武者修業：世界横行 第二』博文館（国立国会図書館デジタルコレクション http://dl.ndl.go.jp/info:ndljp/pid/946155 二〇一八年四月二六日閲覧）
真樹日佐夫、二〇〇九『真樹日佐夫の百花繚乱交遊録』東邦出版
益田達人、一九六八「祖国愛が生んだプロボクサー：益田達人氏に聞くブラジルの思い出」『プロレス&ボクシング』10月号、ベースボール・マガジン社：一三四－一三六
松井良明、二〇〇七『ボクシングはなぜ合法化されたのか』平凡社
松岡辰三郎、一九三五『昭和の柔道』博文館（国立国会図書館デジタルコレクション http://dl.ndl.go.jp/info:ndljp/pid/1212027 二〇一六年一二月二四日閲覧）
松本純一、一九三三「大流行の拳闘の見方」『婦女界』48(2)、婦女界社：三六六－三七一
松本鳴弦楼、大橋月皎一九三二「突破先生立志傳 無軌道成功譚 日本拳闘の生みの親」『朝日』4(1)、博文館：四四八－四六一
――――、一九三三「拳闘王渡辺勇次郎」『冨士』6(1)、大日本雄辯會講談社：五〇六－五二二
松永喜久、一九九二『リングサイド・マザー：私とボクシングの半世紀』河出書房新社
丸山真男、二〇一五「日本ファシズムの思想と運動」古谷旬編、丸山眞男著『超国家主義の論理と心理』岩波書店：四一－一三九

三島由紀夫、二〇〇〇『仮面の告白』『決定版三島由紀夫全集⑴』新潮社：一七三‐三六四
三浦武美、一九四三「今度の戦は拳闘式だ」『朝鮮公論』改巻2⑵、朝鮮公論社：八二‐八四
溝口敦、二〇一一『暴力団』新潮社
南満州鉄道、一九二九『南満洲鉄道旅行案内』（国立国会図書館デジタルコレクション http://dl.ndl.go.jp/info:ndljp/pid/1915520 二〇一七年四月八日閲覧）
蓑原俊洋、二〇一六『アメリカの排日運動と日米関係：「排日移民法」はなぜ成立したか』朝日新聞出版
向谷匡史、二〇一六『花と銃弾：安藤組幹部西原健吾がいた』青志社
無記名、一九〇九「帝国柔道家と外国拳闘家との試合」『風俗画法』第397号、東陽堂：一三‐一五
無記名、一九三四「相撲と拳闘」『野球界』24⑵、博文館：一二一
無記名、一九三五「拳闘景気」『キング』1月号、大日本雄弁会講談社：四二‐四三
無記名、一九四六a「栄養失調か」『拳闘ガゼット』22⑴、拳闘ガゼット社：六
無記名、一九四六b「復活せる拳闘界」『拳闘ガゼット』22⑴、拳闘ガゼット社：一〇
無記名、一九四九b「プロ・スポーツのもめごと集」『実話雑誌』4⑽、実話雑誌社：三八‐四五
無記名、一九四九c「リングサイドの顔役」『真相』特集版13、真相社：二八
無記名、一九四九d「日活にK・Oされたスポーツ・センター」『真相』特集版13、真相社：二九‐三一
村野四郎、一九三九『体操詩集』アオイ書房（国立国会図書館デジタルコレクション http://dl.ndl.go.jp/info:ndljp/pid/1686413 二〇一七年一二月一四日閲覧）
村松友視、二〇〇二『力道山がいた』朝日新聞社
ムラン、ハリー・、ミー、ボブ・、ボジート、マット、二〇一六『史上最強のボクサーがわかる！ ボクシング世界図鑑』エクスナレッジ

森功、二〇一一「ボクシングと暴力団 その真実」『週刊現代』53(45)2624、講談社：六四－六七
文部省編纂、一九三七『国体の本義』内閣印刷局（国立国会図書館デジタルコレクション http://dl.ndl.go.jp/info:ndljp/pid/1880826/10 二〇一七年一〇月三日閲覧）
安田樹四郎、一九三九「横浜愚連隊回想記」『改造』21(8)、改造社：一七－二五
山川惣治、一九七五『銀星・ノックアウトQ』桃源社
山崎光夫、一九九四『ラッシュの王者：拳聖・ピストン堀口伝』文藝春秋
山田午郎、一九三二「拳闘を顧みて」朝日新聞社編『運動年鑑（昭和7年度）』：二九九－三〇〇
山平重樹、一九九九a「愚連隊の神様・益戸克己：銀座の兄公たちに慕われたモダニスト」洋泉社刊、『愚連隊伝説：彼らは恐竜のように消えた！』四六－五〇
――――、一九九九b「二丁拳銃とヘロイン」洋泉社刊、『愚連隊伝説：彼らは恐竜のように消えた！』一七二－一八三
――――、二〇〇三『破天荒ヤクザ伝・浜本政吉』幻冬舎
――――、二〇〇五『実録日本侠雄列伝 伝説のヤクザ』竹書房
山村順、一九三〇「拳闘」『青樹』第29号、青樹社：八
山室健徳、一九九九「軍神論」青木保、川本三郎、筒井清忠、御厨貴、山折哲雄編『近代日本文化論(10)：戦争と軍隊』岩波書店：九三－一〇九
山本明、一九八六『戦後風俗史』大阪書籍
山本茂、一九八四『カーン博士の肖像』ベースボール・マガジン社
――――、一九八八a『ピストン堀口の風景』ベースボール・マガジン社
――――、一九八八b『エディ』PHP研究所

United States. 1951. Military situation in the Far East. (https://catalog.hathitrust.org/Record/001606736 二〇一七年六月二〇日閲覧)
洋泉社刊、一九九九『愚連隊伝説：彼らは恐竜のように消えた！』
横田順彌、二〇〇六『嗚呼！明治の日本野球』平凡社
吉川渉、一九四六「飢餓と犯罪の帝都訪問記」＝山岡明監修一九八五『カストリ復刻版』日本出版社：一二二－一二四
吉田健吉、一九三二「拳闘モデルノロヂオ」『改造』14(10)、改造社：三八－五〇
吉見俊哉、一九九二『博覧会の政治学：まなざしの近代』中央公論社
――――、一九九五『「声」の資本主義：電話・ラジオ・蓄音機の社会史』講談社
吉村昭、一九七四「鉄橋」『星への旅』、新潮社：八－七三
米倉健司、一九九五『リングの虫：ボクシング一筋・45年！』恒友出版
陸軍省つはもの編集部編、一九三四『思想戦経済戦』軍事科学社（国立国会図書館デジタルコレクション http://dl.ndl.go.jp/info:ndljp/pid/1457952 二〇一七年二月一七日閲覧）
Ruoff, Kenneth J. 2010, Imperial Japan at Its Zenith:The Wartime Celebration of the Empire's 2, 600th Anniversary, Cornell University Press=2010（木村剛久訳）、『紀元２６００年：消費と観光のナショナリズム』朝日新聞出版
Wacquant, Loic. 2000 Body and Soul: Notebooks of an Apprentice Boxer. Oxford University Press. =2013,（田中研之輔、倉島哲、石岡丈昇訳）『ボディ＆ソウル：ある社会学者のボクシング・エスノグラフィー』新曜社
早稲田大学ボクシング部創部60周年記念行事実行委員会、一九八九『早稲田大学ボクシング部創部60年史』
渡辺勇次郎、一九二二a「拳闘術常識」『野球界』12(4)、博文館：三二－三四
――――、一九二二b「拳闘術について」『新青年』3(4)、博文館：七二－七三

――――、郡山幸吉、一九二三『拳闘術：ボクシング早わかり』海外旅行案内社
――――、一九三一a「拳闘講義」『サラリーマン』4(3)、サラリーマン社：九七-九九
――――、一九三一b「ボキシングの見方」『サラリーマン』4(4)、サラリーマン社：七九-八二
――――、堀口恒男、一九三四「渡部勇次郎氏、堀口恒男氏に拳闘を聴く」『現代』4月号、大日本雄弁会講談社：一一四-一二七
――――、一九四七「二十五年の回顧」（未発表遺稿）＝乗松優、二〇一六『ボクシングと大東亜：東洋選手権と戦後アジア外交』忘羊社：二九四-三一一

使用データベース：
JapanKnowledge Lib
20世紀メディア情報データベース
雑誌記事索引集成データベース（ざっさくプラス）
大宅壮一文庫雑誌記事索引検索（Web OYA-bunko）
日経テレコン21
聞蔵Ⅱビジュアル
ヨミダス歴史館
毎索
ProQuest Historical Newspapers™

その他参照サイト：

BoxRec、http://boxrec.com/
IMDb、http://www.imdb.com/
Ring、http://www.ringtv.com

あとがき

私はボクシング好きの社会学者である。競技経験もたいした造詣もないが、昔からボクシングに対する漠然とした愛着を抱いてきた。

しかし本書のテーマである日本のボクシングの歴史に興味を持つようになったのは比較的近年のことだ。きっかけは『ピストン堀口の風景』という本だった。ボクシング専門誌、『ボクシング・マガジン』の編集長をつとめた山本茂によるピストン堀口の評伝である。

私はそれまで堀口についてはほとんど知らなかったが、読んでみて驚愕した。堀口は相手の攻撃を顧みずに懐に突っ込んでいき、打たれるのもお構いなしに相手が倒れるまで打ちまくっていたという。それは明らかに私の知っているボクシングではなかった。

私は興味を持った。ボクシング・ファンとして、これまでいくらかは試合映像などを観てきたが、私の知っているボクシングは〝Sweet Science〟的なものだ。だから堀口のスタイルには本質的な違和感を覚えた。私は自分が知っているボクシングと、堀口のボクシングの間にある溝が何を意味するのか知りたくなった。

そこで日本のボクシング史を記した郡司信夫の大著、『ボクシング百年』をガイドブックに、戦前の日本のボクシングについて調べ始めた。資料を蒐集していくうちにいくつかの問いが浮かんだ。ボクシングはどのように日本に入ってきたのか？　どのように日本で根付いていったのか？　そこにはどういう主体が関与したのか？　文化のローカル化が気になるところは、日本のラップ・ミュージックに関する博士論文を書いていた二十代の頃から変わっていない。またボクシングのローカル化の過程は、日本の近代化と重なる部分が多く、その点にも興味をひかれた。

私は日本におけるボクシングのローカル化について書こうと思い立った。しかし戦前のボクシングに関する情報は限られていた。そこで私は、茅ヶ崎のピストン堀口道場に連絡をとった。山崎光夫の『ラッシュの王者』を読んで、ピストン堀口の日記があることを知ったので、見せてもらえないかと思ったのだ。

現会長でピストン堀口の孫にあたる堀口昌彰氏から、父である昌信氏につないでいただき、二〇一六年の夏にお会いした。私は構想というより、漠然と思っていることを昌信氏に伝えた。話が進むなかで、昌信氏は父のことや戦前のボクシングのことを噛んで含めるように話してくださった。あっという間に半日が過ぎていた。後日、昌信氏からお借りした衣装ケース数箱分の資料を車に乗せて、高速を帰路についたときの高揚した気分は忘れられない。

お借りした資料は、まさに震えるようなものだった。資料のはかり知れない価値を思うと、自分がそれを活かせるのかという不安を覚えた。しかし私なりにできることをやろうと開き直り、本書を書き始めた。二万字程度の論文を書くことが多い私にとって、長いものを一気に書くという経験は新鮮なものだった。本書を書くことは社会学者としての仕事でありつつも、赤ん坊の指しゃぶりのような自己鎮静的な意味を持った。迷い、悩みもしたが、充実した日々だった。

さて、いささか儀礼的ではあるが、ここで謝辞を述べておきたい。

まずは堀口昌信氏に最大級の感謝を申し上げたい。私のような部外者に貴重な資料を貸し、助言を与えるという氏の寛大さがなければ本書は書けなかっただろう。さらには本書の宣伝にも御尽力いただいた。

学習院大学東洋文化研究所のプロジェクト・メンバーにも、建設的なアドバイスをいただいた。そもそも本書を書くきっかけは、同研究所のプロジェクト「日本近世から近代における〈国家〉意識の文化的諸問題とアジア」に参加させていただいたことにある。特に遠藤薫先生からは大きな刺激を受け、また本書の出版元である現代書館を紹介していただいた。大尾侑子氏からは貴重な助言と資料をいただいた。

相模女子大学附属図書館のレファレンス担当の方々にも大変お世話になった。私の粗雑な相互貸借依頼に丁寧に対応していただいたことで、いくつもの重要な資料を入手できた。また各種データベースに加え、国立国会図書館の新聞資料室、憲政資料室、デジタル・コレクションなども本書の執筆には欠かせなかった。図書館サービスを利用できることのはかりしれない価値をあらためて感じた。

現代書館の吉田秀登氏には、本書を執筆するなかで様々なアドバイスをいただいた。編集者としての的確な助言は大いに役に立った。

有形無形のサポートをしてくれた家族にも感謝したい。

執筆に際して、ボクシングに関する社会学者の優れた先行研究には大いに勇気づけられた。ロイック・ヴァカン『ボディ&ソウル』、石岡丈昇『ローカルボクサーと貧困世界』、乗松優『ボクシングと大東亜』、池本淳一「嘉納健治の〝柔拳興行〟と日本ボクシング史におけるその位置づけ」などである。本書は彼等の背中を追いかけるなかで執筆された。

また戦前から戦中の社会を考えるうえで、橋川文三の著作には大きな影響を受けた。橋川は、戦中期の自分自身が抱いていた強烈な愛国心を出発点に、「あの時代」を内省的に捉えようとしていた。戦後の安全圏から外在的な戦中批判をおこなうことに不満を感じていた私にとって、橋川の姿勢は腑に落ちるものだった。また三島由紀夫が「悪魔的」とまで評した洞察は、政治思想史に疎い私にとっても刺激的だった。みごとな「文体」についても言うまでもない。いつかはこんな文章が書きたいと、下手くそな六回戦ボーイが孤高のチャンピオンを仰ぎ見るような気持ちでページをめくった。

そして本書を出版するにあたり、勤務先である相模女子大学の二〇一八年度学術図書刊行助成費を利用した。学術書を出版するのは大変な時代であるが、助成が得られたことは幸いだった。

つまるところ、本書の執筆にはトレーナー、マネージャー、スパーリング・パートナーなどの多くのサポートがあったということだ。ボクシングが集団競技であるというのと同じ意味で、本書は私ひとりの仕事ではない。

とはいえ本書の拙い部分、不備はすべて私に帰する。なるべく一般の読者にも読んでもらえるように書いたつもりであるが、うまくいっていない部分もあるだろう。また学術的な記述に関しては、専門家の批判を待ちたい。

はじめにでも書いたが、ボクシングに関する学術研究は決して多くない。今後いろいろな分野で研究が進んでいくことを期待したい。その際、本書が叩き台のひとつにでもなれば幸せである。

〔わ〕

〔ま〕

〔や〕

〔ら〕

〔た〕

〔な〕

〔は〕

索　引

〔あ〕

〔か〕

〔さ〕

木本玲一（きもと　れいいち）
一九七五年、横浜生まれ。東京工業大学大学院社会理工学研究科博士課程修了（学術博士）。相模女子大学人間社会学部准教授。専門は文化の社会学、社会調査。
著書『グローバリゼーションと音楽文化』（単著、勁草書房、二〇〇九）、『ソーシャルメディアと〈世論〉形成』（共著、東京電機大学出版、二〇一六）、『グローバリゼーションと都市変容』（共著、世界思想社、二〇一一）ほか。
好きなボクサーはダニエル・ジェイコブス。

拳《こぶし》の近代《きんだい》
——明治・大正・昭和のボクシング

二〇一八年十一月二十五日　第一版第一刷発行

著　者　木本玲一
発行者　菊地泰博
発行所　株式会社 現代書館
東京都千代田区飯田橋三―二―五
郵便番号　102-0072
電　話　03（3221）1321
FAX　03（3262）5906
振　替　00120-3-83725

組　版　プロ・アート
印刷所　平河工業社（本文）
東光印刷所（カバー）
製本所　積信堂
装　幀　奥冨佳津枝

校正協力・迎田睦子
 ISBN978-4-7684-5835-8
定価はカバーに表示してあります。乱丁・落丁本はおとりかえいたします。
http://www.gendaishokan.co.jp/

活字で利用できない方のための
テキストデータ請求券
『拳の近代』